HEINRICH SCHMITTHENNER GEDÄCHTNISSCHRIFT

ERDKUNDLICHES WISSEN

SCHRIFTENREIHE FÜR FORSCHUNG UND PRAXIS
HERAUSGEGEBEN VON EMIL MEYNEN
IN VERBINDUNG MIT
GERD KOHLHEPP UND ADOLF LEIDLMAIR

HEFT 88

FRANZ STEINER VERLAG WIESBADEN GMBH
STUTTGART 1987

HEINRICH SCHMITTHENNER GEDÄCHTNISSCHRIFT

ZU SEINEM 100. GEBURTSTAG

HERAUSGEGEBEN VON

HELMUT BLUME UND HERBERT WILHELMY

MIT 42 ABBILDUNGEN

FRANZ STEINER VERLAG WIESBADEN GMBH
STUTTGART 1987

Zuschriften, die die Schriftenreihe „Erdkundliches Wissen" betreffen, erbeten an:
Prof. Dr. G. Kohlhepp, Im Kleeacker 12, D-7400 Tübingen
oder
Prof. Dr. A. Leidlmair, Kaponsweg 17, A-6065 Thaur/Tirol
oder
Prof. Dr. E. Meynen, Langenbergweg 82, D-5300 Bonn 2

CIP-Kurztitelaufnahme der Deutschen Bibliothek

Heinrich-Schmitthenner-Gedächtnisschrift: zu seinem 100. Geburtstag / hrsg. von Helmut Blume u. Herbert Wilhelmy. – Stuttgart : Steiner-Verl Wiesbaden, 1987
(Erdkundliches Wissen ; H. 88)
ISBN 3-515-05033-7

NE: Schmitthenner, Heinrich [Mitverf.]; Blume, Helmut [Hrsg.]; GT

INHALT

Heinrich Schmitthenner in seinem Marburger Oberseminar,
Sommersemester 1954

VORWORT

Am 3. Mai 1987, dem Tage seines 100. Geburtstages, gedachten wir in Heidelberg unseres verehrten Lehrers und Freundes Heinrich Schmitthenner. Wir wählten Heidelberg als Ort unseres Treffens, die Stadt, in der er von 1893 bis 1928 — mit Unterbrechung durch Kriegs- und Reisejahre — gelebt hat, in der seine akademischen Lehrer, allen voran Alfred Hettner, ihn als Mensch und Wissenschaftler entscheidend geprägt haben. Wir wollten dort kein anspruchsvolles Symposion veranstalten, sondern im kleinen Kreise ehemaliger Heidelberger, Leipziger und Marburger Doktoranden und Habilitanden zusammen mit Schmitthenners beiden Töchtern, Frau Dr. Charlotte Lösche und Frau Gertrud Börtzler und deren Ehegatten, zwei Tage der Erinnerung an den großen Geographen verbringen, dessen Leben und Werk für uns richtungweisendes Vorbild war. Albert Kolb, Ernst Weigt, Herbert Wilhelmy, Helmut Blume, Franz Tichy und Gerhard Sandner waren nach Heidelberg gekommen, Martin Schwind, Hanno Beck und Dietrich Fliedner konnten leider an dem Wiedersehen nicht teilnehmen.

Besser als durch ein Symposion glaubten wir durch eine Rückschau auf sein Lebenswerk die wissenschaftlichen Leistungen Schmitthenners in einer Gedächtnisschrift würdigen zu können. Fünf Themenkreise standen über die Jahrzehnte hin im Mittelpunkt seiner Arbeit: Das Verhältnis von Allgemeiner Geographie und Länderkunde, Geschichte und Methoden der Geographie, die Länderkunde Ostasiens, das Problem aktiver und passiver Lebensräume in weltweiter Sicht und die von ihm entwickelte Theorie der Schichtstufenlandschaft. An diese Arbeitsschwerpunkte knüpfen die in dieser Gedächtnisschrift vereinigten Beiträge an. Aus ihnen vorangestellten Ausführungen Schmitthenners zum jeweiligen Themenkreis soll dem Leser verdeutlicht werden, welche Fortschritte im wissenschaftlichen Erkenntnisstand im letzten halben Jahrhundert erzielt wurden oder welche Veränderungen sich in den geographischen Sachverhalten ergeben haben.

Wir danken Herrn Kollegen Emil Meynen und seinen Mitherausgebern Adolf Leidlmair und Gerd Kohlhepp für die Aufnahme dieser Gedächtnisschrift in die Reihe „Erdkundliches Wissen".

Tübingen, im Mai 1987

Helmut Blume
Herbert Wilhelmy

LEBEN UND WERK HEINRICH SCHMITTHENNERS
(3. 5. 1887 – 18. 2. 1957)

Von Franz Tichy (Erlangen)

Der 100. Geburtstag von Heinrich Schmitthenner ist ein willkommener Anlaß, noch einmal Rückschau zu halten auf den Werdegang eines Geographen, der die Entwicklung der deutschen Geographie in erstaunlicher Breite und Tiefe mitgestaltet hat. Ernst Plewe, der ihn in langjähriger Zusammenarbeit wohl am besten kennen- und verstehengelernt hatte, versuchte zweimal, aus Anlaß des 65. und aus Anlaß des 70. Geburtstages, den er nicht mehr erlebte, Schmitthenners Werk zu würdigen (Plewe 1954, 1957). Er stand dabei „vor zwei Schwierigkeiten, einerseits dem großen Umfang seiner literarischen Produktion, die allein 11 selbständige Werke, 85 z. T. umfängliche Aufsätze und Akademie-Abhandlungen und eine erhebliche Herausgeber- und Kritikertätigkeit umfaßt, andererseits vor der Weite und Vielseitigkeit der aufgegriffenen Probleme". Auch im Rahmen dieser Gedächtnisschrift können nicht alle seine Arbeiten so gewürdigt werden, wie sie es verdienen, ebensowenig wie seine Leistungen als Herausgeber und akademischer Lehrer.

Der am 3. Mai 1887 in Neckarbischofsheim geborene Sohn des Stadtpfarrers und Schriftstellers Adolf Schmitthenner wuchs im großen Kreis einer kinderreichen Familie auf. Als er sechs Jahre alt war, wurde sein Vater Stadtpfarrer von Heiliggeist in Heidelberg. Dort besuchte er weiter die Volksschule, ab 1897 das Gymnasium und ab 1901 die Oberrealschule. Zwei seiner Lehrer, Dr. Gernandt und R. Straßer, weckten schon früh sein Interesse an der Geologie. In Heidelberg begann er 1908 sein Studium in der Naturwissenschaftlichen Fakultät, führte es 1910/11 in drei Semestern an der Philosophischen Fakultät in Berlin weiter und kehrte nach Heidelberg zurück. Der Geologe Wilhelm Salomon-Calvi und der Mineraloge Ernst Wülfing waren seine ersten Lehrer. Bald wurde er Schüler Alfred Hettners und wandte sich ganz der Geographie zu. Er nutzte die Möglichkeit zur Erweiterung seiner Interessen in Geschichte, so bei Eberhard Gothein, und wohl auch in Volkswirtschaft bei Alfred und Max Weber. In Berlin studierte er u. a. bei Gustav Braun und Albrecht Penck, dem Kartographen Max Groll, dem Historischen Geographen Konrad Kretschmer und dem Botaniker Gottlieb Haberlandt. Eduard Hahn führte ihn in seine Sicht der Antropogeographie ein und ließ ihn, sicher eine Auszeichnung für den jungen Studenten, an seinen offenen Abenden teilnehmen, an denen er große, anregende Forscherpersönlichkeiten kennenlernen konnte. In Heidelberg studierte er in jenen Jahren, als viele später berühmte Geographen Schüler Alfred Hettners waren: Franz Thorbecke, Fritz Jaeger, Wilhelm Credner, Oskar Schmieder, Walter Penck, Leo Waibel, Ernst Michel, Fritz Metz, Ernst Hauck, der Prähistoriker Ernst Wahle und A. A. Grigorjev.

Abb. 1: Heinrich Schmitthenners Geburtshaus in Neckarbischofsheim, das Pfarrhaus, in dem
sein Vater, der Dichter Adolf Schmitthenner lebte.

Abb. 2: Heinrich Schmitthenners Abschiedsvorlesung in Marburg, 25. Februar 1955.

Dank seiner Ausbildung in Geologie und den Zeitströmungen entsprechend promovierte Schmitthenner 1912 mit einer geomorphologischen Arbeit über „Die Oberflächengestaltung des nördlichen Schwarzwalds" (1913). Hier sind erste Beobachtungen und Erklärungen Schmitthenners für die spätere Entwicklung seiner Theorie zur Entstehung der Schichtstufenlandschaft zu finden. Es sind die kleinen Prozesse, Verwitterung, Quellen, Rutschungen, in denen er die Ursachen der Formen entdeckte. „In den Anfängen liegt alles Folgende doch irgendwie schon im Keime drin". So schrieb er mir im Oktober 1956 aus eigener Erfahrung.

Wie kein anderer der Schüler Hettners hat sich Schmitthenner an seinen Lehrer angeschlossen, und so kam es zu einer engen fruchtbaren Zusammenarbeit. Schon im Frühjahr 1912 begleitete er den durch eine beginnende Beinlähmung Behinderten, der dennoch ein geübter Reiter war, auf einer Reise in die Atlasländer. Daraus entstand das Buch „Tunesien und Algerien" (1924). Eine schicksalhafte Entscheidung war es, das Angebot Fritz Jaegers auszuschlagen, an dessen Südafrikareise teilzunehmen, und stattdessen von August 1913 bis zur getrennten Rückkehr im Juli 1914 Hettner auf seiner großen Asienreise zu begleiten. Plewe schildert die Route in großen Zügen (1954, S. 242). Mehrere Ritte ins chinesische Lößgebiet bildeten einen der Schwerpunkte. Bei einer Gebirgstour in Japan bei ständigem Regen zog sich Schmitthenner wahrscheinlich das Nierensteinleiden zu, das ihn schließlich zur vorzeitigen Heimkehr nötigte. Ostasien war nun sein regionaler Forschungsbereich und Asien sein länderkundlicher Schwerpunkt in der Lehre geworden. 1925 erschien das Buch „Chinesische Landschaften und Städte", das auf den Beobachtungen dieser Reise beruht.

Während des 1. Weltkrieges konnte er als Kriegsgeologe (November 1915 – November 1918) im Süden von Verdun, im Lothringischen Stufenland, sehr sorgfältige Geländebeobachtungen machen, die ihm im Januar 1919 mit der Arbeit über „Die Oberflächenformen der Stufenlandschaft zwischen Maas und Mosel" (1923) die Habilitation in Heidelberg ermöglichten[1]. Die Studie enthält am Schluß „Die Theorie der Stufenlandschaft", die hier und in folgenden Arbeiten ihre Form erhielt (1920). Inflationsbedingt konnten Teile der Habilitationsschrift nicht veröffentlicht werden; der Teil über die glaziären Erscheinungen erschien erst 1951. Wichtige Ergänzungen zu seinem Theoriegebäude brachte Schmitthenner mit der Darstellung seiner Auffassung von der Entstehung der Dellen und ihrer geomorphologischen Bedeutung (1925), womit er von neuem seine Beobachtungsgabe an Kleinformen und deren Interpretationsmöglichkeiten zur Erkenntnis der Abtragungsprozesse zeigte. Auf Anregungen Eduard Hahns und Theodor Engelbrechts führte Plewe den Aufsatz über „Die Reutbergwirtschaft in Deutschland" (1923) zurück. Eigene Beobachtungen im Neckartal dürften wohl mit entscheidend gewesen sein, fällt doch die Schrift zeitlich mit der Untersuchung über die Entstehung des Neckartals im Odenwald (1922) zusammen. Auf die Folgen der Reutbergwirt-

---

1 Der Geologe Martin Schwarzbach hat ein Bild aus diesen Jahren in seinem Aufsatz „Hans Cloos in seinen Breslauer Jahren. Zur Erinnerung an seinen 100. Geburtstag" (Geol. Rdsch. 75, 1986, S. 516) veröffentlicht. Es zeigt Hans Cloos als Wehrgeologe, vor ihm sitzend Armierungssoldat Heinrich Schmitthenner.

schaft für die Veränderung der Böden und die Hangabtragung, sichtbar in der Blockstreu an Buntsandsteinhängen, wies er schon in der Dissertation hin (1913, S. 26).

Zunächst war Schmitthenner Privatassistent von Hettner neben dem Assistenten Friedrich Metz. Als dieser 1920 Regierungsrat in Karlsruhe wurde, erhielt Schmitthenner die Assistentenstelle, und damit war ihm die Heirat mit Emmy Ruppenthal möglich. Bis zur Berufung nach Leipzig 1928 nahm er diese Funktion wahr, seit 1923 als apl. Professor. Er wirkte maßgeblich mit an dem aus einer gemeinsamen Vorlesung entstandenen Werk „Der Gang der Kultur über die Erde" (2. Aufl. 1929), in das die Theorien Eduard Hahns aufgenommen wurden. Eine damals gemeinsam in Arbeit genommene Länderkunde von Asien wurde abgeschlossen, ist aber nie erschienen. Schmitthenner plante später, diese selbst auszuarbeiten; er hielt auch eine große Asienvorlesung – auch noch im SS 1947 in Marburg –, es war ihm aber nicht mehr möglich, den Plan auszuführen.

Bei der Abfassung des Chinabuches wird der Plan gereift sein, die deutsche geographische Forschung nach dem Krieg in China wieder zu beginnen und eine selbständige Forschungsreise zu unternehmen. Wissenschaftliche Ziele waren Probleme der Lößmorphologie und das Hwaigebirge als Beispiel für die mittelchinesischen Gebirge und für Bau und Formen des ostasiatischen Gebirgssystems. Im September 1925 trat Schmitthenner die Bahnfahrt über Sibirien nach Peking an und reiste, unterstützt von der Notgemeinschaft der Deutschen Wissenschaft, zehn Monate lang durch China. In dem seit 1911 im Wandel begriffenen, von Machtkämpfen und Aufruhr bewegten Land war kein fester Reiseplan durchführbar. Er mied Kriegsgebiete und machte durch seine bescheidene Ausrüstung die Räuber nicht auf sich aufmerksam. Zweimal durchquerte er das Hwaigebirge. Die Ergebnisse veröffentlichte er getrennt, die geomorphologischen als umfangreichen Aufsatz (1927) und die mit scharfem Blick erkannten sozialen Probleme in seinem Buch „China im Profil" (1934). Es ist keine geographische Länderkunde, keine Sammlung länderkundlicher Essays und keine Reiseschilderung im üblichen Sinne, dafür ein eindrucksvolles Ergebnis des landesüblichen Reisens auf einfachste Art. Nicht nur in diesem Buch und wissenschaftlichen Zeitschriften und Zeitungsaufsätzen legte er seine Beobachtungen und Erkenntnisse vor. Seine lebendige und eindringliche Darstellungsweise zeugt von schriftstellerischen Fähigkeiten und Talenten, die ihm aus der Pastorenfamilie mitgegeben worden waren, und die sein Vater in besonderem Maß besaß und genutzt hatte. Sein Beitrag zur Hettner-Festschrift 1921 über die Japanische Inlandsee ist beispielhaft für seinen Stil. Sein Interesse an der Art und Weise der Vermittlung geographischer Beobachtungen und Erkenntnisse geht besonders deutlich aus seinem Aufsatz „Carl Ritter und Goethe" (1937) hervor, wo er (S. 161) sagt: „. . . der Geograph sollte versuchen, aus innerer Anschauung lebendig zu gestalten". Und weiter (S. 168): „Jeder Geograph, der den Rochusberg besucht, sollte Goethes Aufsatz mit sich führen und aufs neue lesen, dann wird er erfahren, was künstlerische Landschaftsbeschreibung ist, und was gestaltende Geographie sein könnte, nämlich: tief innerlich geschaute und behaglich hervorgebrachte Wahrheit". Hier wird deutlich, daß Schmitthenner klar unterschied zwischen wissenschaftlicher Forschungsarbeit auf einem Teilgebiet der Allgemeinen Geographie, z. B. Lößproblem, Stufenlandschaftsmorphologie, deren Ergebnisse er in Fachzeitschriften zur Diskussion stellte, und der länderkundlichen Publikationstätigkeit, die sich an einen weiteren Kreis von Lesern wendet. In den entsprechenden Büchern und Aufsätzen fehlen dann auch der wissenschaftliche Apparat, die Zitate und bibliographischen Nachweise.

Nach der Rückkehr aus China beschränkte sich Schmitthenner nicht auf die Ausarbeitung seiner Ergebnisse, er beschäftigte sich wie schon zuvor auch mit Problemen der deutschen Landeskunde (Metz 1958). Er veröffentlichte eine umfassende Darstellung zur Kulturgeographie der Rheinlande (1931). Landeskundliche Themen greifen ebenfalls die beiden von ihm in Heidelberg betreuten Dissertationen auf, die von Paul Gauß über „Vegetation und Anbau im Stromberg- und Zabergäugebiet" (1926) und die von Oskar Rittmayer über „Die siedlungs- und wirtschaftsgeographischen Verhältnisse des Odenwaldes" (1929).

Mit Hettners Emeritierung 1928 endete die gemeinsame Arbeit im Seminar, die für Schmitthenner wissenschaftlich so fruchtbar war, weil dort wenig Bibliotheks- und Verwaltungsarbeit zu leisten war. Hettner erledigte nicht nur die Redaktionsarbeiten der GZ, sondern auch den Schriftverkehr des Instituts mit einer Privatsekretärin in seiner Wohnung (Plewe 1957, Anm. 7). Schmitthenner wäre nicht zuletzt wegen seiner engen Beschäftigung mit dem oberrheinischen Raum der geeignete Nachfolger für Hettner gewesen, der jedoch den leisesten Schein von Nepotismus vermied und sich für Johann Sölch einsetzte. In Leipzig war das bis dahin von Hans Meyer wahrgenommene Extraordinariat für Kolonialgeographie freigeworden, auf das nun Schmitthenner im April 1928 berufen wurde. Ein Ruf nach Innsbruck als Nachfolger von Sölch, wodurch ihm die geomorphologische Forschung in den Alpen ermöglicht worden wäre, ist dank der großzügigen Zugeständnisse des sächsischen Kultusministers und der Ernennung zum persönlichen Ordinarius im Dezember 1928 verhindert worden. Von 1928 bis 1936 war seine Lehrtätigkeit auf Kolonialgeographie festgelegt, die er nun zusammen mit Karl Heinrich Dietzel betrieb und zwar als koloniale Länderkunde, nicht wie Hans Meyer als Kolonialpolitik. In Dietzel hatte er, wie er 1952 über dessen Lebenswerk schrieb, einen treuen Gefährten und Freund, mit dem er sich Verwaltung, Lehre und Forschungsarbeit, auch die Betreuung einiger Dissertationen, teilte, die gedanklich an dessen Südafrikawerk anschlossen. Im Jahre 1936 wurde Schmitthenner Nachfolger von Wilhelm Volz als Direktor des Geographischen Instituts in Leipzig und bekam nun wieder die nötige Freizügigkeit in Forschung und Lehre.

Alfred Hettner hatte 1935 die Herausgeberschaft der von ihm gegründeten „Geographischen Zeitschrift" an Schmitthenner übergeben, um als Nichtvollarier den Nationalsozialisten geringere Angriffsflächen zu bieten und die Fortsetzung in seinem Sinne zu ermöglichen. Unter erheblichen Schwierigkeiten finanzieller Art und häufig bedrängt von politischen Forderungen und Einflußnahmen, worüber Sandner (1983) eine Dokumentation zusammenstellte, sind bis 1944 zehn Jahrgänge erschienen, an denen Dietzel tatkräftig mitgearbeitet hat. Das Ausmaß von Schmitthenners Engagement für die GZ zeigt auch die schon 1915 beginnende Reihe der 182 Rezensionen neben 41 in Petermanns Geographischen Mitteilungen

und 7 in der Zeitschrift der Ges. f. Erdkunde zu Berlin. Leider ist es ihm trotz aller
Bemühungen nicht mehr vergönnt gewesen, die schließlich doch gelungene Fortsetzung der Zeitschrift mit dem 51. Jahrgang 1963 zu erleben.

Die schon mit Hettner begonnene, großräumig vergleichende, kulturgeographische Betrachtungsweise führte in den fruchtbaren Leipziger Jahren zu seinem Werk
„Lebensräume im Kampf der Kulturen" (1938), wobei er, wie Overbeck (1954) in
der Rezension zur 2. Auflage von 1951 schrieb, seinen Beitrag zur Geographie der
Kulturgemeinschaften stärker auf die politisch-geographischen Probleme der Gegenwart abstellte als dies Hettner (1929) getan hatte. Daß dies Werk nach dem Kriege
verbessert und erweitert und außerdem in einer französischen Übersetzung (1953)
erscheinen konnte, liegt an seiner Sachlichkeit und an der konzentrierten und doch
packenden Darstellungsweise, die ich selbst in seiner Vorlesung über dieses Thema
(WS 1949/50) erlebte. Der „ungetarnte Gegner des Nationalsozialismus" (Plewe
1957, S. 7) hatte keine Konzessionen gemacht. Den Begriff „Lebensraum", mit
dem der Nationalsozialismus Mißbrauch getrieben hatte, behielt er bei. 1942 hatte
er ihn noch einmal klar definiert[2]. Es gehe dabei um die aktive Expansion der
Hochkulturen, die sich kolonial betätigen, nicht notwendig staatlich gelenkt und in
die passiven Lebensräume hinein. Das Wort „Kampf" als militaristisch zu bezeichnen, sei töricht. Kampf ist ein Zustand, der in allem Leben Tatsache ist, „und hat
keinen ethischen Inhalt".

Im Anschluß an die Afrikatagung der deutschen Geographen in Leipzig im Juli
1940 wurde unter Oskar Schmieder als Vorsitzendem der allerdings kurzlebigen
Deutschen Geographischen Gesellschaft und Schmitthenner als Stellvertreter be-
schlossen, angesichts der Tatsache, daß nach dem Krieg unabhängig von seinem
Ausgang eine völlige Neugestaltung in der Welt vor sich gehen würde, in einer
freien Arbeitsgemeinschaft die geographischen Gegenwartsprobleme zu untersuchen und darzustellen. In den immer schwieriger werdenden Zeiten konnte
Schmitthenner mit den Freunden Schmieder und Dietzel die zwei Bände der „Lebensraumfragen europäischer Völker" herausgeben (1941). Schmieder folgte mit
dem Nordamerika-Band (1943).

1943 wurde die Familie Schmitthenner durch den Brand ihrer Wohnung in der
Leipziger Inselstraße schwer getroffen. Die gesamte riesige Bibliothek ging verloren, alles Forschungsmaterial seiner Reisen, Tagebücher, Briefe und Photos,
dazu die weit fortgeschrittene Länderkunde Chinas, die für die Geographischen
Handbücher bestimmt war, und auch das gesamte Hab und Gut der Familie. In
den Marburger Jahren sagte er, er sei dadurch von viel Ballast befreit worden,
man brauche so wenig. Über diesen Verlust vermochte er sich hinwegzusetzen,
war ihm doch seine Familie geblieben.

Als die amerikanische Besatzung Thüringen und Sachsen räumte, wurden am
20. 7. 1945 der größte Teil des Lehrkörpers der mathematisch-naturwissenschaft-
lichen Fakultät, dazu viele Industrielle und Techniker, zwangsweise nach Westen
mitgenommen. Sie fanden in Weilburg Unterkunft. Nach einigen Monaten stellten

---

2 Der Aufsatztitel wurde vom Verlag aus der von mir zusammengestellten Bibliographie neben
   anderen Arbeiten gestrichen (vgl. die Ergänzung zur Bibliographie).

die Amerikaner den Verschleppten frei, sich anderswo ein Unterkommen zu suchen oder nach Leipzig zurückzukehren (Schmitthenner, Lebenswerk von K. H. Dietzel, Ms. 1954, S. 27).

Die Universität Marburg wurde im Dezember 1945 wiedereröffnet, aber der bisherige Ordinarius Kanter sah sich suspendiert. So kam es, daß Schmitthenner mit der kommissarischen Vertretung des Lehrstuhls beauftragt wurde und im Januar 1946 seine Lehrtätigkeit mit einer Vorlesung über „Oberflächengestaltung des festen Landes" und mit Übungen zur Morphologie begann. Im gleichen Jahr übernahm er als Ordinarius die Leitung des Instituts unter den bekannten schwierigen Lebens- und Ernährungsverhältnissen, unter denen er sehr litt, und die ihm erst nach dem Umzug seiner Familie nach Marburg in die Sybelstraße 12 erleichtert wurden. Geländearbeiten konnte er wegen einer Gehbehinderung nicht mehr auf sich nehmen, führte aber mit Hilfe seines Assistenten und des Hilfsassistenten mehrere Exkursionen durch, auch über Hessen hinaus, darunter 1949 in seine Heimat nach Heidelberg und Umgebung. Um so mehr beschäftigte ihn die Geschichte der Geographie, und er gab sein Interesse daran in Seminaren an seine Schüler weiter. Schmitthenner legte als größere Arbeit die „Studien über Carl Ritter" (1954) vor, mit dessen Werk er sich besonders in den letzten Kriegsjahren befaßt hatte. Zwischen 1945 und 1948 fand er in Weilburg die Möglichkeit, die Studien im Heimatmuseum fortzusetzen, das die Bücherei des geographischen Methodikers Matzat enthielt.

Über seine Emeritierung im Jahr 1955 hinaus war er aktiv an der Diskussion methodischer Fragen beteiligt, wobei ihm die Zusammenarbeit mit Ernst Plewe sehr zustatten kam. Obwohl ihm klar war, daß es sich bei den methodischen Ausführungen, wie er schrieb, um persönliche Bekenntnisse handelt, hoffte er zur Klärung strittiger oder schwebender Fragen beizutragen. Das ist ihm in hohem Maß gelungen bei dem bis heute immer wieder diskutierten Problem der Allgemeinen Geographie und der Länderkunde (1954) und bei der kritischen Durchleuchtung der Formenwandellehre Lautensachs (1954). Auch das am Beginn seiner wissenschaftlichen Laufbahn erkannte Problem der Entstehung der Schichtstufenlandschaften griff er in einer großartigen, klaren Zusammenfassung noch einmal auf und diskutierte lebhaft darüber mit seinem langjährigen Assistenten Helmut Blume. 1954 erschienen seine „Regeln der morphologischen Gestaltung im Schichtstufenland" und 1956 die „Probleme der Schichtstufenlandschaft". Damit konnte er diesen besonders wichtigen Teil seines Lebenswerkes zum Abschluß bringen.

Noch einmal sollte seine enge Verbindung mit dem Werk Alfred Hettners Früchte tragen. 1947 gab er „als sein literarischer Testamentsvollstrecker" den 1. Band der Allgemeinen Geographie des Menschen heraus, der als einziger des auf 5 Bände geplanten Werkes so gut wie druckfertig vorlag, und 1952 erschien von Schmitthenner bearbeitet als 3. Band die Verkehrsgeographie. Ernst Plewe gelang es, die von Hettner ganz unfertig zurückgelassene Wirtschaftsgeographie als 2. Band zu bearbeiten.

Viel mehr als aus den wissenschaftlichen Arbeiten Schmitthenners erfährt man über ihn selbst und seine Persönlichkeit aus den Biographien und Nachrufen, die er seinen Lehrern und Kollegen widmete. In ihnen zeigte er, wie Plewe (1957,

S. 18) schrieb, seine bezeichnendsten Charakterzüge: „Die umweglose Lauterkeit
seines Herzens, die Aufrichtigkeit und Beharrlichkeit seiner Gesinnung, seine
Treue und Aufgeschlossenheit den Freunden gegenüber, von denen ihm jeder am
nächsten zu stehen glaubte, und ein Herz, das Liebe zu spenden und in Dankbar-
keit zu empfangen gewohnt war. Immenser Fleiß war ein Stück seiner Natur, den
auch äußerlich die leicht gebeugte hohe Gestalt nicht verleugnen konnte. Sein ange-
borener Hang, das Kleine zu belauschen, hatte seinen Blick selbstverständlich auch
für die Nachtseiten dieser Welt geschärft, denen er aber mit einem köstlichen
Humor begegnete, falls sie sich in jenen Grenzen hielten, die nicht seinen leiden-
schaftlichen Widerstand herausforderten". Ich hatte das Glück, diese seine Wesens-
art zu erfahren, die auch unter der gelegentlich widrigen Decke des Institutsalltags
hervorkam, und bemerkte auch etwas von seinem „Schicksal . . . , als Sinnsucher
eine chaotische Natur zu sein", wie er sich Plewe (1957, S. 18) gegenüber einmal
ausdrückte. Das unterschied ihn deutlich von dem unbewegt klaren Systematiker
Hettner. Etwas von seinem der Öffentlichkeit verborgenen Wesen läßt sich vielleicht aus den skurrilen Kritzeleien erkennen, die er während der Oberseminare
zu Papier brachte; ein besonders gelungenes, kaum zu interpretierendes Beispiel
wird hier wiedergegeben (Abb. 3).

Heinrich Schmitthenner legte seine Schüler selten auf Probleme fest, die ihn
selbst beschäftigten, wodurch verständlich wird, daß er keine Schule gebildet hat.
Dennoch hat er den wissenschaftlichen Werdegang einiger seiner Schüler beeinflußt,
die seine Gedanken aufnahmen und weiterführten. Zu diesen gehören jene, die in
der Zeit seines Wirkens in Leipzig und Marburg promovierten oder sich habilitier-
ten: Ernst Weigt, Herbert Wilhelmy, Helmut Blume, Hanno Beck, Dietrich Fliedner,
Gerhard Sandner und Franz Tichy; Willi Schulze qualifizierte sich in Monrovia zum
Hochschullehrer.

Wie es bei einer Persönlichkeit vom Range Schmitthenners geradezu selbstverständlich ist, fand die wissenschaftliche Anerkennung, die ihm zuteil wurde, ihren
Ausdruck in zahlreichen ehrenvollen Mitgliedschaften und Auszeichnungen. Er
war Mitglied der Sächsischen Akademie der Wissenschaften und der Leopoldina,
Ehrenmitglied der Geographischen Gesellschaften von Leipzig, Frankfurt und
Dresden. Bei der 75-Jahrfeier der Geographischen Gesellschaft München wurde
ihm die Erich von Drygalski-Medaille verliehen.

Im Alter von 69 Jahren starb Heinrich Schmitthenner nach schwerer Krankheit
in der Nacht vom 18./19. Februar 1957.

Erwähnte Literatur

Blume, Helmut: Das morphologische Werk Heinrich Schmitthenners. In: Zeit-
   schrift f. Geomorphologie, N.F. 2 (1958), S. 149–164.
Gauss, Paul: Vegetation und Anbau im Stromberg- und Zabergäugebiet. – Verh.
   Nat.-hist. u. Med. Verein Heidelberg N.F. 15 (1926).

Abb. 3: Beispiel einer der skurrilen zeichnerischen Spielereien Schmitthenners

Hettner, Alfred: Der Gang der Kultur über die Erde. Leipzig und Berlin [2]1929.

—: Allgemeine Geographie des Menschen. 1. Band: Die Menschheit. Herausgegeben von H. Schmitthenner. Stuttgart 1947. – 2. Band: Wirtschaftsgeographie. Bearbeitet von E. Plewe. Herausgegeben von H. Schmitthenner. Stuttgart 1957. – 3. Band: Verkehrsgeographie. Herausgegeben von H. Schmitthenner. Stuttgart 1952.

Leib, Jürgen: Heinrich Schmitthenner (1946–1954). In: Hundert Jahre Geographie in Marburg. Festschrift. Marburger Geogr. Schr. 71, Marburg/L. 1977, S. 191–193.

Metz, Friedrich: Heinrich Schmitthenner und die deutsche Landeskunde. – Ber. z. dt. Landeskunde 21 (1958), S. 48–51.

Neef, Ernst: Heinrich Schmitthenner (3.5.1887–18.12.1957). In: Jahrbuch 1957–1959 d. Sächs. Akademie d. Wiss. z. Leipzig. Berlin 1961. S. 335–337.

Plewe, Ernst: Heinrich Schmitthenner. In : H. Wilhelmy (Hrsg.), Heinrich Schmitthenner-Heft. – Peterm. Mitt. 98 (1954), S. 241–243.

—: Heinrich Schmitthenner. Eine Würdigung anläßlich seines 70. Geburtstages. – Sonderdruck aus Mitteilungen Universitätsbund Marburg 1957 H. 2/3. Marburger Geogr. Schr. 7. Marburg 1957. 19 S.

Rittmayer, Oskar: Die siedlungs- und wirtschaftsgeographischen Verhältnisse des Odenwaldes. Badische Geogr. Abh. 4. Karlsruhe 1929. 148 S.

Rosenkranz, Erhard: Heinrich Schmitthenner 1887–1957. In: T. W. Freeman u. Ph. Pinchemel (Hrsg.), Geographers. Biobibliographical Studies. Vol. 5. London 1981. S. 119–121.

Sandner, Gerhard: Die „Geographische Zeitschrift" 1933–1944. Eine Dokumentation über Zensur, Selbstzensur und Anpassungsdruck bei wissenschaftlichen Zeitschriften im Dritten Reich. Teil I und II. – GZ 71 (1983), S. 65–87 u. 127–149.

Schmitthenner, Heinrich Wilhelm, Geograph. In: J.C. Poggendorff's biogr. u. liter. Handwörterbuch Bd. IV, 2, 1940. S. 2346–2347.

Schmitthenner, Heinrich: Die Oberflächengestaltung des nördlichen Schwarzwalds. Abh. z. Bad. Landeskde. 2. Karlsruhe 1913. 109 S.

—: Die Entstehung der Stufenlandschaft. – GZ 26 (1920), S. 207–229.

—: Die japanische Inlandsee. In „12 länderkundliche Studien, von Schülern Alfred Hettners ihrem Lehrer zum 60. Geburtstag". Breslau 1921, S. 189–213.

—: Die Entstehung des Neckartals im Odenwald. – Z. Ges. f. Erdkunde Berlin 1922, S. 126–142.

—: Die Reutbergwirtschaft in Deutschland. – GZ 29 (1923), S. 115–127.

—: Die Oberflächenformen der Stufenlandschaft zwischen Maas und Mosel. Geogr. Abh. hrsg. v. A. Penck. 2. Reihe H. 1. Stuttgart 1923. 89 S.

—: Tunesien und Algerien. Die Landschaft und ihre Bewohner. Stuttgart 1924. 174 S.

—: Chinesische Landschaften und Städte. Stuttgart 1925. 304 S.

—: Die Entstehung der Dellen und ihre morphologische Bedeutung. Z. f. Geomorph. 1 (1925/26), S. 3–28.

—: Reisen und Forschungen in China. – Z. Ges. f. Erdkunde Berlin 1927, S. 171–196 u. 377–394.

—: Die kulturveränderte Landschaft (des Rheingebietes) und das Siedlungsbild der Gegenwart. In: Der Rhein. Sein Lebensraum — Sein Schicksal. Bd. 1. Berlin-Grunewald 1931, S. 288—352.

—: China im Profil. Leipzig 1934.

—: Carl Ritter und Goethe. — GZ 43 (1937), S. 161—175.

—: Lebensräume im Kampf der Kulturen. Leipzig [1]1938, 179 S. Heidelberg [2]1951, 226 S.

—: Lebensraumfragen europäischer Völker. Herausgegeben von O. Schmieder, H. Schmitthenner u. K. H. Dietzel. Bd. I und II. Leipzig 1941.

—: Lebensräume im Kampf der Völker und Kulturen. In: Lebensraumfragen europäischer Völker, Bd. I. Leipzig 1941, S. 33—57.

—: Zum Begriff „Lebensraum". — GZ 48 (1942), S. 405—417.

—: Glaziäre Erscheinungen im Gebiete der Côtes lorraines und der Woëvre. In: Geographische Studien, Festschrift zur Vollendung des 65. Lebensjahres von Prof. Dr. Johann Sölch. Wien 1951, S. 120—131.

—: Zum Problem der Allgemeinen Geographie. Geographica Helvetica 6 (1951), S. 123—137.

—: Studien über Carl Ritter. Frankfurter Geogr. H. 25, 1951. H. 4. Frankfurt 1951, 100 S.

—: Les espaces vitaux et le conflit des civilisations, übers. v. L. Mengin-Lecreulx, Paris 1953.

—: Die Regeln der morphologischen Gestaltung im Schichtstufenland. — Peterm. Mitt. 98 (1954), S. 3—10.

—: Das Lebenswerk von K. H. Dietzel. Maschinenschr. vervielf. Marburg 1954, 33 S.

—: Zum Problem der Allgemeinen Geographie und der Länderkunde. Münchner Geogr. H. 4. Kallmünz/Regensburg 1954. 37 S.

—: Studien zur Lehre vom geographischen Formenwandel. Münchner Geogr. H. 7. Kallmünz/Regensburg 1954. 45 S.

—: Probleme der Schichtstufenlandschaft. Marburger Geogr. Schr. 3. Marburg 1956. 87 S.

Tichy, Franz: Wissenschaftliche Veröffentlichungen von Heinrich Schmitthenner (Auswahl). In: H. Wilhelmy (Hrsg.), Heinrich Schmitthenner-Heft. — Peterm. Mitt. 98 (1954), S. 330—332.

Ergänzung zu: Wissenschaftliche Veröffentlichungen von Heinrich Schmitthenner. Zusammengestellt von Franz Tichy. Peterm. Mitt. 98 (1954), S. 330—332.

A. Nach 1954 erschienene Arbeiten und Dissertationen.

   I. Bücher und größere Abhandlungen.

      9. Studien zur Lehre vom geographischen Formenwandel. Münchner Geogr. H. 7. Kallmünz/Regensburg 1954. 45 S.

    10. Probleme der Schichtstufenlandschaft. Marburger Geogr. Schr. 3. Marburg 1956. 87 S.

II. Zeitschriftenaufsätze u.a.

77. Rudolf Reinhard. – Ber. z. dt. Landeskunde 20 (1958), S. 61–75.
78. Die Entstehung der Geomorphologie als geographische Disziplin. –
    Peterm. Mitt. 100 (1956), S. 257–268.
79. Carl Ritter 1779–1859. In: H. Heimpel, Th. Heuss, B. Reifenberg
    (Hrsg.), Die großen Deutschen. Deutsche Biographie. 3. Bd. Berlin 1956,
    S. 189–200.
V. Dissertationen der Schüler von Prof. Schmitthenner.
   c. Marburg.
   Hübscher, Rudolf: Die Kleinformen im nördlichen Gelstergraben-Gebiet.
   (Maschinenschr.) Marburg 1954. 142 S.
   Sandner, Gerhard: Der Kellerwald und seine Umrahmung. Eine geomorphologische Untersuchung. Marburger Geogr. Schr. 4. Marburg
   1956. 184 S.
   Fliedner, Dietrich: Geomorphologische Untersuchungen im nördlichen
   Odenwald. Forsch. z. dt. Landeskunde 92. Remagen 1957. 115 S.
   Schrader, Walter: Die wiedererstehende Großstadt Kassel. Veränderungen
   der Erscheinungsform und des Wirkungsbereichs, gezeigt am Vergleich
   von Vor- und Nachkriegssituation. (Nebst einem Kartenband). (Maschinenschr.) Marburg 1956. 258 S.

B. In Peterm. Mitt. 98 (1954) nicht genannte Arbeiten und Leipziger Dissertationen.
II. Zeitschriftenaufsätze u. a.
   1. Kiautschou. – G.Z. 20 (1914), S. 657–670.
   2. Der Kampf zwischen Nord- und Südchina. – Der Heimatdienst 1927,
      S. 203–204.
   3. Die japanische Expansion und Kolonisation Ostasiens. – G.Z. 34 (1928),
      S. 1–22.
   4. Die Deutschen als Kolonialvolk. – G.Z. 40 (1934), S. 161–181.
   5. Kolonien? Ja, Kolonien. – Afrikanachrichten 1935.
   6. Ausweitung und Neuerschließung von Lebensräumen in der Alten Welt
      seit etwa hundert Jahren. – Verh. d. 26. Dt. Geographentages in Jena
      1936, S. 139–172.
   7. Lebensräume im Kampf der Völker und Kulturen. – In: Lebensraumfra-
      gen europäischer Völker, Bd. I. Leipzig 1941, S. 33–57.
   8. Die Deutschen als Kolonialvolk. – In: Lebensraumfragen europäischer
      Völker, Bd. II. Leipzig 1941, S. 1–27.
   9. Zum Begriff „Lebensraum". – G. Z. 48 (1942), S. 405–417.
V. Dissertationen der Schüler von Prof. Schmitthenner
   b. Leipzig, zusammen mit Prof. Dr. K. H. Dietzel.
   Brendel, Horst: Die Kolonisation Ugandas. Großenhain 1936.
   Dittel, Paul: Die Besiedlung Südnigeriens von den Anfängen bis zur
   britischen Kolonisation. – In: Wiss. Veröff. d. Dt. Museums f.
   Länderkunde in Leipzig. N. F. 4, Leipzig 1936, S. 71–146.

Krämer, Walter: Die koloniale Entwicklung des Anglo-Ägyptischen Sudans. 239 S. Berlin 1938. — Auch in: Neue deutsche Forschungen, Abt. Kolonialwissenschaft Bd. 1 = Bd. 199.

SCHMITTHENNERS BEITRAG ZUR ÜBERWINDUNG DES DUALISMUS UND ZUM UMGANG MIT LAND UND RAUM IN DER GEOGRAPHIE.

Anmerkungen zu seinen methodologischen Spätschriften

Von Gerhard Sandner (Hamburg)

1. Einleitung

Die wissenschaftliche Entwicklung verläuft nicht gradlinig, sondern in Wellen und Schüben, in denen Aufnahme und Durchsetzung neuer Fragestellungen und Gewichtungen mit der Überwindung des Bisherigen verknüpft ist. Überwindung gilt dabei im doppelten Sinn des Wortes: erstens als Zurücklassen, Darüberhinausgehen, Fort-Schreiten mit mehr oder weniger starkem Einbau bisheriger Ansätze vom Vergessen bis zur Fortentwicklung und zweitens als Über-Windung, Überdrehung, Umdeutung, die mit Vereinfachungen und Vergröberungen arbeitet, um bisherige Ansätze und Gewichtungen ad absurdum zu führen. In den langen und oft so erbitterten Auseinandersetzungen um Allgemeine Geographie und Länderkunde, um Fragestellung, Einheit und Gliederung der Geographie werden die verschiedenen Stilformen von „Überwindung" sichtbar. Dabei ist in der deutschen Geographie das Konzept des Dualismus in besonderem Maße prägend gewesen. Galtung hat kürzlich in einem anregenden Essay die Vermutung aufgestellt und begründet, daß die deutsche Praxis der Theoriebildung ganz allgemein dazu neigt, von einem grundsätzlichen, dualistisch aufgefaßten „Widerspruch" auszugehen und zugleich danach zu streben, ihn zu überwinden, weil nur so ein System oder eine Wissenschaft zur „Reife" gelangen könne (Galtung 1983, S. 316).

Beide Ansätze, die verschiedenen Stilformen von „Überwindung" und die traditionelle, nach Galtung kulturspezifische Überbetonung von Dualismus, können dazu beitragen, die methodologischen Schriften im Spätwerk Heinrich Schmitthenners besser zu verstehen und einzuordnen, nicht nur im Blick zurück, sondern auch im Blick auf die Gegenwart und die Zukunft.

In diesen Schriften setzt sich Schmitthenner mit den grundlegenden Konzepten und Aussagen von Erich Obst und Hermann Lautensach auseinander. Obst hatte mehrfach, besonders umfassend auf dem Deutschen Geographentag in München 1948, Stellung zum Dualismus zwischen Allgemeiner Geographie und Länderkunde genommen und leidenschaftlich für eine Aufgabe der Allgemeinen Geographie im bisherigen Sinne und ihre Neukonzeption von der Länderkunde her plädiert. Noch vor der Publikation des Vortrages (1950) hatte Obst sein Manuskript an Fachkollegen verschickt, so daß Schmitthenner schon im Herbst 1949 seinen Gegenbeitrag „Zum Problem der Allgemeinen Geographie" konzipieren konnte, der dann 1951 in der Geographica Helvetica erschien. 1952 erschien Lautensachs umfangreiche Studie über den „Geographischen Formenwandel", in der ein neues systematisches und theoretisches Konzept der Geographie begründet wird. Obwohl es letztlich auch hier um das alte Problem von Dualismus und Einheit und um das Verhältnis zwischen Allgemeiner Geographie und Länderkunde geht, entschloß sich Schmitthenner zu getrennten Stellungnahmen. Ende 1953 ging die Studie „Zum Problem der Allgemeinen Geographie und der Länderkunde" als überarbeitete und wesentlich erweiterte Fassung des Helvetica-Aufsatzes in den Druck und erschien 1954 als Heft 4 der Münchner Geographischen Hefte. Kurz darauf wurden in der gleichen Reihe (Heft 7, 1954) die „Studien zur Lehre vom geographischen Formenwandel" publiziert.

In beiden Fällen verbindet sich die kritische Auseinandersetzung mit den Vorstellungen und Vorschlägen von Obst und Lautensach mit einem historischen Rückbezug, der mehr Aufarbeitung und Neubewertung als konservierendes Festhalten ist und der letztlich auf Gegenwart und Zukunft abzielt. Ernst Plewe hat in seiner Würdigung anläßlich des 70. Geburtstages von Schmitthenner, wenige Monate nach dessen Tod, dazu treffend bemerkt:

> „Ohne in seiner kritischen Abwehr das Positive der gegnerischen Auffassung zu verkennen, setzte ihnen Schmitthenner Gründe entgegen, die an die Tradition Hettners anknüpfen, zugleich aber erstmalig in unserer Disziplingeschichte abrücken von gewissen romantischen Prämissen Carl Ritters, deren verführerische Konsequenzen erst er durchschaut hat (. . .)
>
> Fassen wir das Ergebnis zusammen, so hat Schmitthenner versucht, einen seit mehr als einem Jahrhundert schwelenden Methodenstreit über die Unvereinbarkeit der allgemeinen mit der regionalen Geographie durch Aufdeckung zahlreicher falscher, aber in die Praxis übernommener Voraussetzungen und den Nachweis der engen Verwandtschaft beider Arbeitsrichtungen zu klären. (. . .)
>
> Diese Auffassungen knüpfen evolutionär an Hettner an, begründen dessen Darlegungen aber konsequenter und historisch tiefer. Sie rücken von Hettners erkenntnistheoretischem Rüstzeug der Nachkantianer ab und stellen die von der modernen Philosophie herausgearbeitete fruchtbarere Kategorie des Typus stärker in den Vordergrund. Er läßt nicht nur unmittelbarer die Klammer zwischen dem Individualfall und dem Allgemeinen erfassen, sondern verleitet auch weniger zu jenen Verabsolutierungen, zu denen der alte Begriff des „Gesetzes" geführt und unnötig den Streit um den dualistischen Charakter der Geographie verursacht hat.
>
> Die Fachwelt ist in die Diskussion dieser methodologischen Schriften Schmitthenners noch nicht eingetreten. Es wäre daher voreilig, hier ein abschließendes Urteil zu wagen. Aber soviel kann schon jetzt gesagt werden: ihr Verdienst ist es, unter behutsamer Wahrung des im 19. Jh. mit logischer Schärfe Gewonnenen, dessen zeitbedingte Fesseln gesprengt zu haben in dem Bestreben, stärker als bisher die Methodologie der Geographie nicht aus allgemein-philosophischen Erwägungen heraus zu entwickeln, sondern ihre leitenden Kategorien dem Gang der Forschung selbst abzulauschen" (Plewe 1957, S. 16–18).

Wir müssen den Schlußsatz dieser Bemerkung Plewes heute ergänzen. Die Diskussion wurde auch danach nicht wirklich und erst recht nicht wirksam aufgenommen, an ihre Stelle trat Ende der sechziger Jahre jene heftige und so breit dokumentierte Auseinandersetzung um Länderkunde, gesellschaftliche Relevanz und Theoriebezug in der Geographie, die sich lange Zeit wie ein Filter, gelegentlich wie ein Sperriegel zwischen aktualistisch-zeitgemäße Wertungen und vorausgehende Diskussionen auch dort schob, wo diese Brücken in die Gegenwart und die Zukunft boten. Dabei verbanden sich zwei Tendenzen: erstens die Bemühungen um eine „Modernisierung" durch Übernahme und Einbau von Konzepten, die aus

anderen Räumen und Erfahrungshintergründen – vor allem aus dem angloameri-
kanischen Bereich – kamen und, nach der bereits zitierten Deutung kulturspezi-
fischer Stile durch Galtung durchaus verständlich, zu neuen Widersprüchen führen
und notwendiges Aufarbeiten erschweren mußten; zweitens der Versuch zur
„Überwindung" des Bisherigen durch eine Überzeichnung und Simplifizierung,
die Wertungen und Abwertungen leicht macht, was sich im Zusammenhang mit
der Länderkunde besonders deutlich zeigt.

Die Aufnahme und Weiterentwicklung der Ansätze in Schmitthenners methodologischen Spätschriften wurden nicht nur durch diese Zusammenhänge erschwert,
wenn nicht blockiert. Hinzu kam seine sicherlich nicht einfache Diktion, die in
Verbindung mit der inhaltlichen Verdichtung und einer in Stufen gegliederten
Gedankenführung Hinwendung, Bereitschaft zum Zuhören und Verarbeiten verlangt. Vor allem wirkte sich jene Vergröberung und Verzerrung von Alfred Hettners
durch Zustimmung und Nachfolge, Kritik und Widerspruch gleichermaßen prägend
wirkende Sicht von Dualismus und Einheit, Allgemeiner Geographie und Länderkunde, vor allem aber auch Forschung und Lehre in der Geographie aus, die Ute
Wardenga kürzlich so klar herausgearbeitet hat (Wardenga 1987). Wir kommen
bei der Bewertung von Schmitthenners auf die Zukunft des Faches gerichteten
methodologischen Aussagen nicht darum herum, die von Ute Wardenga geleistete
Auf-Deckung zur Kenntnis zu nehmen. Schmitthenner arbeitete ja auf Konzepten
weiter, die nicht dem vereinfachten, verzerrten, zum geringeren Teil auch wohl
nur mißverstandenen Bild der sog. „Hettnerschen Geographie" entsprachen, sondern vielmehr dem, was nun unter der Schicht von „Rezeptionsverzerrungen"
wieder sichtbar wird.

Wir fassen darum in einer Reihe von Zitaten die wesentlichen, d. h. im Gegensatz zur heute gängigen Interpretation Hettners stehenden Aussagen Ute Wardengas
zusammen.
– Zum Ausgangskonzept
   „In seinen Notizen forderte er: weg von einer Geographie als allgemeiner Erdwissenschaft;
   statt dessen: Betonung des regionalen Charakters, empirische Erforschung der Wechselbeziehungen der Geofaktoren am gegebenen Ort. Solcherart, glaubte Hettner, könne die
   Geographie zu einer selbständigen Wissenschaft werden, eine Fülle eigener Erkenntnisse
   liefern und nicht jeder Nachbardisziplin dilettantisch ins Handwerk pfuschen." (. . .)

   (Seit 1880) „entstand nun in Hettners Notizen und Briefen ein Bild von einer strikt an-
   wendungsbezogenen, verwertbare Resultate liefernden und zum Fortschritt der Menschheit beitragenden Geographie. " (. . .) „Beides zusammengenommen, das Ideal einer Geographie als regionaler Geosystemforschung und das Ideal einer aufklärerischen Wissenschaft bestimmte seit 1882 Hettners Träume in bezug auf sein Fach." Aber: „Ganz allmählich und unter großen inneren Konflikten lernte er das Notwendige begreifen: Seine
   Geographie konnte nicht in der Forschung, sondern nur in der Lehre verwirklicht werden.
   Das Problem bestand also darin, ein in sich konsistentes, seinem Ideal verpflichtetes Lehrgebäude aufzubauen, das die Funktion erfüllen sollte, Einzelforschung jedweder Provenienz
   nach bestimmten Kriterien zu verarbeiten, um sodann in Form einer in sich geschlossenen
   Lehre publikumswirksam zu werden."
– Zur Forschung
   „Geographische Ursachen gibt es nicht, und Forschung durch Geographen, die sich nicht
   auf die Ursachen der Erscheinungen richtet, ist keine Forschung, sondern honorige wissen-

schaftliche Beschreibung. Forschung bedarf auch in der Geographie der Theorie und sei es nur, um lückenhafte Beobachtungen zu ergänzen. Theorie wird indessen besonders dort wertvoll, wo es um die Konstruktion von Raumeinheiten geht. Denn diese sind dem Geographen nicht vorgegeben, sondern erst Ergebnis seiner theoriegeleiteten Konstruktion. Sie sind also eine sekundäre, wissenschaftlich rationalisierte Welt, die der alltagsweltlichen Primärwelt nicht entspricht. Mit anderen Worten: dort, wo Forschung durch Geographen Raumforschung sein will, muß sie theoriegeleitet sein. Man sieht also, daß zumindest für den Bereich der Forschung nach Hettners Auffassung von einem Exzeptionalismus oder gar von einer Sondermethodologie der Geographie keine Rede sein kann. Die Einheit der Geographie kann infolgedessen nicht auf der Einheit der geographischen Forschung begründet werden."

— Zur Länderkunde

„Länderkunde (. . . hat) für den auf die Erkenntnis komplexer realer Wirklichkeit ausgerichteten Forschungszusammenhang lediglich die Funktion der Wissensvermittlung auf einer bestimmten Abstraktionsebene. Alle Länderkunde, insofern sie sich also in länderkundlichen Darstellungen materialisiert, hat damit per se ein didaktisches Anliegen, ihre Komposition ist ein methodisch-didaktisches und kein forschungslogisch-wissenschaftstheoretisches Problem (. . .)"

„Aus den Prämissen, daß (a) Lehrgegenstände Ergebnis ordnender Objektivierungen sind und (b) die Länder der Erde einen Lehrgegenstand der Geographie darstellen, folgt, daß „Länder" als sekundäre Einheiten ordnender geographischer Objektivierung nur zum Zwecke der Lehre entstehen. Sie sind künstliche Einheiten, Ergebnisse einer didaktischen Rationalisierung und methodischen Systematisierung des Lehrstoffes."

— Zur Einheit der Geographie

„Die Einheit der Geographie ergibt sich über die Einheit des Gesichtspunktes, unter dem die Objektivierung vollzogen wird. Das Einheitsproblem ist keine Frage der Forschung, sondern der Lehre. Zu diesem Zweck erscheint disziplinäre Einheit allerdings sinnvoll und auch notwendig."

Vor diesem Hintergrund werden die Aussagen Schmitthenners nicht nur als Fortführung der Ansätze Hettners, sondern auch im Widerspruch und in der Eigenständigkeit ihnen gegenüber deutlicher. Wir beschränken uns in den folgenden Abschnitten auf einige wesentliche Aspekte. Die Schwäche dieser Zusammenfassung liegt sicherlich darin, daß zur Verdeutlichung aufgegliedert und damit getrennt wird, was in der Gedankenführung bei Schmitthenner verflochten ist und eine Einheit bildet. Die Zitate werden im folgenden mit Abkürzungen belegt, wobei AGL für die Studien „Zum Problem der Allgemeinen Geographie und Länderkunde" und LGF für die „Studien zur Lehre vom geographischen Formenwandel" steht.

2. Der Begriff „Land" in „Länderkunde" und die Schaffung von „Ländern"
als Bestandteil geographischer Forschung

Wer Schmitthenners Studien zur Kenntnis nimmt, wird keinen Anlaß für das absurde Mißverständnis finden, unter „Ländern" im Rahmen der Länderkunde seien Staaten oder Staatsterritorien gemeint und „Kunde" in Länderkunde ziele auf Darstellung, Beschreibung, Berichterstattung. Schmitthenner bezieht sich in seinen Studien nicht auf Länderkunde in ihrer integrativen Funktion für die Lehre und die zusammenfassende Darstellung, sondern allein auf die Forschung. Es wird am Ende dieses Beitrages deutlich werden, inwieweit hierin ein Widerspruch zur Auffassung Hettners liegt. Zunächst ist auf den Begriff „Land" in „Länderkunde" einzugehen.

„Land" ist in der Konzeption Schmitthenners nicht vorgegeben, sondern ein Ausschnitt aus dem umfassenden Raumzusammenhang (Raumkontinuum) der Erde, der erst unter einer Fragestellung und einem Forschungsziel ausgegliedert wird. Über die Vielzahl möglicher Fragestellungen legt sich ein Rahmen, der das generelle Formal- oder Erkenntnisobjekt der Geographie umschreibt. Dabei geht Schmitthenner von der Einsicht aus, daß „das Räumliche aus der Verschiedenheit des Stofflichen, jenes aus diesem hervorgeht" (Schlußwort in AGL 37). Mit anderen Worten: räumliche Verbreitungsmuster und Strukturen, räumliche Differenzierungen und Begrenzungen sind aus der Unterschiedlichkeit der Tatbestände, ihrer Wechselwirkungen und Interaktionen abzuleiten, sie sind keine explikative Kategorie.

> „Das wissenschaftliche Problem ist die Erkenntnis der Wechselwirkungen und deren Bedeutung innerhalb der Länder." (AGL 34)

> „Die Räume sind doppelte Komplexe, sachlich und räumlich. Die Dinge in ihnen gliedern sich zwar sachlich in verschiedene Faktorenreihen auf, aber sie zwingen nicht, in einer bestimmten Weise räumlich zu gliedern. Der Geograph muß sich entscheiden . . ." (AGL 19)

Im Mittelpunkt stehen für den Geographen nach Schmitthenner die Wechselbeziehungen, die raumwirksamen Kräfte, Entwicklungen und Zusammenhänge, von denen aus er erst zur Raumerfassung, -gliederung und -abgrenzung kommt. Diese Gliederung und Abgrenzung ist nicht Selbstzweck, sondern Bestandteil einer Ausrichtung auf Synthese und integrative Sicht, die nicht nur analytisch aussondert und durchleuchtet, sondern die Zusammenhänge erfassen will. Für den Geographen sind die Zusammenhänge dabei nicht nur auf den konkreten Raum zu beziehen, sondern als räumliche Systeme zu erfassen, deren Reichweite das „Land" definiert. Die Erfassung dieser Reichweiten und Gliederungen, dieser aus Durchdringung und Interaktion unter Fragestellung abgeleiteten „Länder" gehört zur Aufgabe der Geographie, die insofern, in diesem Sinne, Länderkunde ist.

> „In der Geographie, und zwar innerhalb der Naturwissenschaften nur in der Geographie, ist der Mensch das Maß nicht nur der Landschaftsgröße; denn die Geographie strebt zur Klärung der Anschauung der Erdoberfläche zu kommen und sucht auch das in der Anschauung nicht Gegebene auf dem Wege der angewandten Kartographie anschaulich zu machen. Die Geographie kann nicht in das Reich des Unvorstellbaren, Außermenschlichen vorstoßen wie Mathematik, Physik, Astronomie und Biologie. Die geographische Forschung zielt immer wieder auf den Menschen zurück, und es ist sinnlos nach einer Feinstruktur der geographischen Objekte zu fragen oder gar jenseits des Anschaulichen und anschaulich zu Machenden zu suchen. Die Geographie ist sensu stricto eine Wissenschaft für uns nicht an sich, sie ist eine makroskopische Wissenschaft. Jede Wissenschaft will ihren Stoff an sich klären, die Geographie aber soll unsere Umwelt für uns klären. Was an ihr rein stofflich zu klären ist, übernimmt sie von anderen Wissenschaften" (AGL 19).

„Land" ist nach diesen Vorbemerkungen ein beliebig großer Ausschnitt aus dem Raumkontinuum Erdoberfläche, der unter Fragestellungen und in Auswahl der zu erfassenden Wechselbeziehungen zwischen Erscheinungen („Konstruktionsprinzip") als Zusammenhang („Einheit") untersucht wird.

„Der Länderkundler wird dabei ein Konstruktionsprinzip für die als Einheit zu behandelnden Räume finden müssen, das den Raum zum Lande macht" (AGL 15).

„Landschaft" ist in der Terminologie Schmitthenners ein kleines Land. Er lehnt den Landschaftsbegriff in seiner Einengung auf das physiognomisch-gestalterische Element ebenso ab wie die von Passarge entwickelte Systematik und Typologie und erst recht die Vorstellungen von einer organischen Ganzheit.

„Entsprechend dem allgemeinen Sprachgebrauch sah man früher in Landschaft einen überschaubaren Raum irgendwelcher Art. Unter dem Einfluß der Landschaftskunde von Passarge und auch von O. Schlüters Auffassung her, im Physiognomischen, also in der Gestaltung schlechthin, das geographische Kriterium zu finden, hat man aus dem Worte Landschaft, welches das Sichtbare zu betonen scheint, einen definierten Begriff zu machen gesucht, so wie kürzlich in eigenartiger Weise auch Lautensach. Das halte ich für unzweckmäßig. Ich werde mit dem allgemeinen Sprachgebrauch unter Landschaft ein kleines Land mit seinem ganzen konkreten Inhalt verstehen. Um Mißverständnisse zu vermeiden, soll dort, wo es sich um eine auf einem Faktor beruhende Zusammenfassung des Raumes handelt, nicht geographische Landschaft (z. B. Wirtschaftslandschaft etc.) sondern geographisches Gebiet (Wirtschaftsgebiet etc.) gesagt werden. Man könnte natürlich auch nach dem Vorschlag von Schmithüsen Areale sagen. (. . .)

Seit Passarges grundlegenden Arbeiten hat man die typisierende Betrachtung der Länderräume „Landschaftskunde" genannt. Sie will aus den Gegebenheiten der Räume zur Bildung von Typen kommen, indem sie in den untersuchten Gebieten von dem länderkundlichen Einschlag, den jede solche Untersuchung hat, absieht und das jeweils faktoriell typische herausarbeitet (Bergfußwaldniederung etc.). Sie hat also ein allgemeingeographisches Ziel" (AGL 14).

Als wissenschaftliche Konstrukte werden „Länder" und „Landschaften" vom Geographen durch Umschreibung, inhaltliche Definition und Abgrenzung geschaffen.

„An sich ist die Landschaft oder das geographische Gebiet nicht vorhanden. Gegeben ist nur die wechselvolle Vielfalt des Kontinuums der Erdoberfläche. Sie ist schon im kleinsten Teil unendlich, und aus dieser zunächst ungeordnet erscheinenden Masse schöpft das geographische Bemühen immer wieder von Neuem, je nach dem Forschungsstande das, was als länderkundlich bedeutsam gilt. An sich ist die Erdoberfläche in ihrer Vielfalt Substrat vieler Sachwissenschaften und der Tätigkeit der Menschen. Etwas von dieser Setzung, der Zusammenfassung konkreter Örtlichkeiten zu einem abstrakten Kollektivbegriff, mag schon in dem Wort Landschaft enthalten sein (wie in den Worten Freundschaft, Feindschaft, Bruderschaft, Gesellschaft etc.). Die Definition und damit die räumliche Formung und zugleich die Begrenzung der Landschaften, der Länder usw. ist eine Folge der Wertung dessen, was ihren eigentümlichen Charakter, d. h. ihr Wesen ausmacht. Diese Setzung ist nur dann real, wenn sie die Eigentümlichkeit, also das Wesentliche, des Raumes ganz allgemein oder des für bestimmte Zwecke herausgegliederten Raumstücks richtig erkennt. Andererseits wäre sie Irrtum oder Unsinn. Dennoch ist ein rein subjektives Element aus ihr nicht auszuschließen, das in der Persönlichkeit, aber z. B. auch im Ziel des Forschers liegt" (AGL 16).

„Wenn man sich bewußt ist, daß die Länder wie die Landschaften jeder Größe nicht gegeben sind, sondern gedacht werden, wird es klar, daß sie nach irgendeinem Konstruktionsprinzip entstehen. Aus der dinglichen Erfüllung des Raumes müssen also abstrahierend die Länder erst gewonnen und abgegrenzt werden, aus einem faktoriellen geographischen Begriff oder aus der geographischen Lage. Das aber läßt sich nur erreichen aus der unbefangenen Untersuchung der Wechselwirkungen, durch die die einzelnen Faktoren miteinander verknüpft sind. Zwischen einem Stück der Erdoberfläche in concreto in seiner unendlichen Mannigfaltigkeit und seiner geographischen Erfassung steht als ein Sieb die Frage nach dem geographisch Bedeutsamen, Wesentlichen, als einer Entscheidung und Unterscheidung des Betrachters" (AGL 20).

„Die Länder, die wir in allen ihren geographischen Wesenheiten anschauend und denkend erfassen wollen, sind jedoch keine metaphysischen Ganzheiten. Sie sind als Länder nicht gegeben, obwohl sie in ihren Elementen und deren Zusammenwirken in der Natur vorhanden sind und aus deren Betrachtung festgelegt und erschaut werden können, ja um als geographische Gebiete oder Länder zu gelten, festgelegt werden müssen, da ihre Einheit einem Werten entspringt und in unserem Geiste entsteht. Obst meint, daß sich Kausalitätsprinzip und Totalitätsprinzip sehr wohl harmonisch verbinden könnten, wobei er unter Totalitätsprinzip den „Lebensgehalt, die spezifische Wesenheit eines Raumorganismus" versteht" (AGL 27).

Dieses letzte Zitat führt in die Auseinandersetzung Schmitthenners mit den Vorstellungen von „Totalcharakter", „Ganzheit", „organischer Einheit" und „geographischer Individualität". Ausgangspunkt ist eine kritische, in ihrer Konzentration auf die Kernaussagen bestechende Aufarbeitung der Vorstellungen Carl Ritters, die zu einem Vergleich mit den Konzepten von Erich Obst führt, Länder als Ganzheiten zu klassifizieren.

„Wir dürfen die Länder insofern als Gestaltungen oder Einheiten ansprechen, als deren innerer Zusammenhang dem Prinzip entspricht, nach dem wir sie gebildet haben, d. h. nach dem Gesichtspunkt, aus dem heraus wir sie als Gebiete erkannt haben. Obst will die Landschaft in ihrer Ausprägung als „wohlindividualisierten Raumorganismus" nicht aber als „Komplexerscheinung der Naturforschung" auffassen; jedoch aus dem Bei- und Miteinander der Einzelfaktoren entsteht nichts Organisches, sondern nur Komplexes, das durch die geographische Ordnung, die wir ihm geben, zu einem gestaltet Komplexen wird. Die geographischen Gebiete können nur als Komplexe aufgefaßt werden. (. . .) Das Suchen nach „Einheiten", „Ganzheiten" etc. ist eine regulative Idee der Vernunft, auf der man kein System der Wissenschaft begründen kann. Sie liegt in unserer geistigen Konstitution und ist daher fast allen Wissenschaften im gleichen Maße eigen. Das örtlich verschieden ausgebildete Beieinander der Dinge im Raume, das mit bestimmten Methoden geographisch erfaßt, kausal begründet und in unterschiedlicher Weise gegliedert werden kann, ist aber ein Objekt, das von solchen Voraussetzungen frei ist.

Das, was wir in der Länderkunde ohne Voreingenommenheit erforschen können und müssen, ist der Zusammenhang der Erscheinung" (AGL 28).

„Die Bezeichnung „geographisches" oder „tellurisches" Individuum ist eine Wortprägung Carl Ritters und zugleich typisch romantisch. Ritter sah als „Erdindividuen" die Erdteile an, die er auch Systeme von Ländern nennt und andeutungsweise in Individuen zweiten Ranges zerlegt. (. . .) Die geographischen Individuen waren für Ritter nicht nur Gegebenheiten der Natur, sondern auch göttliche Zweckschöpfungen, wobei dem Menschen von Gott die Aufgabe zuerteilt ist, die durch die Naturausstattung in die Räume hineingelegten Schöpferabsichten zu erkennen und in der Gestaltung des Raumes sichtbar zu machen in seiner eigenen Vervollkommnung. So kommt er zu Ganzheiten, die er als organische Individuen ansieht und die zusammen ein gesetzmäßiges, natürliches System, den „Erdorganismus", bilden, obwohl er sich durchaus klar ist, daß sie keine lebenden Organismen sind. (. . .)

Aber dadurch, daß für ihn der individualisierte Raum eine metaphysische Aufgabe zu erfüllen hat, hält er ihn in seinem Wesen wie in seiner Umgrenzung für vorhanden, also für objektiv findbar. Die „Setzung" liegt für ihn bei Gott. Der Mensch hat sie zu erkennen und in ihrem gottgewollten Sinn zu erfüllen und dadurch die Räume gleichsam nachsetzend in Erscheinung treten zu lassen. Es ist für uns an dieser Stelle unwesentlich, wie weit Ritter sich auch hierin Zurückhaltung auferlegte, sei es in der Wertung des Landes, sei es in der Wertung der Geschichte im Raum. Wesentlich aber ist, daß sich ihm der individualisierte Raum aus seiner religiösen Schau heraus als gegeben und damit als umrissen ergab.

Wir können aus einem metaphysischen Hintergrund die Länder aber kaum mehr verstehen. Damit erhebt sich sofort die Frage, mit welchem Recht wir an einer Nomenklatur festhalten, die ihren eigentlichen Sinn verloren hat. Geschieht es gedankenlos, aus Trägheit, oder haben wir den Begriffen der „organischen" Landschaft, d. i. des Landschaftsindividuums, des „Erdorganismus", des „Systems der Länder und ihrer Glieder" inzwischen einen anderen Sinn gegeben, der die Beibehaltung der Ritterschen Begriffe noch zuläßt?" (AGL 26–27)

„. . . Ritter und Obst treffen sich in ihrem Suchen nach einer natürlichen Systematik der Länder als Ganzes, als Organe eines Erdindividuums. Die Rittersche Systematik ist insofern anders, weil sie im Grunde genommen nur bei einer Faktorenreihe der plastisch-räumlichen bleibt, nicht mit vielen verschiedenartigen Raumgliederungen arbeitet, sie ist aber insofern klarer, als Ritter das Teleologische von vornherein hervorhebt und in diesem den Hauptgrund seiner Individualisierung klarstellt" (AGL 32).

Diese bei Schmitthenner sehr klare Abkehr von der Auffassung der Länder als „wohlindividualisierte Raumorganismen" bedingt zwangsläufig eine Ablehnung jener Klassifikation und Typologie, die Obst als wesentlichen Auftrag der Geographie herausgestellt hat.

„Seit langem will man natürliche Landschaften finden, besser wäre vielleicht zu sagen, schlechthin gegebene geographische Räume: denn auch der Mensch schafft in und mit den außermenschlich und menschlich vorhandenen und von ihm geschaffenen Dingen in hohem Maße Objekte der geographischen Wirklichkeit, die nicht in der „Natur" gegeben sind. Ich zweifle daran, daß schlechthin gegebene „natürliche" Landschaften je gefunden werden können. Wenn man natürliche Landschaften fände, so wären das Individuen, die nur gewaltsam teilbar sind. Unterteilt würden sie sofort als Torso erscheinen, wie der Kopf eines Enthaupteten. Die geographischen Landschaften und Länder etc. sind keine Individuen, sondern Kollektivbegriffe, die einer räumlichen Unterteilung in sinnvolle kleinere Gebiete in hohem Maße zugänglich sind. Diese Unterteilung, nicht Analyse, kann man bis zum absoluten Extrem treiben, d. h. bis an jene Grenze, an der in jeder Wissenschaft die Unterteilung zum Unsinn wird" (AGL 17).

„Eine Gliederung der Erdoberfläche im länderkundlichen Sinne, eine Herausstellung ihrer Landschaften und Länder auf Grund ihres ganzen Inhalts an geographischer Substanz ist eben wegen der Überlagerung und des verschiedenen dominanten Hervortretens der Faktoren nicht aus einem Einteilungsprinzip allein möglich. Dieser Versuch gliche der Quadratur eines Kreises. Man kann eine solche Einteilung nur auf mehreren Faktoren und auch nur mehr oder weniger eklektisch aufbauen" (AGL 24).

„Es scheint mir aber doch noch der Untersuchung zu bedürfen, ob man zu einer natürlichen Systematik der Länder als geographischer Objekte mit allen in ihnen erkannten Elementen gelangen kann. In seiner Klassifizierung lehnt sich Obst an Zoologie und Botanik an. Diese Wissenschaften haben es aber mit Organismen, mir naturgegebenen Ganzheiten zu tun. Wir haben aber gesehen, daß das, was die Länder zusammenschließt, die vom Menschen gezogene Umgrenzung im Raumkontinuum ist, wie auch das geographisch Erfaßte auf Wertungen der verschiedenen Elemente der Landschaften beruht und nur in unserem Geiste als „Einheit" entsteht" (AGL 25).

„Eine Typisierung aus dem gesamten als geographisch erkannten Material oder gar aus dem Gesamtinhalt der Länder, ist also nicht möglich, und die Länder als „wohlindividualisierte Raumorganismen" aufzufassen, geht doch wohl nicht an" (AGL 33).

Es ist nur konsequent, wenn Schmitthenner aus dieser Sicht heraus auch zu einer Ablehnung des Kerngehaltes von Hermann Lautensachs „Lehre vom geographischen Formenwandel" kommt. Lautensach geht es darin letztlich um ein neues

System der Geographie, das von den räumlichen Abwandlungen nach Lagekategorien (Nord-Süd, West-Ost, Innen-Außen, Hoch-Tief) ausgeht und im Ansatz die Typologie und die regelhafte räumliche Differenzierung der Tatbestände in den Vordergrund stellt. Daraus entwickeln sich erhebliche erkenntnistheoretische Probleme, vor allem im Übergang vom Typus zum Individuum durch „Singularisierung", d. h. in der Herausarbeitung des Ausmaßes, in dem die Regeln des „Formenwandels" nach Lagekategorien greifen und die Interferenz dieser räumlichen Ordnungsprinzipien einmalige Merkmale gewissermaßen „übrig" läßt. Schmitthenners sehr tiefgehende und behutsame Auseinandersetzung mit diesen Vorstellungen faßt wesentliche Aspekte der in den vorigen Zitatgruppen erwähnten Gesichtspunkte zusammen.

„Die Lehre vom geographischen Formenwandel will das als geographisch Aufzufassende allein aus der Form erkennen. Damit glaubt sie vom Räumlichen selber her zu kommen. Geographische Form, zu der auch die geographischen Erscheinungen treten, schließt jeweils ihre stoffliche Beschaffenheit mit ein. Die geographischen Formen und die geographischen Erscheinungen gehören also der Definition nach den Geofaktoren an. Der geographische Formenwandel ist daher eigentlich ein Formenwandel der Geofaktoren. Wenn die geographische Substanz lediglich am Physiognomischen erkannt werden soll, stellt sich die Formenwandellehre in Gegensatz zu der auf Hettner beruhenden Auffassung. Nach Hettner „faßt die Geographie die örtliche Verschiedenheiten" der Erdoberfläche auf, „soweit sie für die einzelnen Erdstellen wesentlich sind, d. h. in ihrem Aussehen oder in ihrem Einflusse auf andere Erscheinungen zur Geltung kommen, soweit sie wirkungsvoll sind". Also der geographischen Betrachtung unterliegt alles das, was an den verschiedenen Örtlichkeiten verschiedenartig ausgebildet ist, und das auf andere Bestandteile der Örtlichkeiten wirkt. Von diesen beiden Kriterien, woran die relevanten Erscheinungen zu erkennen sind, scheint Lautensach nur das erste anerkennen zu wollen, daß die geographischen Tatsachen an verschiedenen Erdstellen verschieden sind, nicht aber das zweite, daß die Unterschiede der Tatsachen mit den Unterschieden anderer Tatsachen ursächlich zusammenhängen"(LGF 10—11).

„Aber Tatsachen oder Erscheinungen, die keinen Einfluß auf andere Tatsachen oder Erscheinungen haben, oder deren Zusammenhang mit anderen Tatsachen an der Erdoberfläche bisher nicht erkennbar ist (das elektrische Feld, das magnetische Feld der Erde), oder die sich im Mikroskopischen alsbald verlieren, gibt es, jedoch nicht als Gegenstand der Geographie. Ein Kaninchenloch ist eine im Kleinsten vielfach wirksame Tatsache, verliert aber jede Wirksamkeit im makroskopischen Raum und ist damit geographisch irrelevant. Ist aber ein Gebiet von Kaninchenlöchern durchsetzt, so daß die Weide zerstört, die Gangbarkeit für Mensch und Vieh erschwert wird, muß sich die geographische Wertung dieser Tatsachen als eines Wesentlichen annehmen. Ähnlich ist es mit den Termitenbauten, die in den Termitensavannen wesensbestimmend werden. Das Wesentliche sind nicht die Tatsachen, sondern ihre Wirkung" (LGF 12).

    „Die Lagewirkungen können nur an einer Substanz in Erscheinung treten, durch die die Lagebeziehungen überhaupt erst entstehen. Der Irrtum der Formenwandellehre, durch ihre Methode die Bildung der Landschaften aus der Lage und somit aus dem Raume selber herauszuholen, scheint zum Teil auch dadurch zu Stande zu kommen, daß der Formenwandel in jeder der vier Lagekategorien ein ganzes Bündel von faktoriellen Erscheinungen erfaßt. Aber aus der Lage kann keine Raumbildung gewonnen werden, sondern nur an der geographischen Substanz, die ja auch in den Lagekategorien in ihren gerichteten Abwandlungen erfaßt wird. Von jeher hat man das zu Räumen zusammengeschlossen, was gleich oder ähnlich ist, und hat dort, wo sich wesenhafte Änderungen vollziehen, die Grenzen gesetzt. (. . .) Das Neue ist nur, daß lediglich jene faktoriellen Elemente aufgenommen werden, die innerhalb der vier Lagekategorien sich regelhaft ändern. Die Raumbildung beruht daher nur auf einem Teil, ja einem mehr oder weniger kleinen Teil der geographischen Substanz. Sie ist zunächst rein beschreibend, da die Frage nach den Ursachen der Abwandlungen erst nachfolgt. Der Gedanke, die regelhaften Formveränderungen in den vier Lagekategorien zum Einteilungsprinzip zu machen, ist lediglich ein Rezept, reale Räume beschreibend abzugliedern" (LGF 26).

„Die gewonnenen Raumeinheiten sind nicht abstrahierend zu Typen erhoben, d. h. aus dem Existenziellen ins Essenzielle transponiert worden. Die Landschaften des Formenwandels können ohne weiteres als reale Länder behandelt werden. Nur durch den Irrtum, in den Landschaften Typen zu sehen statt künstlich unvollständige Länder, kommt die Formenwandellehre zu den komplizierten Vorstellungen des allmählichen Übergangs vom Typ zum Individuum" (LGF 33).

„Da die Landschaftsbildung des geographischen Formenwandels auf den vier Lagekategorien beruht und den in ihnen erkannten Phasen der Formabänderung, lag es nicht fern, für die Lagekategorien und deren Phasen bestimmte Symbole zu verwenden und so Landschaftsformeln zu finden" (LGF 36).

„So können sich die Landschaftsformeln nicht wiederholen, da sie auch keine wiedererkennbaren Typen charakterisieren, sondern nur Länder formelhaft beschreiben. Auch die Untersuchung der Landschaftsformeln kommt zu dem Ergebnis, daß die durch die Formeln beschriebenen Landschaften keine Typen, sondern Länder sind. Mir ist es nicht klar, was durch die Formeln gewonnen werden soll. Niemand wird sie auswendig behalten oder im Gedächtnis leicht rekonstruieren können" (LGF 37).

„Es scheint mir daher ein Irrtum zu sein, die Landschaften des Formenwandels für zwingend findbar, in ihrem Kerne in Folge der Tatsachen der Lagewirkungen real gegeben, und darum die Gesamtheit der Landschaften des Formenwandels für ein vorhandenes Landschaftssystem, d. h. ein naturgegebenes System der Länder zu halten. Die Landschaften können zwar gefunden oder annähernd wiedergefunden werden, wenn man dem Rezept der Formenwandellehre folgt, sie müssen es aber nicht. Das Gesamtgefüge der Landschaften des Formenwandels geht erst aus der Gliederung bestimmter Räume hervor, ist nicht vorhanden, sondern in denkendem Beschreiben gewonnen, als willentliche Zerlegung eines Ganzen. Die Landschaften bleiben fest in ihrem Nachbarschaftsverband eingespannt als reale Raumstücke des Landkontinuums. Das Landschaftsgefüge der Formenwandellehre ist nicht begrifflich, weil die Herauslösung der Landschaften aus ihrem räumlichen Verband fehlt, ja absichtlich unterlassen ist. So werden sie nicht zu Typen, wie etwa die bestimmten Wellenlängen der Farben, die außerhalb des Kontinuums des Spektralbandes überall wiedererkannt werden können. Das Gefüge der Landschaften des Formenwandels ist nur eine saubere, aber willentliche Aufgliederung des Festlandes in Länder, wie man deren noch viele vornehmen kann. Es ist keine Zerlegung einer Gesamtheit in typische Einzelteile, die dem Ganzen notwendig angehören, sondern eine Gliederung in Länderbereiche, die dem Ganzen gegenüber nicht notwendig, sondern willentlich sind, den Scherben einer zerbrochenen Vase vergleichbar, wobei der Wille zu dieser Art der beschreibenden Zerlegung dem Schlag entspricht, der die Vase zertrümmert hat. Sie werden bei anderem Anstoß andere Gestaltung zeigen.

Die Einteilung der Erde in Länder nach einem umfassenden Einteilungsprinzip, nach ihrem ganzen Inhalt an geographischer Substanz oder allen geographisch relevanten Tatsachen in ihr, ist nicht möglich (vergl. Heft 4 dieser Reihe, S. 24), und daher kann man auch kein natürliches System der Länder aufstellen. Wenn Ritter die Länder für findbar hielt, so konnte er das aus dem Glauben heraus, daß sie von Gott geschaffene und seine Gedanken enthaltende Individuen seien. Dem entspricht das System des Ritter'schen Erdindividuums mit seinen verschiedenen Ländern. Es ist eine metaphysische Gegebenheit, die Gottes Plan zur Erziehung des Menschengeschlechtes enthält. Das System der Landschaften der Formenwandellehre ist aber ein Länder- oder Landschaftsgefüge, entstanden durch eine menschgewollte Einteilung des Festlandes, und keine natürliche systematische Einheit" (LGF 39—40).

Als letzter Teilaspekt in der Auseinandersetzung um Land und Raum sei auf die Bedeutung der Raumgliederung hingewiesen. Sie liegt nicht nur darin, daß Länder und Landschaften in der Auffassung Schmitthenners nicht als Ganzheiten vorgegeben und damit als Einheiten keine Realobjekte sind, sondern unter Fragestellungen gewonnen werden. Er sieht in der Raumgliederung eine wesentliche Aufgabe der Geographie.

„In Beschränkung auf das in der Unendlichkeit des Gehaltes jedes realen Raumstückes forschend als geographisch wirksam Erkannten und zur Zeit Erkennbaren, ist es die Aufgabe der Länderkunde, für uns Menschen zur Herausgliederung von geographischen Einheiten, von Landschaften und Ländern zu kommen. Der Vergleich der Landschaften und Länder mag dann zu ihrer Typisierung als Gebiete führen. Das was der Geograph unter Ländern und Landschaften versteht, ist die Zusammenfassung alles dessen, was er auf induktivem Wege über Ähnlichkeit und Verschiedenheit und über die Lagebeziehungen erkannt hat, und zwar von seinem Standpunkt her erkannt hat. Es ist eine Nachbildung des als gegeben Erschauten" (AGL 20).

Wir mögen uns heute an der Beschränkung auf den induktiven Weg der Erkenntnis und an Formulierungen wie „Nachbildung" und „des Erschauten" stoßen, sollten darüber aber nicht die Grundausrichtung auf Raumgliederung als Aufgabe übersehen. An das vorangehende Zitat schließt sich ein längerer Abschnitt über das Verfahren geographischer Raumgliederung an, auf das hier nicht eingegangen werden soll (AGL 21—25).

3. Zum Dualismus Allgemeine Geographie — Länderkunde

Unmittelbarer Anlaß für die methodologischen Schriften Schmitthenners war der Versuch von Erich Obst, den alten Streit um die Gewichtung von Allgemeiner Geographie und Länderkunde zu überwinden. Im Zusammenhang mit der raschen Entfaltung der verschiedenen Zweige der Anthropogeographie (Obst spricht in diesem Zusammenhang von einer „Flucht" in die Allgemeine Anthropogeographie) sah er die Gefahr einer weiteren Aufsplitterung in Teildisziplinen, die wissenschaftlich ergiebig nur in engem Verbund mit den entsprechenden Nachbarwissenschaften betrieben werden können oder ganz in diese abschwenken würden. Sein Ausgangspunkt war radikal.

„Hier hilft wirklich nur ein Entweder-Oder: Entweder man bekennt sich zu dem Grundsatz „Geographie = Landschafts- und Länderkunde"; dann widme man sich dieser Aufgabe, und man wird gewahr werden, was für große und schwierige Forschungsaufgaben es hier noch zu lösen gilt. Oder man bekennt sich als Geomorphologe oder Klimatologe oder Ozeanograph usw.; in diesem Falle gilt es, sich von der Geographie als einer selbständigen Wissenschaft mit eigenem Stoffgebiet zu lösen und fortan seine Kraft als Forscher auf einem der selbständig werdenden Sondergebiete der einstigen Physischen Erdkunde zu entfalten. Brücken von der einen zur anderen Disziplin werden und müssen erhalten bleiben; eine völlige Abkapselung wäre natürlich vom Übel. Aber es muß einmal reiner Tisch geschaffen werden, um die Qualität der wissenschaftlichen Forschungsarbeit auch für die Zukunft zu gewährleisten und nicht zuletzt auch die Bahn frei zu machen für eine alle Teile der Welt gründlichst behandelnde Forschung auf dem Gebiete der Landschafts- und Länderkunde" (Obst 1950, S. 32—33).

„Daß Wirtschafts-, Verkehrs-, Siedlungsgeographie usw. in Forschung und Lehre weiterhin betrieben und fortentwickelt werden müssen, ist selbstverständlich, und auch hier kann es sehr wohl angehen, daß einzelne Geographen es für angebracht halten, in der Entscheidungsstunde von der Geographie (Landschafts- und Länderkunde) abzuschwenken und sich endgültig einer der aus der Allgemeinen Anthropogeographie hervorgehenden selbständigen Spezialwissenschaften zuzuwenden. Eine solche Entscheidung aber muß in Bälde eintreten, wenn anders nicht der systematische Ausbau der Landschafts- und Länderkunde, des „Hauptinhaltsgebietes" der Geographie, zum Schaden der deutschen Wissenschaft vernachlässigt werden soll" (Obst 1950, S. 33–34).

„Diese Allgemeine Geographie aber, wie sie uns vorschwebt, kann nur sein eine Allgemeine Landschafts- und Länderkunde. Erweist es sich als richtig und möglich, eine solche Allgemeine Geographie ins Leben zu rufen, so erhält damit das Lehrgebäude der Geographie seinen harmonischen Abschluß und der unsere Wissenschaft bislang spaltende Dualismus Allgemeine Erdkunde – Länderkunde wird endlich zum Verschwinden gebracht: es gibt in der Geographie, der Allgemeinen wie der Speziellen Geographie, nur einen einzigen Forschungsgegenstand: die Landschaft bzw. das Land als Landschaftskomplex.

Aufgabe der Allgemeinen Geographie ist es, wie es für den allgemeinen Teil aller Wissenschaften zutrifft, durch Erforschung des Allgemeinen die Erforschung des Speziellen zu erleichtern, zu befruchten und in den großen Zusammenhängen zu begreifen" (Obst 1950, S. 36).

Zunächst ist festzuhalten, daß es auch bei Obst in der Länderkunde weder um Staaten oder vorgegebene Raumeinheiten noch um die zusammenfassende Darstellung im Sinne länderkundlicher Monographie geht. Er zielt allerdings im Gegensatz zu Schmitthenner auf eine Typologie und Klassifikation der Länder ab (Individuum, Art, Gattung, Familie, Klasse ganz im Stil biologischer Systematisierung), der die Vorstellung organischer Ganzheiten zugrundeliegt und die zugleich den Rückbezug auf Ritter fordert. Die hiergegen vorgebrachten Argumente Schmitthenners sind bereits im vorigen Abschnitt angedeutet worden. Er weist zugleich nach, daß der Rückbezug auf Ritter nicht paßt, weil Ritter die Allgemeine Geographie in die Zukunft verschiebt und sich ganz der Erfassung der gegebenen „geographischen Raumindividuen" widmet, während Obst die Allgemeine Geographie in die Propädeutik verlegt.

Schmitthenner hält diese radikale Art einer Lösung des Dualismus-Problems für falsch. Anders als Hettner, für den der Dualismus sich durch die Trennung von Forschung und Lehre verschärfte, geht Schmitthenner von einem einzigen Erkenntnisobjekt aus: Geographie soll dazu beitragen, unsere Umwelt für uns zu klären, indem sie gezielt den Zusammenhängen zwischen Tatbeständen im Raum, ihren Interaktionen und Wechselwirkungen nachgeht. Sie soll dabei über den einzelnen Tatbeständen die integrative Sicht, die Synthese, nicht aus den Augen verlieren. Gliederung und Abgrenzung der Räume als Teilauftrag der Forschung haben in diesem Sinn leitende Funktion.

Der Dualismus zwischen Allgemeiner Geographie und Länderkunde wird hinfällig nicht nur durch diese Ausrichtung auf den räumlichen Gesichtspunkt. Ebenso gewichtig ist die Abkehr von der Vorstellung, Länder seien einmalige Erscheinungen oder Raumorganismen, die nur individuell behandelt werden könnten und es sei möglich, sie in der Gesamtheit ihrer „Faktoren" zu erfassen. Erst diese nach Schmitthenner irrige Vorstellung und die daraus folgende Notwendigkeit, in den als Allgemeine Geographie zusammengefaßten Teildisziplinen Tatbestände über die Erde hinweg zu untersuchen, um zu Begriffen und Typen für die individualisierende Länderkunde zu kommen, hat den Dualismus erzeugt und am Leben erhalten. Er ist nur zu überwinden, wenn die regionale Geographie die genannten Ansätze aufgibt und sich als räumliche Systemforschung begreift und die Allgemeine Geographie sich stärker den räumlichen Gegebenheiten und Zusammenhängen widmet.

„Die Typen sind in der Geographie in geographischer Arbeit am Raume gewonnen. Der Dualismus der Methode zwischen allgemeiner und spezieller Geographie ist also nur scheinbar. Er besteht nur, wenn die Allgemeine Geographie ihr Problem nicht geographisch sieht, sondern unter dem Gesichtspunkt der systematischen Einzelwissenschaften" (AGL 11).

„Der räumliche Gedanke muß also auch bei der Behandlung der allgemeinen Geographie im Vordergrund stehen. Er allein gibt ihr den Gehalt und den Wert für die Gesamtgeographie als Wissenschaft. Wenn sie ihn aus dem Auge verliert, kann sie nicht leisten, was ihr aufgetragen ist" (AGL 12).

„Es handelt sich in der Geographie nicht um die Analyse der einzelnen Faktoren, sondern um die der Räume. Jede auf einen bestimmten Faktor bezogene geographische Untersuchung wird nur dann zu sinnvollen Ergebnissen kommen, wenn sie den Faktor als raumgestaltend auffaßt" (AGL 13).

In enger Anlehnung an Hettner, aber auf der eben genannten Grundlage doch in einem etwas anderen Sinn bleibt Schmitthenner bei der Unterscheidung und den unterschiedlichen Aufträgen für Allgemeine Geographie und Länderkunde.

„Die Allgemeine Geographie hat also die über das Ganze oder über größere Teile der Erdoberfläche hinweggehenden sachlichen Faktoren für sich aufzufassen, ihre Begriffe und Typen zu erkennen, die faktoriellen Erscheinungen damit räumlich zu gliedern und in ihrem Zusammenhang anzuordnen. Die Länderkunde dagegen, die vom faktoriell komplexen Einzelraum ausgeht, hat umgekehrt den Raum nach Faktoren sachlich aufzuteilen, deren kausale Verflechtung zu erfassen und dadurch eine genetisch sinnvolle Untergliederung durchzuführen" (AGL 13).

„Der Unterschied zwischen Länderkunde und Allgemeiner Geographie besteht darin, daß diese der Ausdehnung nach allgemein, jene der Ausdehnung nach spezialisiert ist, und darin, daß die Allgemeine Geographie den einzigen gegebenen Raum, den der Erdoberfläche, behandelt und dadurch das Begriffssystem der Geographie aufzustellen vermag, während die Länderkunde in Anwendung der geographischen Begriffe forschend zu den Gebieten oder Landschaften kommen muß, wie die Allgemeine Geographie forschend zur Einsicht in die verschiedenen räumlichen Erscheinungen und zu einheitlichen Gebieten der einzelnen Faktoren gelangt. In beiden Teilen der Geographie wechselt der Untersuchungsgang. In der Länderkunde vollzieht man den Schritt vom räumlichen zum sachlichen, in der Allgemeinen Geographie vom sachlichen zum räumlichen Prinzip. Dort geht man vom räumlich Komplexen, hier vom sachlich Speziellen aus.

In vieler Hinsicht ist eine solche Allgemeine Geographie noch Programm. Die meisten Entwürfe lassen hinter der sachlich-faktoriellen Betrachtung das Räumlich-Geographische noch sehr zurücktreten. Man könnte daher versucht sein, ihnen jenen propädeutischen Charakter zuzusprechen, auf den mancher Autor sich grundsätzlich beschränkt" (AGL 14—15).

„Länderkunde und Allgemeine Geographie reichen sich die Hände, wenn diese im Räumlichen das Allgemeine, jene im Allgemeinen das Räumliche erkennt" (AGL 36).

„Wenn dann der Dualismus zwischen Natur und Mensch rückgreifend auf Ritter und hinweisend auf Kant, im räumlichen Prinzip überwunden worden ist und wir heute die Länderkunde als Ziel der Geographie ansehen, so ist das ein großer Fortschritt über die ältere Geographie. Aber dieser Fortschritt war nur möglich in Durchdringung der Allgemeinen Geographie und deren Einzeldisziplinen mit der räumlich-geographischen Fragestellung" (AGL 37).

4. Rückblick aus der Sicht der Gegenwart

Manche der vorangehenden Aussagen Schmitthenners, vor allem seine Herausstellung der Länderkunde als Ziel und Forschungsobjekt der Geographie, mögen heute den einen wie eine Provokation (so viele Jahre „nach Kiel"), den anderen wie eine schulterklopfende Bestätigung für Länderkunde als zusammenfassende Länderdarstellung erscheinen. Beides beruht auf falschen Übersetzungen von Terminologie und Sinn der Aussagen. Wir können dieses Übersetzungsproblem an einem Beispiel verdeutlichen, in dem zugleich eine Zusammenfassung der Sicht Schmitthenners steckt.

„Mehrfach hat Passarge der Länderkunde Problemlosigkeit vorgeworfen, da sie nicht Problemforschung, sondern lediglich Darstellung sei. Ich glaube, daß der Vorwurf irrig ist, und hoffe, hier zeigen zu können, daß die Länderkunde in ihrem Wesen Forschung ist und die Darstellung der Länder nur ein, wenn auch wesentliches Mittel, diese darzubieten und in ihren Ergebnissen sichtbar zu machen" (AGL 15).

„Das, was wir in der Länderkunde ohne Voreingenommenheit erforschen können und müssen, ist der Zusammenhang der Erscheinung. Aus diesen Einsichten wird dann zur Bewältigung der unendlichen Mannigfaltigkeit des räumlichen Substrats und des Raumkontinuums der Erdoberfläche in einem anderen, zweiten Denkprozeß das Land erfahren und in der Beschreibung und kausalen Durchdringung erkannt. Der Weg der Länderkunde ist es, aus dieser Erforschung zu Erkenntnissen zu führen. (. . .) Für die Darstellung ist (. . .) der Charakter der geographischen Gebiete eine Einheit, die nicht mehr sekundär ist, sondern das aus der Forschung für sie Herausgeholte, Gewollte und den Zweck enthaltende Primäre, menschgewollt, nicht mehr wie bei Ritter gottgewollt. Wir nennen daher unser Forschungsgebiet Geographie. Aber das Forschungsziel, das sich die Geographie gesetzt hat, so wie jede andere Wissenschaft auch ihr Ziel sich setzt, nennen wir Länderkunde, deren Methode räumlich vergleichend ist" (AGL 28–29).

Die Verständnis- und Übersetzungsschwierigkeiten sind angelegt in einer Diktion, die Sinngehalte von Begriffen nicht explizit definiert, sondern „im Verlauf der Handlung" umschreibt. So ist in den beiden ersten Sätzen des ersten Zitates vom gleichen Begriff Länderkunde die Rede, aber in einem unterschiedlichen Sinn, der an der Frage „welche Länderkunde" deutlich würde. Schmitthenner meint raumwissenschaftliche Forschung jener auf Zusammenhänge gerichteten Art, die in den vorangehenden Abschnitten anhand seiner Aussagen umschrieben wurde. Passarge bezieht sich auf eine weitgehend deskriptive länderkundliche Darstellung. Im Grunde gehen beide Sätze aneinander vorbei, weil die Ebenen „länderkundliche Forschung" (LF) und „länderkundliche Darstellung" (LD) unterschiedlich eingesetzt und in unscharfer Weise mit dem Überbegriff „Länderkunde" (L) verzahnt werden. Passarge sagt: „L ist problemlos, weil L nicht LF sondern nur LD ist", statt zu sagen: „LD ist problemlos". Schmitthenner reagiert darauf mit "L ist im Wesen LF, LD ist LD und verwertet LF". Eine genaue Analyse des Textes läßt eine Reihe ähnlicher Verkürzungen und Sinnbefrachtungen erkennen. So enthält der zweite Satz des zweiten Zitates eine derartige Fülle gewichtiger Aussagen und zugleich eine Reihe übersetzungsbedürftiger Begriffe (Bewältigung, Substrat, Land erfahren, Land erkennen, Durchdringung), daß ein zügiges Überlesen in die Irre führen muß. (Bei der Abfassung dieses Beitrages war ich mehrfach in Versuchung, ihn ganz der Analyse dieses einen Satzes zu widmen, aus dem sich alles andere ableiten ließe.) Es geht dabei um folgende Gedankenkette:

Länderkunde ist Forschung (Hier wäre im Rückbezug zum gesamten vorangehenden Text
   anzufügen: insofern sie nach wissenschaftlichen Kriterien vorgeht, die Bedeutung von
   Wertungen durch den Forscher zur Kenntnis nimmt usw.)
Länderkunde kann nicht alles erforschen
Länderkunde kann und muß den Zusammenhang von Erscheinung(en) erforschen
   (Hier wäre eine nähere Definition von Zusammenhang und Erscheinung einzufügen, etwa
   im Sinne Zusammenhang als Wechselwirkung, Interaktion unter Einschluß von Prozessen
   und ihrer Steuerung, wobei die räumliche Kategorie nicht explikativ ist; Erscheinungen als
   Tatbestände, Strukturen, Gegebenheiten, die unter Auswahlkriterien nach Fragestellungen
   und nicht als Totalität zu erfassen sind)
Die Forschung muß zu Einsichten führen
Forschung und Einsicht beruhen auf Erkenntnisprozessen („Denkprozeß" Stufe 1)
Zu diesem „Denkprozeß" gehört nach der Untersuchung und Erfassung der Zusammenhänge
   zwischen Tatbeständen das Ziel, einen Raumausschnitt aufgrund der gewonnenen Ein-
   sichten als zusammengehörig, als durch Interaktion und Verflechtung zwischen Tatbeständen („Erscheinung") verbundenen Erd-Teil zu begreifen, der als „Land" bezeichnet wird
   („Das Land wird erfahren")
(Hier wäre einzufügen, daß es dazu verschiedene Wege gibt und der Prozeß abhängig von Wertungen durch den Forscher ist)
In dem so durch Einsicht in Zusammenhänge gewonnenen, d. h. als zusammengehörig „erkannten" „Land" ist wissenschaftliche Erkenntnis zu erzielen in der Verbindung von a) Beschreibung und b) Erfassung, Untersuchung und Verstehen der kausalen Zusammenhänge
   („Das Land wird erkannt", „Denkprozeß" Stufe 2)

Es geht hier nicht um eine Kritik an der Diktion Schmitthenners (die übrigens
durchaus nicht schwieriger ist als die vieler Zeitgenossen), ebensowenig um eine
aufwertende Exegese oder eine Erklärung der geringen Wirkung, das heißt Aufnahme und Weiterführung von Vorstellungen und Konzepten, die neue Wege weisen
wollten. Es geht in erster Linie darum, aus dem gegebenen Anlaß den Kerngehalt
seiner Argumentation und Aussagen noch einmal vorzustellen. Wir sehen diesen
Kerngehalt heute zwangsläufig durch das Filter jener Diskussion in den sechziger
und siebziger Jahren, in der Mißverständnisse und Polarisierungen sich stärker an
Begriffen („Länderkunde", „länderkundliches Schema") und in der Selbstreflexion
über die Geographie als an der leistbaren Erkenntnis, ihrem Sinn und ihrer Ver-
wertung entfalten.

Wir können heute nicht mehr über diese Diskussion hinweg zurückgehen und
unbesehen Fäden aufnehmen, die nur als Bestandteile eines Knäuels Sinn ergeben.
Unser Auftrag liegt nicht in der Vergangenheit, sondern in der Gegenwart im
Blick auf die Zukunft: seine Erfüllung wird nicht an der Selbstreflexion über Einheit und Gliederung des Faches, sondern an Leistung gemessen. Zu dieser gehören
Darstellung, Vermittlung, Weitergabe von Einsichten, Anregung zu neuen Perspek-
tiven, zu integrierter Sicht und Synthese („Länderkunde D") genauso wie eine
Forschung, die bei allem Pluralismus der Fragestellungen und Methoden auf Ein-
sicht und Erkenntnis über Zusammenhänge, Kräfte und Prozesse gerichtet ist, —
beide im Bezug „für den Menschen" und damit in Verantwortlichkeit. Es ist uns
heute fremd und zu mißverständlich geworden, jene Forschung „Länderkunde"
(„Länderkunde F") zu nennen, die sich auf Interaktion, Zusammenhänge, Systeme
in ihren räumlichen Organisationsformen und Auswirkungen, ihren Distanz- und
Lagebezügen bezieht und in der wir Regionalisierungen ebenso wie Fragen nach
Maßstäbigkeit und Maßstabsverschachtelungen einsetzen. Wir haben dazu den Sinn
von „Land" und „Kunde" längst zu sehr eingeengt.

Wir können ebenso wenig zurück in eine Diskussion über den „Dualismus" zwischen Allgemeiner Geographie und Länderkunde, der unabhängig von seinen spezifisch deutschen Gehalten und Instrumentierungen von der Frage lebt, wem die Krone gebühre und wie er aufrechterhalten und zugleich zugunsten von Einheit und Ganzheit des Faches überwunden werden könnte. Die dahinter stehenden anderen Dualismen wie das Allgemeine und das Spezielle, das grundsätzlich Gültige und das Einmalige, Typus und Individuum fördern Zuschreibung und Polarisierungen, die je nach Stil und Ziel wissenschaftlicher Auseinandersetzung zu handlichen Waffen werden, wo es doch um stete Veränderung von Einsichten und den dazu notwendigen Erkenntnisinstrumenten geht. Vielleicht tun wir uns mit diesen Festschreibungen schwerer als andere Denktraditionen. Das wird nicht nur beim Vergleich von Rolle und Aufbau des „Systems der Geographie" deutlich (z. B. im Vergleich von Uhlig's Schema in Westermanns Lexikon der Geographie und Hagget's Schema in „Geography, a modern synthesis"), sondern auch im Blick auf die Leichtigkeit, mit der in Werken wie z. B. „Geography Matters" (Hrsg. D. Massey und J. Allen, Cambridge 1984) von der notwendigen Stärkung einer Ausrichtung auf „the spatial", „the natural", „the concern for place and hence for specificity and uniqueness" gesprochen wird.

Von hier aus erscheint Schmitthenners Plädoyer für eine Überwindung des unseligen Dualismus zwischen Allgemeiner Geographie und Länderkunde, für eine Aufgabe unhaltbarer, weil blockierender Konzepte (Ganzheit, Gesamtcharakter, vorgegebene Raumgliederung, natürliche Systematik der Länder) und für eine letztlich auf den Menschen ausgerichtete Erforschung von Zusammenhängen im Raum heute durchaus nicht unzeitgemäß.

Literatur

a. Zitierte Publikationen

Galtung, J.: Struktur, Kultur und intellektueller Stil. Ein vergleichender Essay über sachsonische, teutonische, gallische und nipponische Wissenschaft. In: Leviathan, Zeitschrift für Sozialwissenschaft, Jg. 1983, S. 303–338.

Lautensach, H.: Der Geographische Formenwandel. Studien zur Landschaftssystematik. Colloquium Geographicum, Bd. 3, Bonn 1953, 191 S.

Obst, E.: Das Problem der Allgemeinen Geographie. In: Verh. Deutscher Geographentag München 1948, Landshut 1950, S. 29–51.

Plewe, E.: Heinrich Schmitthenner. Eine Würdigung anläßlich seines 70. Geburtstages. Marburger Geographische Schriften, Heft 7 (zugl. in: Mitteilungen Universitätsbund Marburg, 1957, Heft 2/3).

Schmitthenner, H.: Zum Problem der Allgemeinen Geographie. In: Geographica Helvetica, Jg. 6, Nr. 1, 1951, S. 123–137.

–: Zum Problem der Allgemeinen Geographie und der Länderkunde. Münchner Geographische Hefte, Heft 4, 1954, 37 S.

–: Studien zur Lehre vom geographischen Formenwandel. Münchner Geographische Hefte, Heft 7, 1954, 45 S.

Wardenga, U.: Probleme der Länderkunde? Bemerkungen zum Verhältnis von Forschung und Lehre in Alfred Hettners Konzept der Geographie. In: Geogr. Zeitschrift, Jg. 75, 1987 (im Druck).

b. Ergänzende Literatur

Bahrenberg, G.: Anmerkungen zu E. Wirths vergeblichem Versuch einer wissenschaftstheoretischen Begründung der Länderkunde. In: Geogr. Zeitschr. 67, 1979, S.147–157.

Bartels, D.: Länderkunde und Hochschulforschung. In: J. Bähr und R. Stewig (Hrsg.): Beiträge zur Theorie und Methode der Länderkunde. Gedenkschrift für Oskar Schmieder. Kieler Geogr. Schriften 52, 1981. S. 43–49.

Blume, H.: Probleme der Länderkunde erläutert am Beispiel der USA. In: J. Bähr und R. Stewig (Hrsg.): Beiträge zur Theorie und Methode der Länderkunde. Gedenkschrift für Oskar Schmieder. Kieler Geogr. Schriften 52, 1981, S. 21–41.

Bobek, H.: H. Lautensach's geographischer Formenwandel – ein Weg zur Landschaftssystematik. In: Erdkunde, Bd. 7, Nr. 4, 1953, S. 288–293.

Mensching, H.: Länderkunde – Regionalgeographie. Eine kritische Betrachtung über eine Zeitströmung der Geographie. In: G. Braun (Hrsg.): Räumliche und zeitliche Bewegungen. Festschrift für Walter Gerling. Würzburger Geogr. Arbeiten 37, 1972, S. 53–65.

Plewe, E.: Heinrich Schmitthenner. In: Petermanns Geographische Mitteilungen, Jg. 98, Heft 4, 1954, S. 241–243.

Rosenkranz, E.: Heinrich Schmitthenner 1887–1957. In: Freeman, T. W. (Hrsg.): Geographers. Biobibliographical Studies, Vol. 5, London 1981, S. 117–121.

Schmitthenner, H.: Studien über Carl Ritter. Frankfurter Geographische Hefte, Band 25, Heft 4, 1951, 100 S.

Schöller, P.: Aufgaben heutiger Länderkunde. In: Geogr. Rundschau 30, 1978, S. 296–297.

Stewig, R.: Probleme der Länderkunde. In: R. Stewig (Hrsg.): Probleme der Länderkunde. Wege der Forschung 391, Darmstadt 1979, S. 1–30.

–: Länderkunde als wissenschaftliche Disziplin. In: J. Bähr und R. Stewig (Hrsg.): Beiträge zur Theorie und Methode der Länderkunde. Gedenkschrift für Oskar Schmieder. Kieler Geogr. Schriften 52, 1981, S. 57–64.

Wirth, E.: Zwölf Thesen zur aktuellen Problematik der Länderkunde. In: Geogr. Rundschau 22, 1970, S. 444–450.

–: Zur wissenschaftstheoretischen Problematik der Länderkunde. In: Geogr. Zeitschr. 66, 1978, S. 241–261.

–: Zum Beitrag von G. Bahrenberg: Anmerkungen zu E. Wirth's vergeblichem Versuch . . . In: Geogr. Zeitschr. 67, 1979, S. 158–162.

HEINRICH SCHMITTHENNER UND DIE KOLONIALGEOGRAPHIE

Von Herbert Wilhelmy (Tübingen) und Ernst Weigt (Nürnberg)

„Kolonialgeographie" ist ein zeitgebundener Wissenschaftszweig. Er entstand gegen Ende des vorigen Jahrhunderts in der Schlußphase der kolonialen Besitzergreifung der europäischen Großmächte in Übersee. Dem Ziel der wirtschaftlichen Nutzung und Inwertsetzung der neuen „Kolonien", „Schutzgebiete", „Protektorate" und „Treuhandgebiete" entsprach das wachsende Bedürfnis nach geographischen, völkerkundlichen und wirtschaftlichen Informationen aus den in Europa nur unzureichend bekannten, vorwiegend tropischen Ländern. Es entstanden verschiedenartigste Organisationen, die sich die Erforschung der in Besitz genommenen Territorien und die Verbreitung neuer landeskundlicher, ethnologischer und wirtschaftlicher Erkenntnisse zur Aufgabe machten. Ein Beispiel dafür — das für manches andere steht —, ist der 1882 gegründete „Württembergische Verein für Handelsgeographie", der schon in seinem ersten Jahr 200 Mitglieder zählte — „kein Wunder, versprach sich doch die damals arme Wirtschaft Württembergs von dieser Gründung Information und Anregung für ihre eigene Arbeit und Entwicklung. Von allem Anfang an ging man mit Eifer und Elan daran, Vorträge über fremde Länder zu organisieren, bei denen die Redner in Wort und — bald schon — Bild einem zuerst kleinen, aber sehr schnell an Zahl wachsenden Kreis Interessierter fremde Völker und Länder vorstellten, auch Produkte von deren Kulturen, die in Originalen vorgelegt wurden. Erd- und Völkerkunde waren so von Beginn an miteinander verbunden" (Kußmaul 1975, S. 18).

Aus der engen Zusammenarbeit mit dem 1885 von Graf Linden gegründeten Ethnographischen Museum, das nach mehrfachem Namenswechsel als „Linden-Museum" zu einem der führenden Völkerkundemuseen der Welt geworden ist, ergab sich unter dem Dach des Museums die innerhalb Deutschlands einzigartige Symbiose zwischen der Präsentation der Kulturgüter fremder Völker, landeskundlichen und völkerkundlichen Vorträgen und ergebnisreicher Forschungstätigkeit auf der Grundlage der reichhaltigen Sammlungen. Diesem umfassenden Aufgabenbereich entsprechend heißt der alte Verein für Handelsgeographie seit 1962 „Gesellschaft für Erd- und Völkerkunde zu Stuttgart".

In Hamburg mit seinen starken Überseeinteressen entwickelte sich nach der Jahrhundertwende eine engagierte, kontrovers verlaufene Diskussion: die eine Gruppe setzte sich für die Gründung eines Kolonial-Instituts ein, die andere wünschte sogleich die Schaffung einer Universität, in der Nationalökonomie, afrikanische Sprachen und andere einschlägige Disziplinen forschend und lehrend betrieben werden sollten. Die Verfechter des Plans einer Kolonial-Akademie oder eines Kolonial-Instituts fanden beim damaligen Reichskolonialamt lebhafte Zustimmung, wenn auch in der Berliner Öffentlichkeit Stimmen laut wurden, die ins Auge gefaßte Hamburger Institution zwar mit der Pflege der kolonialen Praxis zu betrauen, jedoch die kolonialwissenschaftliche Forschung und Lehre der Berliner Universität vorzubehalten. Dennoch entschied sich das Reichskolonialamt 1907 für Hamburg als Standort des zu errichtenden Kolonial-Instituts (Passarge 1939, S. 10). Als Hauptaufgaben wurden ihm zugewiesen:

1. die Ausbildung von Kolonialbeamten, Kaufleuten, Pflanzern usw.,
2. die Schaffung einer Zentralstelle, in der sich alle wissenschaftlichen und wirtschaftlichen Bestrebungen konzentrieren sollten.

Das Hamburger Kolonial-Institut hat nur ein Jahrzehnt existiert. Es bildete letztlich doch nur eine Vorstufe zu der 1919 begründeten Hamburger Universität.

Berlin wurde für das entgangene Kolonial-Institut in anderer Weise entschädigt. 1910, anläßlich des Jubiläums der Berliner Universität, stiftete der Ostafrika- und Andenforscher Hans Meyer, Sohn des Verlegers Hermann Meyer (Bibliographisches Institut, „Meyers Lexikon"), in Berlin ein Extraordinariat für Kolonialgeographie, das erste dieser Art. Es wurde 1911 mit Fritz Jaeger besetzt, dem 1929 Carl Troll folgte, bis dieser 1936 auf den Bonner geographischen Lehrstuhl überwechselte.

Hans Meyer, der seit 1901 dem Kolonialrat angehörte und Vorsitzender der landeskundlichen Kommission des Reichskolonialamtes war, trat 1914 von der Verlagsleitung des Bibliographischen Instituts zurück. In Leipzig stiftete er ebenfalls ein Extraordinariat nebst einem Kolonialgeographischen Seminar. Auf diese Professur wurde er 1915 selbst berufen und nahm sie bis 1928 wahr. Sein Nachfolger wurde Heinrich Schmitthenner. Als dieser noch Ende des gleichen Jahres 1928 einen Ruf auf den Lehrstuhl von Johannes Sölch nach Innsbruck erhielt, antwortete das sächsische Kultusministerium mit großzügigen Zugeständnissen für das Institut und der Ernennung Schmitthenners zum persönlichen Ordinarius. So blieb er in Leipzig, wechselte allerdings 1936 nach der Emeritierung von Wilhelm Volz auf dessen Lehrstuhl für das Gesamtgebiet der Geographie über, den er bis Kriegsende innehatte.

Schmitthenner brachte zwar weniger „kolonialgeographische" Erfahrungen mit, als sie seine älteren Kollegen K. Sapper, S. Passarge, C. Uhlig, F. Thorbecke, F. Jaeger, F. Klute, E. Obst oder auch sein nur wenig jüngerer Studienfreund L. Waibel besaßen, aber auch er verfügte über große Reise- und Forschungserfahrungen in Übersee. 1912 kam er als Begleiter seines Lehrers und Freundes Alfred Hettner auf einer nach Tunesien und Algerien unternommenen Reise erstmals mit Fragen der Kolonisation an der afrikanischen Gegenküste Frankreichs in Berührung. In beiden Ländern hatten Phönizier, Karthager, Griechen, Römer, Araber, Spanier, Italiener und Franzosen eindrucksvolle Zeugnisse ihres Wirkens hinterlassen, hatte die eine Herrschaft die andere abgelöst und sich Kulturschicht über Kulturschicht gelagert. Vertieft durch eingehende Literaturstudien entstand aufgrund der nordafrikanischen Reise Schmitthenners Buch „Tunesien und Algerien — die Landschaft und ihre Bewohner" (1924).

1913 bereitete Jaeger von Berlin aus eine Forschungsreise in das südliche Afrika vor, auf die er gern Schmitthenner als Assistent mitgenommen hätte. Doch im gleichen Jahr plante auch Hettner eine große Ostasienreise, auf die ihn wiederum Schmitthenner begleiten sollte. Infolge seines Beinleidens war Hettner auf einen ihm gut vertrauten „Freund und Helfer" angewiesen. So verzichtete Schmitthenner auf Jaegers Angebot, und statt seiner ging Leo Waibel, der schon zusammen mit Franz Thorbecke in Kamerun gereist war, mit Jaeger nach Südwestafrika. Dort wurden beide 1914 vom Kriegsausbruch überrascht und interniert, konnten jedoch mit Erlaubnis der Engländer ihre Forschungsarbeiten weiterführen und kehrten nach fünfjähriger Abwesenheit 1919 nach Deutschland zurück.

Noch im August 1913 traten Hettner und Schmitthenner ihre gemeinsame großangelegte Ostasienreise an. Sie führte durch Sibirien nach China, Japan, Malakka, Java, Ceylon und Indien. E. Plewe (1954, S. 242) hat den Reiseverlauf näher beschrieben. Auf Java stellten sich bei Schmitthenner erste schwere Nierenkoliken ein, die ihn nach Krankenhausaufenthalten und Ruhepausen schließlich doch vorzeitig zum Abbruch der Reise zwangen. Allein besuchte Hettner noch Birma, die Schan-Staaten und Vorderindien. Beide kehrten ungefähr gleichzeitig im Juli 1914 nach Heidelberg zurück.

Frucht dieser Reise ist Schmitthenners Werk „Chinesische Landschaften und Städte" (1925). Es erschien, als er sich anschickte – nunmehr nach eigener Planung und Zielsetzung – eine zweite große Forschungsreise nach China anzutreten (1925/26). Wenn diese auch vorwiegend geomorphologischen Fragestellungen, besonders dem Lößproblem, gewidmet war, so fanden doch die auf beiden Reisen gesammelten kolonialgeographischen Beobachtungen und Erfahrungen ebenfalls ihren literarischen Niederschlag, so in den Aufsätzen: Die Insel Java (1922), Nord- und Südchina (1927), Expansion und Kolonisation Japans in Ostasien (1928), Der geographische Typus der chinesischen Kolonisation (1929), Die Typen der Kolonialgebiete (1932), Japan und die Mandschurei (1933), Kulturgeographische und politischgeographische Entwicklung in Ostasien (1935) u. a. Den im Jahrzehnt zwischen beiden Reisen erfolgten politischen und kulturellen Wandel beleuchtet Schmitthenner in seinem Buch „China im Profil" (1934). Das im ersten Band druckfertige, im zweiten Band vor der Vollendung stehende Manuskript eines großangelegten Werkes über Ostasien, das in der „Bibliothek Länderkundlicher Handbücher" erscheinen sollte, verbrannte 1943 bei einem Bombenangriff auf Leipzig mit allen Tagebüchern, den Lichtbildern, Kartenaufnahmen, seiner Bibliothek und seiner gesamten Habe. Nach dem Verlust aller Arbeitsunterlagen wandte sich der nunmehr fast Sechzigjährige nach seiner Berufung an die Universität Marburg (1946) anderen geographischen Problemkreisen und Aufgaben zu.

Doch zurück in die Leipziger Zeit und zu seiner dortigen Forschungs- und Lehrtätigkeit! Schmitthenner verstand sich als Kolonial*geograph*, nicht als Kolonial*politiker*. Zwar lautete die ihm übertragene Professur ursprünglich „für Kolonialgeographie und Kolonialpolitik" (Schmitthenner 1954, S. 10). Da er aber, wie er formulierte, „das speziell Kolonialpolitische wie auch die politische Geographie in einer übergeordneten Kulturgeographie aufzulösen suchte", hat er sich bei der Bestimmung seines Lehrauftrags auf die Kolonialgeographie beschränkt. Die kolonialpolitische Seite in Forschung und Lehre vertrat sein langjähriger Mitarbeiter und späterer Nachfolger im Amt K. H. Dietzel. Als Schüler von Josef Partsch, des Völkerkundlers Karl Weule und Hans Meyers war er 1918 als Assistent in das Kolonialgeographische Institut eingetreten. Als häufiger Gast im Hause Meyer hatte er viele bedeutende Forscherpersönlichkeiten kennengelernt und verfügte über ein außerordentliches kolonialgeographisches, kolonialpolitisches und juristisches Wissen. So war Schmitthenner dankbar, diesen wesentlich am Aufbau des Instituts beteiligten Mann als Assistent übernehmen und ihn 1933 zur Habilitation führen zu können. In ihren grundsätzlichen Auffassungen über Kolonialgeographie und Kolonialpolitik harmonierten beide vollkommen. In seinem Hans Meyer zum 70. Geburtstag gewidmeten Festschriftaufsatz „Südamerika als kolonialer Erdteil" (1928) sagt Dietzel unmißverständlich: „Das koloniale Problem ist kein politisches, es ist ein Strukturproblem". Am Beispiel Südamerikas zeigt er, daß trotz aller selbständig-modernen Entwicklung große Teile des Erdteils immer noch kolonialwirtschaftlich geprägt sind. Die südamerikanischen Staaten könnten und müßten trotz ihrer politischen Unabhängigkeit unter kolonialgeographischen Gesichtspunkten und Fragestellungen untersucht werden. Charakteristisch für ihren kolonialen Zustand − der Aufsatz wurde vor 60 Jahren geschrieben! − sei das Vorhandensein eines Saumes der modernen Wirtschaft und Besiedlung, also dessen, was wir heute als „Pionierfront" zu bezeichnen pflegen.

Vor dem 1. Weltkrieg definierten F. Jaeger (1911) und H. Meyer (1915) die Kolonialgeographie noch als eine vorwiegend physischgeographisch orientierte Länderkunde der Kolonien. Hans Meyers Werk „Das Deutsche Kolonialreich" war eine solche erste zusammenfassende Länderkunde der damaligen deutschen Kolonien (Weigt 1953, S. 40). Er glaubte, daß die Kolonialgeographie der allgemeinen Erdkunde „keine systematische Erweiterung bringen könne, denn es gäbe keine kolonialen Eigenschaften der physischen Natur im allgemeinen". Demgegenüber betonte C. Troll (1937), daß Kolonialgeographie vorrangig als eine Kulturgeographie der kolonialen Welt aufzufassen sei, ausgehend von der Tatsache, daß die völkisch-soziale Struktur kolonialer Länder wesensverschieden von derjenigen kultureller Altländer sei und daher Ziel und Weg kulturgeographischer Forschung hier und dort sich voneinander unterscheiden müßten.

Die Begriffe „Kolonie" und „Kolonisation" haben vielfältige Sinngehalte. Schmitthenner (1932) hat nach politischem Status, Zweck und geographischer Situation eine Typologie der Kolonialgebiete entwickelt und die Wesensunterschiede der einzelnen Erscheinungsformen klar herausgearbeitet. „Kolonisation" läßt sich am zutreffendsten als wirtschaftliche Erschließung, Kultivierung und Besiedlung von Neuland definieren. Dabei ist zu unterscheiden zwischen Innerer Kolonisation im Sinne einer Urbarmachung nicht oder unzureichend erschlossener Gebiete innerhalb des eigenen Landes und einer Äußeren Kolonisation in politisch vom Mutterland abhängigen, meist überseeischen Ländern oder in unabhängigen, eine Einwanderung begünstigenden Staaten. Unterschiedlichste Formen der Äußeren Kolonisation gab es im Mittelmeergebiet seit dem Altertum. Aber erst mit der europäischen Ausbreitung über alle Meere und Erdteile seit dem 15. Jahrhundert erreichte sie weltumspannende Ausmaße. „Bis in die letzten Winkel der bewohnten Welt hinein haben seitdem europäische Macht, europäische Zivilisation und Wirtschaft und davon ausgelöste Völkerwanderungen aller Rassen gewirkt" (Troll 1937, S. 119). An diesem europäisch geprägten Antlitz der Erde hat sich auch nach der Unabhängigkeitserklärung der Vereinigten Staaten (1783), dem Ende der spanisch-portugiesischen Kolonialherrschaft in Südamerika zu Anfang des vorigen Jahrhunderts und dem Zerfall der britisch-französischen Kolonialreiche in unserem Jahrhundert nichts in seinen entscheidenden Grundzügen verändert. Selbst die in der Kolonialzeit ausgehandelten, oft zusammengehörige Stammesgebiete zerschneidenden „Linealgrenzen" blieben fast ausnahmslos in den neuen staatlichen Gebilden sakrosankt erhalten. Wir müssen versuchen, das Gegenwarts- und Zukunftsbild solcher Länder zu analysieren, wie es sich aus der physischgeographischen Ausstattung, ihren natürlichen Ressourcen, ihrem Menschenpotential, ihrer sozioökonomischen und politischen Struktur ergibt. Zu einem vertieften Verständnis der kulturgeographischen Entwicklung ehemaliger Kolonialgebiete kann man freilich nur gelangen, wenn man auch deren historisches Schicksal in seinen raum- und menschenprägenden Auswirkungen in die Betrachtung einbezieht. Eine derartige kulturgeographisch-genetische Darstellung der gesamten Neuen Welt hat erstmalig Oskar Schmieder in seinen drei Südamerika-, Mittelamerika- und Nordamerika-Werken vorgelegt (1932—1934). Sie bedeuteten einen bahnbrechenden Fortschritt gegenüber der traditionellen Länderkunde früherer Jahrzehnte.

Schmitthenner, aus dessen Leipziger kolonialgeographischen Vorlesungen sein Hauptwerk „Lebensräume im Kampf der Kulturen" (1938, 2. Aufl. 1951) hervorgegangen ist, hat aus den Länderkunden Schmieders wichtige Anregungen geschöpft (1951, S. 111). Aber er ging in seinem 1953 auch in französischer Übersetzung erschienenen Buch von einem anderen Ansatz aus. Er untersuchte nicht wie Schmieder naturgeographisch geprägte Großlandschaften in ihrem kulturgeographischen Wandel, sondern seinem Konzept eines weltweiten Überblicks über die Lebensräume der Erde liegen jeweils als kulturelle Einheiten in Erscheinung tretende Großräume zugrunde, die nicht an Länder- und Erdteilgrenzen gebunden sind. Sie stellen sich entweder als aktive oder passive Lebensräume dar, d. h. die einen erweisen sich als expansiv, die anderen als regressiv. In der eingangs wiedergegebenen Einführung zu seinem Werk setzt Schmitthenner ausführlich auseinander, was er unter aktiven und passiven Lebensräumen versteht, und in seiner Schlußbetrachtung faßt er noch einmal zusammen: „Aktiv sind die Gebiete der Hochkultur, also diejenigen größeren Erdräume, in deren Bereich das Menschentum in seinem geistigen und wirtschaftlichen Sein über Stammes- und Volksgrenzen hinweg eine allgemein gültige Prägung empfangen hat. Mit Ausnahme des Orients, wo die Landesnatur dem entgegensteht, herrscht hier eine flächenhaft ausgebreitete, dichte, ja sehr dichte Wohnbevölkerung. Die Länder passiver Völker sind dagegen gewöhnlich nur dünn und meist nur von Menschen geringerer Seßhaftigkeit besiedelt. Kultur- und Bevölkerungsgefälle ermöglichen es den Hochkulturen, in die Räume mit ihrem Menschentum und ihrer Kulturprägung einzubrechen oder sie sich als Hilfsländer wirtschaftlich anzugliedern" (Schmitthenner 1951, S. 203).

Schmitthenners Vorlesungsangebot war breit gefächert. Kolonialgeographische Themen im engeren Sinn wechselten mit großen länderkundlichen Vorlesungen (Schwerpunkt Ostasien), solchen zur allgemeinen Geomorphologie, zur Geschichte der Geographie usw. Ein ähnlich breites Spektrum zeigen die von ihm betreuten Dissertationen. Naturgemäß standen kolonialgeographische Themen im Vordergrund. Es waren durchweg Literaturarbeiten, denn in der Zwischenkriegszeit boten sich für Doktoranden noch nicht wie heute Arbeitsmöglichkeiten in fernen Ländern. Aber eine umfangreiche Literatur stand im Leipziger Institut (mit Hans Meyers gestifteten privaten Bücherschätzen als Grundstock) und in britischen und französischen Bibliotheken zur Verfügung. Aus ihrer Aufarbeitung gingen kolonialgeographische Untersuchungen hervor, die unseren Wissensstand wesentlich bereicherten. F. Tichy hat sie für das 1954 erschienene „Heinrich-Schmitthenner-Heft" in Petermanns Geographischen Mitteilungen (S. 331) zusammengestellt. Über die kolonialgeographischen Themen hinaus regte Schmitthenner zahlreiche Dissertationen, besonders aus dem Bereich der Geomorphologie und der Geschichte der Geographie an.

Mit der schweren Beschädigung des Geographischen Instituts bei einem weiteren Großangriff im Februar 1944 und der Evakuierung Schmitthenners und Dietzels nach Hessen im Juni 1945 fand die Ära der Kolonialgeographie in Leipzig ein Ende. Der Ausgang des 2. Weltkrieges und die in dessen Gefolge schnell einsetzende Auflösung des britischen, französischen und portugiesischen Kolonialbesitzes bedeuteten zugleich das Ende des bisher als „Kolonialgeographie" bezeichneten Wissenschaftszweiges – allerdings nur dem Namen nach, denn aus den in die politische Unabhängigkeit entlassenen ehemaligen „Kolonien" wurden „Entwicklungsländer", und an die Stelle der traditionellen kolonialgeographischen Forschung trat Entwicklungsländerforschung. Sie wird nach wie vor von europäischen Geographen betrieben, findet jedoch eine immer stärker werdende Partnerschaft in Geographen, Agronomen, Forstleuten, Landesplanern, Städtebauern, Wirtschaftswissenschaftlern und Vertretern anderer einschlägiger Disziplinen, die inzwischen auch in den Ländern der Dritten Welt selbst herangewachsen sind. Materielle Entwicklungshilfen aus den Industriestaaten der Ersten Welt werden ergänzt durch geistige Brückenschläge, um die sich Einzelforscher und wissenschaftliche Institutionen in internationaler Zusammenarbeit mit den Entwicklungsländern bemühen.

Literatur

Dietzel, K. H.: Südamerika als kolonialer Erdteil. Hans Meyer-Festschr. „Koloniale Studien".
    Berlin 1928, S. 283–310.
Jaeger, F.: Wesen und Aufgaben der kolonialen Geographie. Ztschr. Ges. f. Erdkunde Berlin
    1911, S. 400–405.
Kußmaul, F.: Linden-Museum Stuttgart. „Tribus" Nr. 24. Stuttgart 1975, S. 17–65.
Meyer, H.: Inhalt und Ziele der Kolonialgeographie als Lehrfach. Koloniale Rundschau 1915,
    S. 315–326.
Passarge, S.: Das Geographische Seminar des Kolonial-Instituts und der Hansischen Universität. Mitt. Geogr. Ges. Hamburg XLVI, 1939, S. 1–104.
Plewe, E.: Heinrich Schmitthenner. Peterm. Geogr. Mitt. 98, 1954, S. 241–243.
Schmieder, O.: Länderkunde Südamerikas. Leipzig-Wien 1932 – Länderkunde Nordamerikas.
    Leipzig-Wien 1933 – Länderkunde Mittelamerikas. Leipzig-Wien 1934. Neubearbeitung:
    Die Neue Welt, 2 Bände, Heidelberg-München 1962/63.
Schmitthenner, H.: Die Insel Java. Geogr. Ztschr. 28, 1922, S. 148–165.
–: Tunesien und Algerien. Die Landschaft und ihre Bewohner. Stuttgart 1924.

−: Chinesische Landschaften und Städte. Stuttgart 1925

−: Nord- und Südchina. Peterm. Geogr. Mitt. 73, 1927, S. 129-136.

−: Die japanische Expansion und Kolonisation in Ostasien. Geogr. Ztschr. 34, 1928, S. 1−22.

−: Der geographische Typus der chinesischen Kolonisation. Geogr. Ztschr. 35, 1929, S. 526−540.

−: Hans Meyer (Nachruf). Geogr. Ztschr. 36, 1930, S. 129−145.

−: Die Typen der Kolonialgebiete. Koloniale Rundschau 24, 1932, S. 52−64.

−: Japan und die Mandschurei. Koloniale Rundschau 25, 1933, S. 176−180.

−: China im Profil. Leipzig 1934

−: Die Deutschen als Kolonialvolk. Geogr. Ztschr. 40, 1934, S. 161−181.

−: Kulturgeographische und politischgeographische Entwicklung in Ostasien. Geogr. Ztschr. 41, 1935, S. 56−78.

−: Lebensräume im Kampf der Kulturen. Leipzig 1938, 2. Aufl. Heidelberg 1951.

−: Das Lebenswerk von K. H. Dietzel. Maschinenschriftl. Vervielfältigung. Marburg 1954, 33 S.

Tichy, F.: Wissenschaftliche Veröffentlichungen von Heinrich Schmitthenner. Peterm. Geogr. Mitt. 98, 1954, S. 330−332.

Troll, C.: Die Kolonialgeographie als Zweig der allgemeinen Erdkunde. Koloniale Rundschau 25, 1933, S. 121−129.

−: Kolonialgeographische Forschung und das deutsche Kolonialproblem. Verhandl. u. Wiss. Abhandl. des 26. Deutschen Geographentages zu Jena 1936, Breslau 1937, S. 119−138.

Weigt, E.: Die Kolonisation Kenias. Diss. Leipzig, Mitt. Geogr. Ges. Leipzig 51, 1932

−: Karl H. Dietzel (Nachruf). Peterm. Geogr. Mitt. 1953, S. 39−41.

Wilhelmy, H. (Hrsg.): Heinrich-Schmitthenner-Heft. Peterm. Geogr. Mitt. 98, 1954, S. 241−332.

DIE CHINESISCHE STADT[1]

Von Heinrich Schmitthenner

Seit unvordenklichen Zeiten kennt China das Städtetum. Als im Mittelalter unsere Städte nur wenige Zehntausende zählten, gab es längst Millionenstädte, ja, China kannte wohl Großstädte, ehe in Griechenland und Italien Athen und Rom in die Breite wuchsen. Vielleicht ist das chinesische Städtetum ebenso alt wie die uralte Stadtkultur in den Oasenländern an Nil, Euphrat und Tigris. Die chinesische Stadt gehört unbedingt in den chinesischen Kulturkreis, der ohne sie nicht zu denken ist. Wohin sich das chinesische Volkstum und die chinesische Gesittung ausbreiteten, ist auch das chinesische Städtetum gekommen. Wo die chinesische Kolonisation ihre Fortschritte macht, ist die bäuerliche Besiedelung oder die okupatorische Nutzung des Landes dem Chinesentum erst gesichert, wenn in dem neuen Wirtschafts- und Siedelungsgebiet Städte entstehen oder gegründet werden. Im Laufe von 45 Jahrhunderten hat die chinesische Stadtlandschaft den größten Einfluß auf das Wesen und die Eigenart des Chinesentums ausgeübt, und die Tatsache der chinesischen Stadt hat mitgeholfen, einem großen Erdraum das heutige Kulturgesicht aufzuprägen.

Die literarischen Quellen aus dem chinesischen Altertum kennen schon die Stadt. Die Frage nach ihrer Entstehung ist noch ungeklärt. Es ist die Meinung ausgesprochen worden, die chinesische Stadt habe sich als Sitz der Fürsten und ihrer Beamten entwickelt. Viele, ja, die meisten der Städte des chinesischen Reiches mögen tatsächlich im Zusammenhang mit einer Beamtenresidenz gegründet worden sein. Aber diese Gründung von Städten setzt schon die Konzeption des Begriffes der Stadt voraus, eine Stadt, die älter ist als die politische Zentralmacht mit Beamtentum und Feudaladel. Im Herkunftsgebiet des Chinesentums, im Nordwesten des Reiches, am Rande des zentralasiatischen Trockengürtels sind die ersten Städte des chinesischen Kulturkreises wohl in ähnlicher Weise wie die Stromoasen des vorderasiatischen Orients im Zusammenhang mit der durch die künstliche Bewässerung auf engen Raum beschränkten Bodennutzung entstanden. Aus der geographischen Lage der Kulturwiege Chinas, aus dem gemeinsamen Besitz der Haustiere und mancher anderer Kulturelemente kann man mit Wahrscheinlichkeit auf alte Beziehungen zwischen Vorderasien und China schließen. Aber wir müssen es dahingestellt sein lassen, ob China das vorderasiatische Urstädtetum entlehnt hat oder nicht vielmehr aus vorderasiatischen Kulturanregungen heraus, wie die chinesische Gesamtkultur, so auch das chinesische Städtetum selbständig entwickelte. Arbeitsteilung, Handwerk und Handel mußten sich in den größeren Ansammlungen seßhafter Menschen herausstellen, standen doch die Herkunftsgebiete der chinesischen Stadtkultur unter den gleichen geographischen Bedingungen wie die

1 Aus: Siegfried Passarge (Hrsg.), Stadtlandschaften der Erde. Hamburg 1930, S. 85–108.

Länder des vorderasiatischen Orients. Solche Plätze wurden der gegebene Sitz eines Herrscherhauses, und bei staatlich-territorialer Entwicklung der Sitz der Herrscher, Vasallen und Beamten. In den feuchteren Steppen des Lößgebietes, dann in der gesegneten Monsunlandschaft der nordchinesischen Tiefebene und schließlich im feuchten bergigen Südchina ist mit der Ausdehnung des chinesischen Volkes und seiner Kultur auch der Typus der heutigen Stadtlandschaft geworden.

Der Begriff einer Stadt ist in China klar umrissen. Es ist nicht die Zahl nahe beieinander wohnender Menschen, in der unsere Statistik in billiger Äußerlichkeit den Stadtbegriff erblickt, sondern die Stadt ist der Sitz eines Beamten, ein politisches und militärisches Zentrum eines Gebietes und damit auch dessen kulturelle und wirtschaftliche Herzkammer. Das äußerliche Kennzeichen der Stadt aber ist die Mauer.

Zwischen der Anzahl der Städte und der Bevölkerungsdichte besteht ein direkter Zusammenhang. Die meisten Städte finden sich in den dicht bewohnten Stromniederungen des mittleren und südlichen China und im südlichen Teile der großen Ebene. In ihrem Norden nimmt die Anzahl der Städte ab und ist im Lößland und im trockenen Westen besonders gering. Die Anzahl der Großstädte jedoch ist weniger in der landwirtschaftlichen Verdichtung der Bevölkerung als in Verkehrs- und Handelsentwicklung begründet. Die Großstädte drängen sich in den Deltaebenen von Jangtse und Westfluß, während sie in den ebenso dicht bevölkerten, aber rein agrarischen Gebieten Südschantungs und Honans nicht so häufig sind, und das gut bewohnte Schansi überhaupt keine Stadt über 100 000 Einwohner hat.

Für alle Städte ist eine ausgesprochene Verkehrslage charakteristisch, im Norden an den Straßen und ihren Kreuzungen, im Süden an den Strömen und ihrem Zusammenfluß. Im Laufe der Zeiten hat der Verkehrswert vieler Städte sich geändert. Waren früher politische Änderungen maßgebend, so vollzieht sich heute die Wandlung unter dem Einfluß der Eisenbahnen und der Dampfschiffe. Dadurch haben sich immer wieder große Umlagerungen im System der Ansiedlungen vollzogen.

Bei aller Mannigfaltigkeit der topographischen Lage zeigt es sich doch, daß die Städte fast stets in einem ebenen, vor Überschwemmungen gesicherten Baugrund liegen. Die Sicherung vor dem Hochwasser des Sommers nötigte die Städte trotz der Bedeutung, die die schiffbaren Wasserstraßen für sie haben, sich etwas abseits der Ufer zu halten. Am Meere hat es die Seeräubergefahr mit sich gebracht, daß man die Städte fast stets im Hintergrund der Buchten und meist etwas einwärts der Küste anlegte. Im trockenen Westen Chinas spielt die Lage zum Wasser eine andere Rolle. In Kansu kommen noch echte Oasenstädte vor mit weiten Berieselungsgebieten. In den Lößbecken und in der nordchinesischen Tiefebene, wo man fast überall in Brunnen Wasser erschließen kann, hat die Sorge um Trink- und Nutzwasser kaum je die Lage einer Stadt bestimmt. Anders ist es in den Bergländern und vor allem in den Karstgebieten des Südwestens. Hier haben mächtige Quellen manche Stadtlage bestimmt. (Tsinanfu, Jünanfu.) In Nordchina liegt fast nie, in Mittel- und Südchina liegt nur selten eine Stadt am Berg- oder Talhang empor wie das abenteuerliche Tschungking im engen Jangtsetal. Die militärische Schutzlage auf Berg- oder Hügelrücken, wie sie für die alten Städte des Mittel-

*meers so charakteristisch ist, spielt in China gar keine Rolle. Flach an eine Eben-
heit angeschmiegt, wird nicht in der unmittelbaren Topographie des Weichbildes
der Stadt, sondern eher in der umschließenden Landschaft der militärische Schutz
gesucht, indem man die Verteidigung zunächst an die Grenzen der umgebenden
Landschaftseinheit verlegt. So liegt z. B. Honanfu, das in Schwächezuständen die
Hauptstadt des alten Chinas war, im Innern einer leicht überschaubaren, berg-
umrandeten Lößebene, und Sütschaus Schutzlage beruht auf seiner Lage zwischen
Sümpfen und Seen eines weiten Gebietes.*

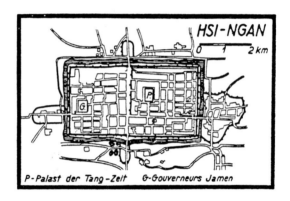

Abb. 1. Plan der Stadt Hsi-ngan am Wei-ho in Schensi. (Guide to China, Tokyo 1924).

*Die Bevorzugung der ebenen Lage hängt mit der Eigenart des typischen Stadt-
grundrisses zusammen; denn gewöhnlich ist der Grundriß ein durch die Mauer
gebildetes Quadrat, ein Rechteck oder doch eine Figur, die sich einem regelmäßi-
gen oder einem unregelmäßigen Viereck nähert (Abb. 1–6). Man hat oft den
Eindruck, als hätte man erst die Mauer gebaut und erst nachträglich die Wohn-
stätten in der ummauerten Fläche errichtet. Wo es das Gelände verlangt, weicht
man vom Grundrißschema ab, um Hügel- oder Bergzüge mit in den Mauerring ein-
zuschließen. Zuweilen hat man wie etwa bei Nangking und in noch schönerer Form
bei Saul, der koreanischen Hauptstadt, die im Typus als chinesische Stadt gelten
kann, die Mauer ganz dem Gelände angepaßt, und einen weiten Bereich landwirt-
schaftlich genutzter Flächen mit ummauert. In diesen Fällen ist der Stadtgrundriß von der Mauerführung durchaus unabhängig; denn die Stadt liegt als etwas
Autonomes innerhalb ihrer weit nach außen verlegten Verteidigungslinie. Es kommen auch ohne topographischen Zwang Abweichungen des üblichen Grundtypus
vor, wie etwa bei der chinesischen Stadt Schanghai, die eine ovale Grundform
hat. Es muß jedem Beobachter auffallen, daß die Stadtmauern in ihren geraden,
vom Gelände unbeeinflußten Strecken fast stets nach den Himmelsrichtungen
orientiert sind, wie sich der Chinese selbst auch stets der Himmelsrichtungen
bewußt ist und bei Wegangaben nicht rechts und links, vorne und hinten, sondern
Westen und Osten, Süden und Norden sagt. Die Anlage eines Wohnplatzes und*

erst recht die einer Stadt, ist für den Chinesen nicht allein eine Frage der Zweck-
mäßigkeit, sondern zugleich auch eine Frage des Feng schue, des geomantischen
Zaubers, der auf magische Weise die beste Form sich der Natur einzufügen, heraus-
finden will. Der Geograph wird in diesem Bestreben nicht nur kosmische Vor-
stellungen und magische Gleichsetzungen erblicken, sondern manchen Gedanken
geographischer Naturanpassung feststellen können. Wenn z. B. der Norden die
Seite ungünstiger Einflüsse ist, nach der man möglichst nur unbedeutende Tore und
Fenster öffnet, liegt das daran, daß die mitternächtliche Seite zugleich die Gegend
ist, aus der die schneidend kalten Winterwinde wehen. Man versteht, daß in dem
winterkalten Lande das Leben sich nach Süden, der Sonne zu wendet. Es ist so
durchaus in der Natur begründet, wenn man für die Städte gerne im Norden einen
Bergschutz sucht, und der Süden ihre Vorderseite ist.[2]

Das nachträgliche Wachstum der großen Städte hat ihre Grundformen mannig-
fach abgewandelt, indem man vor das ältere Stadtgebiet durch neue Ummauerungen
Vorstädte anfügte. Aber der Kern der Stadt ist fast stets an seinem typischen
Grundriß zu erkennen. Die ummauerten Teile der größeren Städte liegen gewöhn-
lich in weit ausgedehnte Vororte eingebettet, die sich nach Süden und der Haupt-
verkehrsseite zu ausdehnen. An den großen Strömen sind diese Vorstädte gewöhn-
lich abwärts des gesicherten Baugrundes der Stadt im Überschwemmungsgebiet
als Basarmärkte entstanden (Abb. 2). Wenn das winterliche Niedrigwasser wie am
unteren Han und am Pojang- und Tungtingsee kilometerweit vom Sommerufer
entfernt ist, schlägt man am Ufer barackenartige Winterstädte auf, von denen
sich die eine oder andere zur dauernden Siedlung entwickelt hat. Die ausgedehnten
Bootsstädte vor den großen Flußhäfen Mittel- und Südchinas haben in dem Auf
und Ab des Wasserstandes ihre Begründung. Sie sind schwimmende Vorwerke der
festgebauten Ufervorstädte. Ähnlich den Vororten am Stromgestade sind bei den
Küstenstädten die Vororte an das Meeresufer herangewachsen. Oft sind ursprüng-
lich getrennte Siedlungen durch dieses Wachstum zum einheitlichen Stadtgebiet
geworden. In Swatau, Amoy, Schanghai und Kanton und auch sonst mancher-
orts haben die neuen Vorstädte die alten ummauerten Städte vollkommen über-
wuchert. Hankau, die moderne Riesenstadt, ist nichts anderes als ein ursprüngli-
ches Vorstadtgebiet am anderen Ufer von Han und Jangtse, den alten Städten
Wutschang und Hanjang gegenüber (Abb. 3). Nachts werden noch immer die Tore
der Stadtmauer geschlossen. Sebst wenn in den Vororten das wichtigere wirt-
schaftliche Leben pulsiert, gelten sie erst in zweiter Linie als Teile der Stadt. Man-
chesmal kommt es auch vor, daß die ursprüngliche Stadt verlassen wie ein leeres
Gehäuse daliegt und das ganze Leben sich in den verkehrsbegünstigten Vororten
konzentriert. So ist das alte Tscheng-tschow ein leeres Mauerviereck, in dem außer
elenden Wohnungen der Beamtenjamen fast nur Kultgebäude liegen, während am
Bahnhof sich eine große Stadt zu entwickeln beginnt. Für alle chinesischen Städte,

---

2 *Die altbabylonischen und assyrischen Städte haben gleichfalls einen orientierten Grundriß.*
  Die zwei wichtigsten Winde bedingen dort die Anordnung des Grundrisses NW übereck.
  Vergl. Unger: Neue Erkenntnisse über die „astronomische" Orientierung in Babylonien.
  Forsch. u. Fortschr., 1928, S. 343.

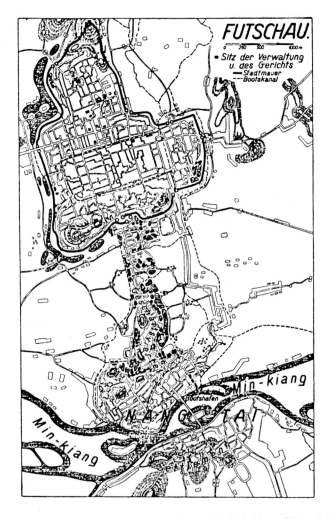

Abb. 2. Plan von Futschau in Fu-kien am Min-kiang. (Nach Guide to China, Tokyo 1924).

selbst für diejenigen, die rings in Vororte eingebettet sind, ist es charakteristisch, daß innerhalb des ursprünglichen Stadtgebietes weite Flächen unbebaut sind. Teils handelt es sich um Schuttfelder, aber meist sind es Flächen, die niemals feste Bauten getragen haben, brach liegen und Gärten oder gar Felder sind (Abb. 4). Diese Leerräume haben eine wichtige Bedeutung; denn die chinesische Stadt ist noch heute Fliehburg für die Bevölkerung des umliegenden Gebietes. Diese Funktion war in Nordchina, das stets nomadischen Barbareneinfällen offen stand, besonders wichtig. Ja, ich glaube, daß die chinesische Stadt von vornherein mit als Fliehburg gedacht war, und daß darin eine der Wurzeln des chinesischen Städtetums ruht.

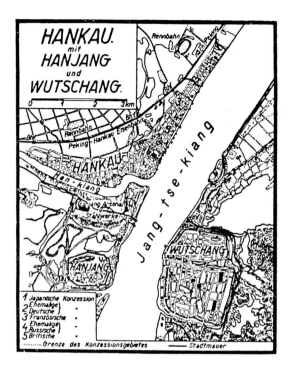

Abb. 3. Plan von Hankau, Hanjang und Wutschang an der Einmündung des Hankiang in den Jang-tse-kiang, Provinz Hupe. (Nach Guide to China, Tokyo 1924).

Abb. 4. Plan von Kaiföng am Hoangho, in Honan (Nach einem chinesischen Plan).

Das Straßennetz der Stadtkerne zeigt eine Linienführung, die durchaus mit dem mathematischen Idealgrundriß der Mauer übereinstimmt. Lage und Richtung der Hauptstraßen ist durch die Tore bestimmt. Sie führen von einem zum andern Tor, selbst wenn die Tore im Norden aus abergläubischer Furcht gewöhnlich geschlossen sind. In den Stadtbeschreibungen sagt daher die Angabe, wieviel Tore in den vier Himmelsrichtungen vorhanden sind, sofort etwas über das Gitternetz der Hauptstraßen aus. Die Straßen kreuzen sich rechtwinklig. Biegungen und Schwingungen, die für unsere mittelalterlichen Straßen so charakteristisch sind, fehlen. Man liebt es auch nicht, eine Straße an einer anderen enden zu lassen. Vermeidbar ist das allerdings nicht immer. Die Einflüsse, die die Straßen entlang weben und wirken, stoßen sich unheilbringend an der gegenüberliegenden Häuserwand, und man sucht ihnen durch magische Maßnahmen zu begegnen. Wie die Hauptstraßen kreuzen sich auch die Seitenstraßen und die Wohngassen rechtwinklig. Die Wohngassen führen im Gegensatz zu den Hauptstraßen um scharfe Ecken herum und enden oft blind, so daß ein Gassenlabyrinth entsteht. An dieser Winkligkeit ist oft das Bestreben schuld, auch die Eingänge in die einzelnen Anwesen möglichst nach Süden zu legen. Auf den Zug der wichtigen Straßen übt oft die Lage des Jamen Einfluß aus, in dem der oberste Beamte der Stadt seinen Sitz hat. Die Straßen zielen auf ihn oder führen seitlich daran vorüber. Bei der weiten Ausdehnung der Palast- und Tempelbezirke, die ihrerseits mit Mauern und Gräben umgeben sind, kann es geradezu zu Ineinanderschachtelung von Städten kommen, wofür Peking das klassische Beispiel ist. Auch die Mandschugarnisonen, die der letzten Dynastie die Herrschaft sichern sollten, haben größere oder kleinere Städte innerhalb der Stadt entstehen lassen und den Stadtgrundriß beeinflußt (Abb. 5). Auch in manchen Städten Jünans und Kansus sind die Muhamedaner in

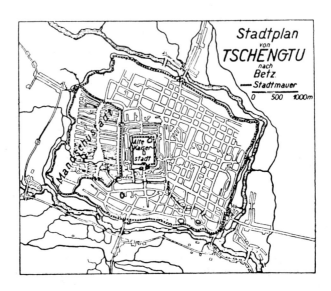

Abb. 5. Plan von Tschengtu in Szetschuan. (Nach Betz, Mitt. d. Seminars f. orient. Sprachen, 1906).

ummauerten Quartieren untergebracht, um das unruhige Element besser beherr-
schen zu können. Tempel und kultische Gebäude fügen sich in das von den Haupt-
straßen gegebene Netz oder liegen in den unbebauten Flächen zwischen Stadt und
Mauer. Im Innern der Städte gibt es nur ganz selten freie Plätze. Ein Marktplatz,
der keiner unserer Städte fehlt, oder ein Forum, wie es zum Begriff der römischen
Stadt gehört, gibt es in China nicht. Die Straße spielt die Rolle des Marktes oder
es ist irgendwo, in Südchina oft außerhalb der Mauer, ein basarartiges Quartier
vorhanden, in dem in kurzen Abständen an bestimmten Monatstagen Käufer und
Verkäufer sich treffen. Versammlungen können in den großen Höfen der Tempel
und des Jamen abgehalten werden.

In den Vorstädten außerhalb der Mauern, die unter dem Zwang der Bedürfnisse
allmählich heranwuchsen, ist von einer Planmäßigkeit des Grundrisses wenig zu
bemerken, wenn sich auch die Straßen rechtwinklig kreuzen und das Bestreben,
in ihrer Flucht gerade Himmelsrichtungen einzuhalten, sich geltend macht.

Die Breite der Straßen ist in den einzelnen Teilen Chinas von den landesüblichen
Verkehrsmitteln abhängig. In Nordchina, wo sich der Verkehr zum großen Teil auf
zweirädrigem Pferdekarren vollzieht, sind die Straßen verhältnismäßig breit, da
mindestens zwei Karren aneinander vorbei kommen müssen. Im bergigen Lößland
wo die übliche Karrenspur schmäler ist, sind die Straßen etwas schmäler als in der
Tiefebene. Wenn in Peking oder Mukden die Hauptstraßen auch für unsere moder-
nen Begriffe sehr breit sind, ist das der Einfluß der nahen Steppe. Beides sind
Städte, deren Grundriß chinesische Ingenieure für halbbarbarische und halbnoma-
dische Steppenvölker geschaffen haben. Ihre Straßen sind wohl geeignet, Nomaden-
heere in sich aufzunehmen. Bei dem Prinzip, die Straßen gerade zu legen, verbietet
sich in Nordchina Anlage und Ausdehnung einer Stadt den Berg hinauf.

In Mittel- und Südchina ersetzt das Boot den Wagen, der Kuli das Transporttier.
Daher sind im Süden die Straßen viel schmäler. Sie sind weder für Wagen noch für
Pferde geschaffen. Dazu kommt das klimatische Moment. Man sucht in der engen
Straße den Schatten vor der brennenden Sonne. Der Kuli braucht für seine Lasten
keine Fahrbahn, ja, er steigt lieber Treppen als Böschungen. Daher führen die
Straßen gelegentlich auch in Treppen an Berghängen empor und führen in Stufen
über hohe Bogenbrücken hinüber.

Wo es irgend geht, legt man in Mittel- und Südchina Kanäle durch die Stadt.
Sie bilden ein Netz von Wasserstraßen, das von den Wassertoren verschlossen
wird. Ein solches Kanalnetz setzt genügend Wasser voraus, aber nicht mehr als die
chinesische Technik beherrschen kann. Im Innern der Stromstädte fehlen daher
oft alle Kanäle, da man die Hochwasser der Ströme fürchtet.

Die Städte haben im Verhältnis zu ihrer Einwohnerzahl gewöhnlich eine große
Fläche. Aber im Süden sind Städte von gleicher Größe meist weniger ausgedehnt
als im Norden. Die Erklärung für diese Tatsache ist vor allem in der Bauweise der
Häuser zu finden. Wir werden noch sehen, daß der Chinese hauptsächlich ebenerdig
wohnt, und daß die Anwesen in Südchina kleiner als im Norden sind. Dazu kommen
im Norden noch die breiten Straßen und die großen Flächen zur Aufnahme einer
fliehenden Bevölkerung, die dort, wo man mit Karren und Tieren kommt, größer
sein muß als im Gebiet des Träger- und Bootsverkehrs.

Mauern und Tore sind wie im Grundriß, auch im Aufriß die wichtigsten Elemente. Leicht nach oben verjüngt hebt sich die Stadtmauer empor und bietet mit ihren starren mathematischen Linien einen gewaltsamen, aber wuchtigen Anblick. Der gleichmäßig hinziehende Zinnenkranz des breiten Wehrgangs bildet eine harte Linie gegen den Horizont, deren Einförmigkeit wohltuend unterbrochen wird durch die massigen Torbauten mit ihren verjüngenden Obergeschossen, den schweren geschweiften Dächern und den niedrigen massigen Verteidigungstürmen an den Mauerecken. Im Lößlande und in der nordchinesischen Tiefebene, wo der Typus der chinesischen Stadt entstanden ist, sind Löß und Lehm und zur Verkleidung Ziegel das gegebene Baumaterial für die Stadtmauern. Daran hat man auch in Südchina festgehalten, trotzdem man hier leicht mit Natursteinen hätte bauen können. Da man nur selten kalkfreien Ziegellehm hat, wässert man die gebrannten Steine noch in heißem Zustand im Ziegelofen. Dadurch wird der gebrannte Kalk in den Backsteinen gelöscht. Zugleich aber entsteht die schwarzgraue Farbe, die für die Mauern und für das ganze Stadtbild so charakteristisch ist.

Mit der Ausbreitung des Chinesentums nach O und S ist die chinesische Stadt in anders geartete Landschaften übertragen worden und hat manche ihrer Eigentümlichkeiten beibehalten, die unter ganz anderen geographischen Bedingungen entstanden sind. Historische, topographische und enzyklopädische Werke berichten gewissenhaft von dem Bau der Stadtmauern, da ihre Errichtung die Neugründung oder den Wiederaufbau einer Stadt bedeutet. Ein chinesischer Anthropologe Chi-li hat sich der Mühe unterzogen, bei der anthropologischen Auswertung der großen Enzyklopädie, die unter der Regierung Kanghi's entstanden ist, an Hand der Nachrichten über den Bau von Stadtmauern nachzuweisen, wie sich das chinesische Städtetum und mit ihm das chinesische Volk im Lauf der Geschichte nach O und S ausgebreitet haben (Abb. 6).

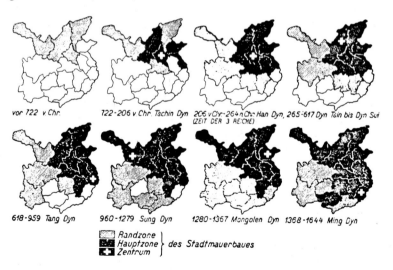

Abb. 6. Allmähliche Ausbreitung des Städtetums über China. (Erschlossen aus den Angaben über den Bau von Stadtmauern: Chi li, The formation of the Chinese People).

Bei den mittleren und kleineren Städten Südchinas sind die Mauern oft viel weniger mächtig als bei Städten von gleicher Bedeutung im Norden. Manchesmal sind die Mauern mehr ein Zeichen ihrer Stadtwürde als ein wirksames Verteidigungsmittel. Das liegt nicht etwa an dem Mangel an Lehm und Ziegeln, sondern in der geringeren Notwendigkeit des Mauernschutzes. Während das Lößland und die nordchinesische Tiefebene in der Nachbarschaft der Steppen und Halbwüsten liegt, als lockendes, immer wieder erobertes Ziel der Nomaden, ist Südchina durch große Ströme und Gebirge vor den Reiterhorden der Nord- und Nordwestbarbaren geschützt und lehnt sich im Westen nicht an Nomadengebiete, sondern an die waldigen Hänge der hinterindisch-tibetanischen Hochgebirge an, in denen es wohl kriegerische Hackbauern, aber keine eroberungsdurstigen Nomaden gibt. Für die westliche Militärtechnik bilden die Mauern kein Hindernis mehr, aber bei dem Mangel der chinesischen Heere an schwerer Artillerie und dem Hervortreten der Handwaffen sind die Lehmbollwerke nicht bedeutungslos. In den gegenwärtigen Kriegen haben sie noch immer eine Rolle gespielt, und manche Stadt hat in den letzten Jahren schlimme Belagerungen erlebt[3]. Die Hauptbedeutung der Mauern liegt aber in dem Schutz, den sie vor marodierenden Truppen und Räuberbanden gewähren.

Gewöhnlich umschließt die Mauer die Stadt so gut, daß man von außen nicht viel von den Häusern erblickt. Nur einzelne Tempeldächer und Pagoden ragen darüber empor. Außer der Mauer fehlt jede Silhouette. Die chinesische Baukunst hat nie versucht, im Kampf mit der Schwere durch die dritte Dimension die räumliche Flächengliederung zu einem Bild zusammen zu zwingen. Ihre Größe liegt in dem tiefen Verständnis für Raumwirkung und Flächengliederung. Die Geomantie verlangt die Anschmiegung an den Boden, um die Geister der oberen Luftregionen nicht zu stören. Selbst Peking kannte vor Errichtung moderner Gebäude im westlichen Stil keine Bauten, die der großen, in ihrer Riesenmauer versteckten Stadt einen bildhaften Anblick gegeben hätte. Der Chinese wohnt nicht in Mietshäusern übereinander, sondern womöglich ebenerdig in Anwesen, für die das englische Wort compound am besten zutrifft. Es sind zusammengehörige, von gemeinsamer Mauer umschlossene und durch Höfe voneinander getrennte Gebäude, die sich gegen die Höfe öffnen und der Straße ihre fensterlose Rückseite zukehren. In den Hauptstraßen liegen die Wohngebäude hinter den offenen Handwerkstätten und Ladengeschäften. Von oben gesehen sieht eine chinesische Stadt oft wie ein riesiger Park aus, zwischen dessen Bäumen die grauen Dächer der Häuser und die buntfarbig glasierten mächtigen Dächer der Tempel hervorsehen. Besonders in Nordchina spielen Höfe und Gärten eine große Rolle. Man braucht Platz für die Zugtiere und für die Karren. Im Sommer spielt sich fast das ganze Leben hier ab[4], und im Winter kann man bei der absoluten Trockenheit Brennmaterial und andere Vorräte im Freien lagern.

---

3 *Nanchang hat nach der Eroberung durch Tschiang kai tschek gebeten, die Mauern niederlegen zu dürfen, um in Zukunft der Gefahr einer Belagerung zu entgehen.*

4 *Wohlhabende Familien lassen sich von Verleihanstalten im Sommer auf Stangengerüsten Strohmatten als Sonnendächer über die Innenhöfe spannen.*

Holz, Lehm und Ziegel sind die wichtigsten Baumaterialien des Nordens. Natursteine werden nur zur Unterlage der Gebäude verwendet. Man mag sich darüber wundern, daß im holzarmen Nordchina das Holz als Baumaterial eine so große Rolle spielt. Bei den geringen Häusern wird das Holz auch nur zur Konstruktion der Dächer verwendet. Die Mauern sind aus Stampflehm oder Ziegeln. Aber die besseren Häuser bedürfen kunstvoller Holzkonstruktion schon wegen der großen papierverklebten Holzgitterfenster. In der Nordchinesischen Tiefebene ist zwischen einem guten Wohngebäude eines Dorfes und einem Stadthaus kein grundlegender Unterschied. Anders im Lößland. Dort lebt der Bauer in Lößhöhlen, die er sich in die Steilwände der Schluchten und Terrassen hineingräbt. Wo ihm kein Löß zur Verfügung steht, konstruiert er sich durch nebeneinander oder kreuzförmig aufeinandergestellte steinerne Tonnengewölbe künstliche Lößhöhlen. In den Städten fehlen aber gewöhnlich Lößhöhlen oder ihr steinerner Ersatz. Das ebene unzerschnittene Gelände, dessen eine nordchinesische Stadt bedarf, macht Lößhöhlen unmöglich, und die steinernen Tonnengewölbe passen wenig zur städtischen Wirtschaftsweise. Wenn es aber möglich ist, besonders in kleinen Städten, zieht man doch die Mauer so, daß sie noch ein Stück Lößhang mit seinen Steilwänden umschließt, um Lößhöhlen anlegen zu können. Das chinesische Haus aus Lehm, Holz und Ziegeln scheint in den Städten entstanden zu sein, die auf ebenem Boden im Innern der Lößbecken errichtet wurden. Das uralte orientalische Kastenhaus, das noch in den Oasengebieten des östlichen Zentralasiens vorkommt, und an das noch die Lehm- und Strohhütten erinnern, die Teewirte und Garköche an den großen Straßen vor den Städten errichten, mag das Vorbild gewesen sein. Aber die schweren sommerlichen Gewitter und Monsunregen im Lößlande haben das Schrägdach notwendig gemacht. Das aufwärtsgebogene weit vorspringende Dachende muß eine Traufe bilden, um Hauswand, Fenster und Türen vor den schweren Monsunregen zu schützen. Die aufgebogenen Dachecken aber sollen das Herabschießen gesammelten Regenwassers vermeiden. Man hat das chinesische Dach auf das Zelt zurückführen wollen. Aber die Chinesen haben wohl niemals in Zelten gelebt. Eher kann man das Dach aus den Strohmatten ableiten, wie sie die Bauern noch heute zum Decken ihrer Feldhütten verwenden. Die einwärtsgebogene Firstlinie erklärt sich mechanisch, da das Ziegeldach am meisten in der Mitte auf dem Firstbalken lastet. In den Wohngebäuden des winterkalten Nordens ist in jedem Gelaß ein Kang vorhanden, das ist der meterhoch aufgemauerte hintere Teil des Raumes, der mit Matten belegt ist, und den man von unten heizt. Der Kang ist das Bett des Nordchinesen. Hier schläft er in dicke Decken eingewickelt; denn der Raum bleibt kalt und nur der Boden des Kangs wird warm. Einen Schornstein kennt der Chinese nicht. Der Rauch wird lediglich ein Stück in der hohlen Mauer der Außenwand empor und dann ins Freie geführt. Die Notwendigkeit der Heizung bei Mangel eines eigentlichen Schornsteins zwingt in Nordchina fast zum ebenerdigen Wohnen.

Das südchinesische Stadthaus gleicht viel mehr dem, was wir Haus nennen. Da man im feuchten und heißen Klima mehr des Schatten- und Regenschutzes bedarf, keine Vorräte im Freien aufbewahrt und weder Karren noch Pferde und Maultiere unterbringen muß, schrumpft der Hofraum zu einer kleinen Fläche zusammen. Von den ausladenden Dächern der umgebenden, zum Vierkant zusam-

mengefaßten Gebäude geschützt, ist nur eine kleine mit Quadern gepflasterte, nach außen entwässerte Fläche dem Regen preisgegeben, die Licht und Luft ins Innere treten läßt. Oft ist auch der ganze Innenhof überdacht und mit Holzgalerien umgeben, von dem die Treppen nach den Obergeschossen führen.

In Südchina benutzt man sehr oft Natursteine zum Bauen. Dieses Baumaterial hat wohl den südchinesischen Treppengiebel entstehen lassen, da die Verjüngung zum Giebel am bequemsten durch Abstaffelung erreicht wird. Aus den einfachen Steinplatten, die ursprünglich die Stufenflächen abdeckten, sind kleine, geschwungene und an den Ecken emporgebogene Dächlein geworden, die den südchinesischen Bauformen, besonders den Tempeln und Ahnenhallen, ein so phantastisches Aussehen geben. Südlich des Hwaigebirges und des Tsinlingschan kann man den Kang nicht mehr brauchen, da der Winter nicht trocken genug ist. Die kalte Luft über dem Schläfer nimmt seine Körperausdünstungen nicht mehr auf, sondern bringt sie in den Decken zum Niederschlag. Man schläft daher in hölzernen Betten, und es ist in Südchina möglich, auch in Obergeschossen zu wohnen. So erklärt sich die größere Höhe des südchinesischen Hauses aus dem Fehlen des Kangs. Die größere Höhe ersetzt die weite Grundfläche nordchinesischer Anwesen, und es kommen in Südchina Städte vor, wie Amoy, wo sich die Gebäude hoflos aneinanderdrängen in schmutzigster Winkligkeit.

Von den Profanbauten im Norden und Süden heben sich die Tempel einigermaßen ab. Es sind hohe von Holzsäulen getragene Hallen, die man auf zwei oder drei Meter hoch aufgemauerter Grundlage errichtet, mit großen, schweren Dächern aus glasierten Ziegeln. Aber fast noch mehr treten sie durch Höfe und Gärten ihrer heiligen Bezirke hervor.

Ein wichtiges Element im Aufriß der Städte sind die Pagoden. Sie haben den Zweck, die Verhältnisse von Feng schue zu regeln, gute Einflüsse herabzuziehen und festzuhalten und schlechte abzuwehren. Auch im Umkreis der Stadt findet man sie, besonders an den Strömen, wo sie die guten Einflüsse daran verhindern sollen, mit dem Wasser davonzuschwimmen. In mancher Stadt sind Ehrenpforten, die die Straße überspannen, Erinnerungszeichen an verdienstvolle Männer oder tugendhafte Witwen ein malerischer Straßenschmuck. Aber sie sind vielfach zerfallen und werden selten neu errichtet. Statt solcher Tugenddenkmale sind in einzelnen Teilen Südchinas sogenannte Pfandhäuser[5] ein beherrschender Zug im Stadtbild, besonders in Kleinstädten, die sonst keine großen Gebäude haben. Es sind massive, fast turmartige Steingebäude, die brandsicher sind und daher auch als Safes benutzt werden. Im Norden treten die Pfandhäuser architektonisch nicht hervor. Vielleicht liegt das am mangelnden Steinbau. Nur in einzelnen kleinen Städten Schansis habe ich ähnliche turmartige Steingebäude angetroffen, die man aber zur Aufbewahrung von Getreide benutzt haben soll.

---

5 *Die Pfandhäuser haben eine wichtige Aufgabe. In normalen Zeiten sind sie an chinesisch Neujahr, wenn nach alter Sitte alle finanziellen Verhältnisse geordnet werden müssen, ganz vollgestopft. In Zeiten der Dürre und des Hungers nehmen die Pfandhäuser die fahrende Habe vieler Familien auf, die mit dem geliehenen Gelde in andern Gebieten irgend etwas unternehmen wollen und wieder zurückzukehren hoffen. Tafel berichtet, daß die Chinesen die Größe der Städte oft nach der Anzahl der Leihhäuser schätzen.*

Grundriß und Aufriß der Stadt sind die wesentlichen Momente der Landschaft, in der das Leben der Städter verläuft. Das Familienleben zieht sich hinter die Straße in die Wohngebäude und Höfe zurück. Arbeit, Handel und Wandel aber vollzieht sich in aller Öffentlichkeit in den halboffenen Werkstätten und Geschäften, in Tempel und Tempelhöfen oder im Jamen. In den kleinen Städten konzentriert sich das geschäftige Leben auf wenige, oft nur auf eine Straße, und man überblickt sofort, was der Platz Kauf und Verkauf zu bieten vermag. Mit der Morgensonne, wenn man die Tore auftut, werden die Bretterläden von den offnen Geschäften entfernt. Dünnes Geschäftsleben rinnt durch die Läden und die Werkstätten erfüllt behagliches Arbeitstreiben, bis die Tore geschlossen werden und die Nacht ein Ende setzt. Im Winter schläft alles Leben, bis wenige Stunden vor Mittag die Sonne kräftiger herabzuscheinen beginnt, und erstirbt schon lange vor Dämmerung, Nacht und Kälte.

In den mittelgroßen Städten pulsiert das geschäftige Leben kräftiger, und in den Großstädten steigert es sich zum verwirrenden Gewühl. Die größere Konkurrenz hält Handwerker und Kaufleute zu größerem Fleiß an. In der Großstadt geht seit der Einführung von Petroleum und elektrischem Licht das Getriebe bis tief in die Nacht hinein, und die Schläge der Gongs, mit denen die Nachtwächter die Straßen durchziehen, mischen sich mit dem Hämmern, Klopfen und Scharren in den Werkstätten und dem gedämpften Murmeln noch immer wachen Verkaufslebens.

Im Straßenbild Nordchinas spielt der zweirädrige Karren eine große Rolle, besonders in den Straßen, die von einem Tore zum anderen ziehen. Fast noch wichtiger ist der einrädrige Schubkarren, auf dem man die meisten Lasten und sogar Personen befördert. Das ursprüngliche Beförderungsmittel des gemeinen Mannes ist die Kastensänfte, von 2 oder 4 Kulis getragen. In den Großstädten ist sie von der Rikscha fast vollkommen verdrängt worden. Von Japan aus hat sich diese typische ostasiatische Erfindung von gestern in den chinesischen Großstädten an der Küste eingebürgert und das Straßenleben umgestaltet. Der Rikschakuli trägt und schiebt nicht, sondern er zieht, und er hat daher mit dem leicht beweglichen einsitzigen Wagen eine recht beträchtliche Geschwindigkeit. Während die Rikscha bei den guten Straßen Japans auch im Überlandverkehr eine Rolle spielt, hat sie bei den schlechten Wegen Chinas nur im Innern der Städte Bedeutung. In Südchina, wo die Straßen der Städte weder für Tiere noch Räder geeignet sind, konnte die Rikscha die Sänfte aus dem Straßenverkehr nicht verdrängen. Sie hat nur in den größten Städten, die schon moderne Straßen haben, einige Bedeutung. Da die Straßen Verkehr, Handel und Handwerk gleichermaßen zum Bette dienen, steigert sich das Leben und Treiben in den Großstädten in phantastischer Weise, wenn die Menschen wie Ameisen durcheinanderlaufen, und sich Pferde und Schubkarren, Träger mit Sänften und Lasten und wandernde Händler und Handwerker mit Rufen und Schreien durchdrängen.

Die einzelnen Arten der Handwerke und Geschäfte liegen oft beieinander. Fleischer, Fischverkäufer, Schneider, Schuhmacher, Goldschmiede, Seide- oder Porzellanhändler nehmen ganze Straßenfluchten ein. In Kanton oder Peking gibt es Buchhändlerstraßen, Straßen der Elfenbeinschnitzer, der Jadesteinjuweliere und der Seidensticker. Der Sicherheit wegen liegen die Geschäfte mit wertvollen Waren in den Nebenstraßen. Im Rahmen der großen Menschenanhäufungen der Städte sind die einzelnen Kauf- oder Handwerksstraßen oft zu sozialen Gebilden geworden. Ein Oberhaupt vertritt die gemeinsamen Interessen und nachts werden die Straßen durch Tore gesperrt. Aus den dämmerigen Läden mit bunten Auslagen schauen die Gesichter der Verkäufer. Auf den buntfarbigen senkrechten Reklametafeln am Eingange der Geschäfte leuchten goldne Idiogramme der phantastischen Schrift, und rote Fahnen mit weißen Aufschriften hängen von oben in die Straße hinab. In den engen Straßen Südchinas ist das Getriebe noch verwirrender als im Norden. Bei diesem Straßengewühl kann man es wohl verstehen, daß fremde Beobachter die Einwohnerzahl der Großstädte meistens zu hoch einschätzten. In den Wohnstraßen aber ist es selbst in den großen Städten still und öde. Man trifft nur wandernde Kramhändler, Händler mit Gemüse und Wasserverkäufer mit ihren Tragstangen oder Schubkarren, die ihre Anwesenheit den Frauen im Hause durch verschiedenartiges Trommeln ankünden, und die Kulis, die in übelriechenden Kübeln die Fäkalien wegschaffen. Unter den Türen sitzen die Türhüter und sehen verschlafen die stille Straße hinunter.

In der Fülle des Lebens in den Straßen der großen Städte und in all den Eindrücken, die fremdartig auf den westlichen Beobachter einwirken, sind die Gerüche etwas Abschreckendes, aber Charakteristisches. Der Mangel an gut arbeitender Kanalisation, der Rauch der Feuerung, der Dampf der Garküchen, der Abtransport der Fäkalien, die Massen wenig gewaschner Menschen, der Staub im Winter und die schwüle Feuchtigkeit im Sommer brauen Gerüche zusammen, die man nicht mehr vergißt. Sie haben eine landschaftliche Eigentümlichkeit, die wohl mit dem üblichen Brennmaterial und dem üblichen Fett oder Öl zum Kochen zusammenhängt. „Nur schnell durch den Gestank und den Schmutz hindurch" ist die Losung vieler Chinareisenden. In das oft kaum zu unterdrückende Gefühl des Ekels mischt sich eine gewisse Sorge vor der Ansteckung. Selbst Richthofen hat das schmutzige Gewühl der chinesischen Großstädte nur widerwillig betreten und möglichst vermieden. So lange man noch an die Übertragung ansteckender Krankheiten durch Miasmen glaubte, war diese Einstellung der beste hygienische Schutz. Die Gesundheitspolizei in den Städten des Innern üben noch heute die halbwilden Hunde und die schönen zutraulichen Bussarde, die auf den Hofbäumen nisten und ungeniert Aas und Abfälle aus den Straßen herausholen.

Wahrscheinlich stehen die kleinen Distriktsstädte, die alten Hsien, in ihrer wirtschaftlichen Eigentümlichkeit und sozialen Struktur dem chinesischen Urstädtetum noch am nächsten. Der wirtschaftliche und soziale Charakter der typisch chinesischen Stadt ist an ihrem Beispiel am klarsten zu erkennen. Die kleinen Orte haben einen sehr starken landwirtschaftlichen Einschlag. Die Äcker im weiten Umkreise der Stadt werden von hier aus bewirtschaftet. Wenn man auch auf den Tennen im Felde draußen drischt, werden Feldfrüchte und Ackergeräte doch in der Stadt untergebracht, in Nordchina auch Ochsen, Maultiere und Pferde, während man in Südchina die Wasserbüffel draußen vor den Toren hält. Hühner gackern überall, und Hunde und Schweine gehören zu den häufigsten Straßenpassanten. Wer in der Kleinstadt keine Landwirtschaft treibt, hat doch durch den Verband

der Großfamilie starke landwirtschaftliche Beziehungen. Der gemeinsame Grund-
besitz der Familien liegt irgendwo in der Nachbarschaft, wird von Gliedern der
Großfamilie bewirtschaftet oder ist mit Anteil an der Ernte verpachtet. Die im
Ahnenkult religiös gebundene Großfamilie, die wirtschaftliche und soziale Grund-
zelle des Chinesentums, knüpft die Fäden zwischen Stadt und Land viel enger als
unsere Familie, denn was für die Kleinstadt gilt, gilt in etwas abgeschwächter Form
selbst für die größten Städte. Die chinesische Kleinstadt versorgt sich mit den
nötigen Lebensmitteln selber. Aber sie ist der Platz, wo die Überschüsse landwirt-
schaftlicher Erzeugnisse und landwirtschaftlichen Gewerbefleißes in den Handel
gebracht werden, und wo der Bauer die Bedürfnisse, die er in seiner Eigenwirt-
schaft nicht decken kann, zu befriedigen sucht. Hier findet er Kaufgeschäfte,
Apotheken und Ärzte und das bessere Handwerk, das für Kunden arbeitet. Im
trockenen Norden und Nordwesten kommen durch den Ausfall der Frühjahrs-
regen oder des Monsuns in weiten Gebieten der nordchinesischen Tiefebene und
in den Stromniederungen Südchinas im Gefolge von Überschwemmungen immer
wieder Hungersnöte vor. Dann sucht der Bauer durch Hingabe seines Ersparten,
durch Verpfändung kommender Ernten oder gar durch den Verkauf seiner jüngeren
Kinder in Städten Nahrungsmittel zu erhalten. Um den Hungersgefahren zu be-
gegnen, finden sich in den Distriktstädten amtliche Magazine für Getreide, die in
Zeiten blühenden Wirtschaftslebens auch wirklich gefüllt waren, aber oft gerade
im Bedarfsfalle leerstehen. Die Kleinstadt ist auch das Zentrum der Berufsver-
bände und Gilden des Bezirkes. Dies wirkt seinerseits als starke Bindung der Stadt
mit dem umliegenden Lande. Überhaupt ist der wirtschaftliche Unterschied der
kleinen Stadt vom großen Dorfe oder dem Tschen, dem Marktflecken, nicht groß.
Ja, manchesmal können solche Plätze die Einwohnerzahl von großen Städten haben.
Aber stets fehlt ihnen das Beamtentum, die literarisch gebildete Schicht und als
äußerliches Zeichen die Stadtmauer. Das wichtigste in der Kleinstadt ist das Be-
amtentum. Denn stets ist irgendein Gebiet in ihr verwaltungstechnisch zusammen-
gefaßt. Der Jamen ist der Platz, an dem die Streitigkeiten ausgetragen werden, die
die Großfamilien unter sich nicht schlichten können, wo die Interessengegensätze
der Berufsverbände ihren Ausgleich finden, und der Ort, von dem die Verwaltungs-
maßnahmen ausgehen. Wir haben oben gesehen, daß die ländliche Bevölkerung in
Zeiten der Gefahr den Schutz des Jamen und der städtischen Mauern sucht. Aus
all dem ergibt sich ein ständiger Verkehr zwischen Stadt und Land, wie er bei uns
in Deutschland durch das Recht des Wochenmarktes entstand und wie er als Grund-
lage der typischen städtischen Züge der Gesamtwirtschaft notwendig ist. Durch
den Beamtensitz wird die Stadt wirtschaftlich und sozial das Zentrum ihres Ge-
bietes, dessen Kräfte sie sammelt, verteilt und schützt. In dem revolutionären Zu-
sammenbruch des Mandarinentums 1911 hat sich die Distriktsverfassung in den
Städten unversehrt als Hort der Ordnung und Sicherheit erhalten. Auch kultisch
kommt die zentrale Bedeutung des Beamtentums für die Stadt im Stadttempel bei
Jamen zum Ausdruck. Der Stadtgott ist die vergottete Idee des Beamtentums, die
oft in der Gestalt eines verdienstvollen Beamten früherer Jahrhunderte erscheint.
Während der Kult des Stadtgottes in den vorderasiatischen Städten des Altertums
die Stadtbewohner fest aneinander band und von anderen Menschen unterschied,

geht der chinesische Stadtgott die Bürger nicht allzu viel an. Er ist eine Angelegenheit des Beamten, mit der man sich nur befaßt, wenn man zum Kadi läuft oder sonst etwas vom Beamten will. Früher konnte man es jeder Stadt am Namen ansehen, welchen Rang ihr oberster Mandarin hatte und ob er ziviler oder militärischer Beamter war. Das höhere Beamtentum, gewöhnlich in größeren Städten seßhaft, gab den Orten erhöhten Glanz. Die Revolution hat die Rangunterschiede der Städte aufgehoben und sie einander gleichgestellt. An der Küste und in Gebieten, die sich in den letzten Jahrzehnten durch das Eindringen der Weltwirtschaft stark entwickelt hatten, stimmte der Rang der Städte nur zu oft garnicht mehr mit ihrer wirtschaftlichen,   kulturellen und sozialen Bedeutung überein, war doch Schanghai, die Königin des fernen Ostens, nur eine Distriktsstadt, und galt doch der Welthandelsplatz Hankau bis 1911 als Dorf. Die Einteilung der Städte war historisch geworden. Mit der modernen Entwicklung hat die wirtschaftliche Bedeutung die des Beamtentums oft völlig überflügelt.

Familienverband, Gilden und Beamtentum wirken alle im gleichen Sinne einer innigen Verflechtung städtischen und ländlichen Wesens. Während unsere Stadt ursprünglich fremd in die landwirtschaftliche Umgebung hinein gelegt wurde als eine Folge der aufkommenden Weltwirtschaft und zugleich der Sitz bestimmter Freiheiten und Privilegien war, die einen Gegensatz, ja, eine Feindschaft zwischen Stadt und Land entstehen ließen, wächst die chinesische Stadt gleichsam aus dem Lande heraus, trotzdem sie wie unsere Städte nur selten wild gewachsen, sondern gewöhnlich willkürlich gegründet ist.

Einen gewissen wirtschaftlichen und sozialen Gegensatz zu den eigentlichen Städten bilden die Wallfahrtsorte, Kloster- und Tempelstädte, wie sie da und dort an heiligen Orten entstanden sind. Siedlungen wie Wutaischan unter dem Gipfel dieses heiligen Berges sind nur in bedingtem Sinne Städte, bestehen sie doch aus großen, wie Kleinstädte ummauerten Klosterkomplexen, Tempeln, Herbergen für Wallfahrer und Werkstätten, in denen heilige Andenken hergestellt werden. Der Klang der Tempelglocken und das Gebetsgemurmel der Mönche und Wallfahrer ersetzt die Arbeitsgeräusche der Stadt. Taingan, die kleine Stadt am Fuße des Taischan, des allerheiligsten Berges in China, und Kifu, wo Konfuzius begraben liegt, leben mehr von ihrer Heiligkeit als von den wirtschaftlichen Beziehungen des in ihnen konzentrierten Gebietes.

In manchen Städten sind auch handwerkliche Industrien entstanden, die nicht so sehr an die Arbeitskräfte als an ein vorhandenes Rohmaterial anknüpfen. So ist z. B. Pingting in Schansi die Eisenstadt. Sie ist im wesentlichen Markt und Sitz der größeren Unternehmer. Die Eisenverhüttung selber ist in unzähligen kleinen Betrieben in der Nachbarschaft verteilt. Im Winter, wenn die Landwirtschaft ruht und Arbeit billig ist, rauchen die kleinen Schmelzöfen, die das weitverbreitete Erz verarbeiten. Noch eigentümlicher ist die Porzellanstadt Kingtetschen, wo anknüpfend an die Kaolinlager Kiangsis die uralte große Porzellanindustrie in weit getriebener Arbeitsteilung ihren Sitz hat. Trotz des hohen Alters und der Einwohnerzahl von mehreren Hunderttausend gilt Kingtetschen nicht als Stadt. Es fehlt ihm die Mauer und der ständige Sitz einer Beamtenschaft. Die jahreszeitlich auf- und abschwankende Bevölkerungszahl der Kulis, Arbeiter, Bootsleute, Händler, Brenn-

stoff- und Kaolinverkäufer, die hier zusammenkommen, machen den unruhigen Ort nicht zum Verwaltungszentrum eines Kreises geeignet, ebenso wenig wie die Menschenansammlungen, die da und dort der moderne Bergbau hervorgerufen hat. Bergbaustädte in unserm Sinne gibt es kaum, wenn auch in einzelnen Kohlendistrikten die moderne bergbauliche Entwicklung den Charakter der einzelnen Siedlungen beeinflußte, wie etwa Tschekiatschwang mit seinem Kohlenhandel und seiner Kokerei oder die Kohlenstadt Pinghsiang mit ihrem modernen Kohlenbergwerk. Wo die Konjunktur im Erzhandel den Abbau eines Erzes begünstigt, strömen große Arbeitermassen zusammen, wie bei der Antimonmine Sikuanschan, wo während des Weltkriegs der Antimonbedarf für den Geschoßstahl 50 000 Arbeiter auf engem Raume zusammenzog. Es entstehen zwar Großsiedlungen, aber ihre Bevölkerungszahl schwankt auf und ab und setzt sich vorwiegend aus armseligen Arbeitern zusammen. Diese Siedelungen sind ins chinesische übertragene Bergarbeiterdörfer.

In den großen Städten, in denen ganze Bezirke oder gar Provinzen ihr Zentrum haben, ist das zahlreiche Beamtentum stets der Träger einer breiten Bildungsschicht, die ein gewisses Luxusbedürfnis hat und einen größeren Konsum bedingt. Bis zu ihrer Aufhebung haben die Beamten die Aufsicht über die niederen Staatsprüfungen ausgeübt. Durch das Beamtentum ist die Stadt wirklich der Vorort des in ihr zusammengefaßten Gebietes geworden, und noch heute gehören die Provinzhauptstädte bis auf Paotingfu, das im Schatten des nahen Peking steht, wirklich zu den ersten Städten der Provinzen. Wenn man von der Reichshauptstadt Peking oder Nanking und den Hauptstädten einzelner abgelegener Provinzen absieht, hat das Beamtentum der großen Städte aber relativ eine geringere Bedeutung als der Jamen in den Kleinstädten, der die Garantie des ganzen Stadtwesens ist. In den großen Städten sind die einzelnen Wirtschaftszweige so erstarkt, daß sie sehr wohl des Beamtentums entraten können, das durch lautere und unlautere Maßnahmen der Wirtschaft oft mehr geschadet als genutzt hat. In diesen Städten, vor allem in den Millionenstädten, steht der Handel an erster Stelle, und das Beamtentum muß sehr mit den großen Kaufleuten und ihren Gilden rechnen.

Schon der riesenhafte Konsum, der von allen Seiten die Waren heranzieht, muß die Bedeutung des Handels stärken. In den Handelsstädten an der Küste und an den Ufern der großen Ströme kommt noch der Außenhandel hinzu. Hier ist auch das Bankwesen zentralisiert, und die Kaufmannsgilden der Städte Schanghai, Kanton und Tientsin haben im ganzen Reiche fühlbare Macht. Die wirtschaftliche und finanzielle Zentralisierung, die die moderne Entwicklung mit sich bringt, kommt vor allem diesen Welthandelsplätzen zu gut. Die Schansibanken, die in einer kleinen Stadt in der Nähe Taijüenfus ihr Zentrum hatten, konnten sich aus ihrem Zusammenbruch und der Revolution nicht mehr erheben. Handwerk und Gewerbe, vor allem aber sich immer mehr entwickelnde Industrien kommen an zweiter Stelle. Selbst das altertümliche Handwerk blüht fröhlich fort, da die vom Lande kommenden Arbeitskräfte ihm immer wieder neues Blut zuführen.

In den mittelgroßen und großen Städten haben sich Handwerk, Gewerbe und Handel sehr differenziert und eine überragende Bedeutung gewonnen. Die Luxusindustrien, kunstvolle Weber- und Stickereien haben wie in Sutschau in und um die großen Städte ihren Sitz. Auch die Industrie von Feuerwerkskörpern, die im Kult eine so große Bedeutung haben, ist eine alte, städtische Hausindustrie. Außer den typisch städtischen Luxusgewerben sind in diesen Orten zunächst handwerklich gebundene, dann aber auch in kleineren und mittleren Fabrikbetrieben Industrien entstanden, die für einen beträchtlichen Markt arbeiten und sich teilweise zu Großbetrieben entwickelt haben. Die Mittel- und Großstädte sind daher der Arbeitsmarkt der weiten Umgebung, besonders im Winter, wenn die landwirtschaftliche Arbeit ruht. Auch in die Industrien suchen diese winterlichen Saisonarbeiter Eingang zu finden. Naturgemäß streben auch die Bettler und allerhand arbeitsscheues Gesindel in die Stadt, und Kranke suchen durch Schaustellung scheußlichster Gebrechen noch etwas im Bettel zu verdienen. Selbst die Landwirtschaft ist nicht bedeutungslos. Die Hühner sind allerdings in die Höfe verbannt. Aber man darf sich nicht wundern in den Straßen Pekings plötzlich großen Schweineherden zu begegnen, hat doch das Schwein auch in der Großstadt sein Wohnrecht. Der Anbau in den Gärten ist sogar ganz besonders intensiv, und gleich einem Thünenschen Ring umgeben Gemüsegärten und sorgfältig bestellte Felder die Großstädte, und ein großer Teil dieser Felder wird von ihnen aus bewirtschaftet. Zwischen der Stadt und der Landwirtschaft der Umgegend spielt der menschliche Dung eine verbindende Rolle. Fäkalien sind der wichtigste Düngstoff der chinesischen Landwirtschaft, und die Großstädte sind die größten Produzenten dieses wertvollen Stoffes. In der Nähe der großen Städte sind die Felder am besten gedüngt und am fruchtbarsten und helfen mit, die großen, in den Städten zusammenkommenden Menschenmengen zu ernähren.

Wenn man China durchreist und viele Städte im Norden und Süden gesehen hat, hat man den Eindruck, daß das Städtetum in Mittel- und Südchina reicher sei als im Norden, aus dem doch das Chinesentum und seine Kultur stammen. Dadurch, daß der Norden immer wieder barbarischer Überflutung ausgesetzt war, wurde zur Heilung der damit verbundenen Schäden und zur Assimilierung der fremden Volkselemente ein beträchtlicher Teil der Wirtschafts- und Geisteskraft aufgebracht. Wichtiger aber ist, daß Süd- und Mittelchina reicher sind, und daß die südchinesische Stadt eine Weiterentwicklung der nordchinesischen ist. Der Typus der Stadt, wie er nun einmal entstanden war, hat in Nordchina keine großen Wandlungen mehr durchgemacht, während er im Süden, wohin die Stadt erst übertragen wurde, eine Umschöpfung erfuhr und sich dem reicheren und wärmeren Lande anpaßte. Am zurückgebliebensten sind wohl die Städte in den neuen Kolonialgebieten des Chinesentums, in der nördlichen Mandschurei, am Rande der Mongolei und den Hochgebirgen Südwestchinas. Hier herrscht ein koloniales Hinterwäldlertum, das im Gegensatz zu der altausgewogenen behäbigen Stadtkultur der älteren Kulturgebiete steht. Wenn man bedenkt, welch weite Landmassen die Chinesierung durchdrungen hat, mag man sich wundern, daß bei aller landschaftlichen Differenzierung des Städtetums doch so geringe Unterschiede vorhanden sind. Dies ist darin begründet, daß trotz dem geographischen Unterschied zwischen Norden und Süden, der ja auch in der Ausgestaltung der verschiedenen Stadttypen deutlich zum Ausdruck kommt, die große übergeordnete Einheitlichkeit des Monsunklimas wohl mannigfaltige Übergänge, aber keine scharf voneinander getrennte Einzellandschaften überlagert.

Seit unvordenklichen Zeiten ist die chinesische Stadtlandschaft der Ort, an dem sich der kulturelle Fortschritt vollzieht oder zunächst auswirkte. Hier hat mit dem Beamtentum der größte Teil der Literatenschaft seine Heimat. Die Bindung der Stadt mit dem flachen Lande hat die ganze Umgebung der Stadt mit an der Verdichtung der Bevölkerung teilnehmen lassen. An den großen Städten, den Hauptstädten und Handelsplätzen, hat sich stets eine latente Übervölkerung eingestellt, die bei irgend einer Katastrophe wirksam werden mußte. Unter dem Einfluß der Übervölkerung der Stadtlandschaft und ihrer Umgebung hat sich manche Eigenart der chinesischen Kultur herausgebildet. Das Überangebot an Arbeitern hat der tierischen Arbeitskraft wenig Spielraum gelassen. Der Mensch ist sein eigenes Arbeitstier geworden. Selbst die Arbeitsmaschine, zu deren Erfindung China lange vor Europa technisch reif gewesen wäre, paßt nicht in die alte noch heute bestehende Wirtschaftsweise der chinesischen Stadt. Die Materialfreude des Chinesen, der den Stoff höher schätzt als die Arbeit, hat die gleiche Ursache. Die unaufhaltsame aber langsame Ausbreitung des Chinesentums in kontinentale Räume hat keine Anregung gegeben, die Wirtschaftsweise grundlegend umzugestalten. Es fehlte die räumliche und nationale Brechung, die für die westliche Kulturentwicklung so wesentlich war. Gleichzeitig hat die ideographische Schrift in ihrer Unabhängigkeit von der Fortbildung der Sprache die Literatur von Jahrtausenden lebendig erhalten. Die technische Entwicklung, wie sie der Westen erlebte, ist China fremd geblieben. An ihre Stelle trat die weit getriebene Arbeitsteilung, die viele Menschen ernährt und sich über die Stadtlandschaft hinaus ins flache Land erstreckt. Zur Ausbreitung der chinesischen Stadtkultur über weite Flächen haben das Aufblühen und der Zerfall der Großstädte beigetragen. Hungersnöte, Überschwemmungen, Kriege und Seuchen, Verlegung der Verkehrsbahnen haben die übervölkerten Großstädte und ihre Umgebung immer wieder entvölkert. Aber diese Entvölkerung beruht nur zum Teil auf dem Verlust von Menschenleben. Wie die Stadt in glücklichen Zeiten die Menschen anzieht, entfliehen sie ihr bei Hunger, Seuchen und unglücklichen Kriegen. So wirken die Städte im Lauf der Jahrhunderte bald ansaugend, bald abstoßend, und dieses Auf und Ab hat im hohem Maß zur gleichmäßigen kulturellen Struktur des ganzen Chinesentums beigetragen.

Man darf die Chinesen nicht als Stadtvolk bezeichnen; eher kann man ihre Städte übergroße Dörfer nennen. Stets hat nur ein geringer Bruchteil des Volkes in großen Städten gelebt, und selbst heute beträgt der Anteil der Bevölkerung, die in Städten über 10 000 Einwohnern lebt, schätzungsweise nicht ganz ein Achtel.

Man hat oft die Bemerkung gemacht, daß das Chinesentum die uralte Stadtkultur ohne Entartung ertrage. Bei dem Hinüber und Herüber wirtschaftlicher und sozialer Gebilde von Stadt und Land mußte das Bauerntum stets der Jungbrunnen des Städtetums sein, hat doch der Stadtbürger vor den Bauern kein Rechts- und Kulturprivileg voraus.

Der Konkurrenzkampf, dem nur der Kräftige gewachsen ist, trifft eine scharfe Auslese. Wohl kann der Reiche entarten. Aber die großen Umwälzungen haben solche Schichten immer wieder ausgemerzt. In dem Schmutz der Straßen und Höfe, wo Ruhr, Typhus, Cholera und allerlei Wurmkrankheiten endemisch sind, und der die Brutstätten vieler Epidemien abgibt, können nur gesunde Kinder groß werden und kräftige Naturen durchhalten. In der ungeheuer großen Sterblichkeit der Kinder und Erwachsenen liegt, so furchtbar es klingen mag, ein segensreiches Moment für die rassenhygienische Gesundheit des chinesischen Volkes. Aber die Grundlagen von all dem bildet die im Ahnenkult religiös verankerte Notwendigkeit zu zeugen und zu gebären. So lange China seinen Ahnen glaubt, besteht keine Gefahr, daß etwa die Geburtenzahl in den Städten abnähme, und die Stadt die wertvollste Keimmasse in ähnlicher Weise verbrauche wie bei uns im Westen. So kann das Chinesentum selbst heute noch ohne Gefährdung Stadt und Großstadt ertragen.

Mit dem Andrängen der westlichen Zivilisation sind neue Elemente teils umgestaltend, teils zerstörend in die chinesische Stadtlandschaft eingedrungen. In den exterritorialen Konzessionen in unmittelbarer Nachbarschaft der wichtigsten Handelshäfen und in den europäischen Ansiedlungen, den sogenannten Settlements, den dem Handel geöffneten Städten, haben die Westländer sich Einlaß erzwungen und Ansiedlungen errichtet, die ihren wirtschaftlichen Bedürfnissen und ihrem Lebensstil entsprechen. An mehreren Punkten sind dazu noch selbständige Städte fremden Stils wie Honkong, Tsingtau, Dalni, Harbin unter englischer, deutscher, russischer und japanischer Leitung errichtet worden. Im Zusammenhang mit dem überseeischen Handel haben sich all diese Plätze mächtig entwickelt, und sie haben in der Durchdringung westlichen und chinesischen Wesens einen großen Einfluß auf die Umgestaltung der chinesischen Stadtlandschaft ausgeübt. Die Konzessionen und Settlements sind von den modernen chinesischen Vororten der Großstädte völlig umwachsen worden und bilden mit ihnen einheitliche Stadtgebiete, verläuft doch die Hoheitsgrenze zwischen den exterritorialen Konzessionen in Tientsin, Hankau und Schanghai mitten durch das bebaute Gelände einheitlicher Stadtkomplexe. Diese Städte sind das Vorbild geworden und breite, hygienische Straßen mit Automobilen sind heute der Ehrgeiz aller chinesischen Städte. Waren die breiten Hauptstraßen Pekings leicht den modernen Bedürfnissen anzupassen, so mußten in mittel- und südchinesischen Städten ganze Häuserzeilen niedergelegt werden, um Platz zu schaffen. In Kanton hat man rücksichtslos kreuz und quer durchs alte Straßennetz neue Straßen gebrochen. Die Chinesenstadt Schanghai hat durch Sanierung und Verbreiterung der Straßen seit 20 Jahren sich sehr zu ihrem Vorteil verändert, und es ist kein Schade, wenn man in Amoy, der schmutzigsten und engsten aller chinesischen Städte, moderne Straßen durch den Termitenhaufen der chinesischen Wohnungen bricht. Die moderne Entwicklung in Handel und Industrie hat das fortschrittliche Element in die aufblühenden Handelsstädte gezogen. Um die Situation auszunutzen, durfte man sich nicht nur von der Entwicklung tragen lassen, sondern mußte versuchen, sich dem Westen anzugleichen, ja, es ihm zuvorzutun. Man brauchte Eisenbahnen, Lagerhäuser, Fabriken und Läden in fremdem Stil. Zum Bau nationaler Häfen reichten allerdings die Finanzen des Staates nicht aus. Aber chinesische Bankpaläste, Warenhäuser, Kaufgeschäfte und Lagerräume in europäisch-amerikanischem Stil trifft man in allen großen Handelsplätzen, und Schanghai hat durch sie geradezu eine imponierende Silhouette bekommen. In Kanton gibt es sogar Hochhäuser. Der Einfluß auf die Stadtlandschaft macht sich bis weit ins Innere hinein in den geschlossenen Ladengeschäften geltend. Die Verglasung der Schauauslagen erforderte eine neue Bauweise, und es entstand ein seltsamer, für unser Auge wenig erfreulicher Mischstil europäischer Bauformen und chinesischer Ornamentik in Schnörkeln, Figuren und Schriftzeichen aus Zement und Stuck. Europäische Wohnungen haben noch wenig Anklang gefunden. Sie passen nicht für die chinesische Familie. Dennoch hat sich in den Compounds der Missionen in der Kombination der chinesischen Höfe mit Häusern im Stil europäischer Klein-siedelungen oder englisch-indischer Bungalows ein öfters nachgemachter Mischstil herausgebildet.

Auf unzähligen Kanälen sickert der Einfluß des Westens in die alte chinesische Stadtlandschaft ein. Tief im Innern findet man selbst in kleinen Städten das leichte Strandgut eines billigen, westlichen Luxus. Dinge wie Uhren, Thermosflaschen, Spiegel, billige Konserven etc., aber auch Grammophone und das Gewerbe des Photographen rühren nicht an die Grundlagen der alten Wirtschaftsweise. Man kann das seltsamste Nebeneinander erleben, wenn z. B. vor einem Sargladen zwei Männer mit riesiger Säge mühsam einen Baumstamm in Bretter zerlegen und daneben etwa ein Seidengeschäft durch ein Grammophon mit chinesischer Musik Käufer anlockt. Allmählich folgen aber auch andere Dinge. Der Elektrizität hat man sich zu Leucht-zwecken vielfach rasch und leicht bemächtigt. Der Elektromotor und die Arbeits-maschine dringen aber nur langsam vor. Allerdings sieht man in den Handwerk-stätten Nähmaschine und manches andere europäische Handgerät. Großindustrien modernen Stils, fast alles Gründungen oder Besitzungen westlicher oder japanischer Unternehmer, sind in und um die Konzessionen in Schanghai, Kanton, Tientsin und Hankau entstanden und haben die Schaffung zahlreicher mittelgroßer Betriebe in chinesischem Besitz in diesen Orten oder benachbarten Plätzen angeregt. Langsam aber unaufhaltsam schreitet die moderne Industrialisierung von den großen zu den Mittelstädten fort und wird von da allmählich in die Kleinstädte ausstrahlen. Mit den Fabriken ist ein Arbeiterstand emporgewachsen, den China in dieser Form bis-her nicht gekannt hat. Alle Schäden des westlichen Frühkapitalismus, Hungerlöhne, schamlose Ausnützung der Frauen- und Kinderarbeit und schrecklichste hygienische Arbeitsverhältnisse wiederholen sich hier, besonders in den nichtchinesischen Be-trieben. Der Chinese ist viel zu sehr von der Meinung seiner Volksgenossen abhäng-ig, um in gleicher Rücksichtslosigkeit vorgehen zu können. Nach dem Vorbild der alten Gilden haben sich die 2 Millionen chinesischer Arbeiter in den Städten or-ganisiert, und ihre Verelendung und Ausbeutung hat sie einerseits der nationalisti-schen, andererseits der bolschewistischen Propaganda zugänglich gemacht. Bei den vielen Fäden, die von der Stadt zum Lande führen, haben diese in ihrem Wesen städtischen Organisationen mit der großen Masse der ländlichen Arbeiter und der kleinbäuerlichen Pächter Fühlung genommen. Die chinesische Arbeiterschaft wurzelt in der modernen Wirtschaft. Das gibt ihr ein kulturelles und politisches Gewicht, wie es nicht in ihrer geringen Zahl begründet ist. Die großen Handels-städte, wo sich die Auseinandersetzung östlichen und westlichen Wesens vollzieht, haben nicht nur die wirtschaftliche, sondern auch die politische und kulturelle Führung an sich gerissen. Eine chinesische Presse ist entstanden, die eine von der alten Konvention sich befreiende Meinungsbildung in der Öffentlichkeit und ihre Politisierung ermöglichte. Es ist ganz unchinesisch, daß junge Männer, Studenten und Schüler das große Wort führen. Aber die hochgeehrten Alten finden sich in der neuen Zeit nicht mehr zurecht. Der Sqeez, der unberechtigte Aufschlag, den jeder für seine Person selbst bei dem kleinsten Auftrag erpressen will und das System, untüchtige Familienangehörige auf Kosten seiner Arbeitgeber oder der Betriebe mitessen zu lassen, sind Folgen der Großfamilie, die das gesamte Arbeitseinkommen ihrer Mitglieder einzieht und patriarchalisch kommunistisch verwaltet. In die klare Rechnungsführung modernen Geschäftswesens will das nicht passen. Auch wollen die Jungen sich nicht mehr der Führung der Alten unterordnen. So ist die Forderung der kleinen Familie, d. h. der Familie im westlichen Sinn, und auch eine weitgehende Emanzipierung der Frau von den Großstädten aus propagiert worden. Dies alles aber sind Forderungen, die an den Grundpfeilern der chinesischen Gesellschaft rütteln. Manche Eigentümlichkeit des chinesischen Städtetums, der rastlose Arbeitsgeist und die alt geübte Freizügigkeit scheinen wohl geeignet zu sein, die chinesische Stadt dem westlich amerikanischen Typus anzugleichen. Aber das ist nur möglich, wenn die Wirtschaftskräfte über den alten sozialen und kultischen Gedanken den Sieg davon tragen, und die innere Struktur des Chinesentums sich zersetzt. Ganz China ist in den Schmelztiegel geworfen, und auch die chinesische Stadtlandschaft wird mit dem Schmelzfluß umgegossen werden.

B o e r s c h m a n n: *Baukunst und Landschaft in China. Z. Gesellsch. f. Erdk., Berlin 1912. S. 321–365.*

B o e r s c h m a n n: *Baukunst und Landschaft in China. Berlin 1923. Verl. Waßmuth.*

C h i   L i: *The Formation of the Chinese People. An antropological inquiry Cambridge 1928.*

M a l l o r y, W. H.: *China Land of Famine. New York 1926.*

R i c h t h o f e n: *China. Band 1 bis 3. Enthält viele zerstreute Angaben.*

R o b e q u a i n, Ch.: *Yunnanfou en 1926 (Anales de Géogr., XXXVI, 1927, p. 436–450).*

R o s t h o r n: *Soziologisches zur chinesischen Kultur. Gedächtnisschrift für Max Weber. 1925.*

R o x b y, P. M.: *The Distribution of Population in China. (Geogr. Review. – 1925, p.1–24).*

S c h m i t t h e n n e r, H.: *Chinesische Landschaften und Städte, Stuttgart 1925.*

S i d n e y   D.   G a m b l e: *Peking a Social Survey. New York, George H. Doran 1921.*

T i e s s e n: *Die chinesische Stadt. (Deutsche Geogr. Blätter. Bremen XXXV, 1912, S.1–19)*

W e b e r,   M a x: *Grundriß der Sozialökonomik III. Abteilung. Wirtschaft und Gesellschaft. Kapitel 8. Die Stadt. S. 513–600. Tübingen 1922.*

DIE CHINESISCHE STADT IM WANDEL

Von Herbert Wilhelmy (Tübingen)

Die 1949 vom „Tor des Himmlischen Friedens" in Peking (Beijing)[1] durch Mao Tse-tung ausgerufene Volksrepublik China war nicht das Ergebnis einer proletarischen Revolution. In dem bis zur Mitte unseres Jahrhunderts erst in bescheidenen Anfängen industrialisierten Land gab es noch keine organisierte Arbeiterschaft von maßgeblichem politischen Gewicht, die zum Initiator und Träger eines gesellschaftlichen Umsturzes hätte werden können. Wo die bürgerliche Intelligenz marxisitische Wortführer hervorbrachte, fanden diese in der städtischen Bevölkerung mit knapp 2–3 Millionen Fabrikarbeitern zunächst nur geringen Widerhall. In klarer Erkenntnis dieser Situation suchte Mao nicht dort seinen politischen Rückhalt, sondern in den Massen der armen, rechtlosen Bauern, die sich im Verlauf der Geschichte immer wieder in Aufständen gegen ihre Peiniger, die Grundherren und Steuereinzieher, erhoben hatten. Mit ihnen an der Spitze der kommunistischen Bewegung gewann er die Revolution. Es war im Unterschied zu anderen sozialrevolutionären Umstürzen ein Sieg des flachen Landes über die bis dahin herrschende Stadt. Lin Piao (Biao) sprach von einer „Einkreisung der Stadt durch das Land". Erst in einer zweiten Prozeßabfolge begannen die in den dörflichen Lebensbereichen erprobten gesellschaftlichen Strukturwandlungen auch auf die Städte überzugreifen. Sie haben Bild und Funktion der traditionellen chinesischen Stadt, wie sie uns H. Schmitthenner in seinen Aufsätzen und Büchern aus der Zeit vor dem 2. Weltkrieg geschildert hat, in weit stärkerem Maße verändert, als vergleichsweise die chinesische Agrarlandschaft trotz Kollektivierung, Gründung ländlicher Industrien usw. – zumindest optisch – erkennen läßt.

Die Wandlungen der in einer mehrtausendjährigen Geschichte geformten chinesischen Stadt zur heutigen, durch den Kommunismus geprägten Stadt vollzogen sich über eine erste, schicksalhafte Periode kolonialer und halbkolonialer Besitzergreifung wichtiger Küstenplätze und die Sicherung wirtschaftlicher Nutzungsrechte durch westliche Mächte seit der Mitte des 16. Jahrhunderts. 1557 erreichten die Portugiesen die Abtretung von Macao (Macau) an der Mündung des Perlflusses, nachdem sie 1516 als erste Euroäer an der südchinesischen Küste gelandet waren. Die im kolonialportugiesischen Verandenstil errichteten Häuserzeilen der 1553 gegründeten Stadt, das Gebäude des portugiesischen Bürgerrates, des Leal Senado im Zentrum Macaos, und die im 17. Jh. erbaute mächtige Jesuiten-Kathedrale waren die ersten Zeugnisse europäischer Architektur in China. Seit einem Brand im Jahre 1835 steht nur noch die eindrucksvolle Barockfassade.

In Macao entstand der Typ des *Compradors*, jener chinesischen Agenten und geschäftstüchtigen Mittelsmänner, über die in der Folgezeit jede ausländische Han-

---

1 Ortsnamen in der neuen chinesischen Transkription in Klammern

delsfirma oder Bank — weit über den portugiesischen Einflußbereich hinaus — verfügte. Holländer und Engländer, die sich um eine Beteiligung am einträglichen Chinahandel bemühten, konnten nicht wie ihre früher auf dem Plan erschienenen portugiesischen Konkurrenten feste Stützpunkte in die Hand bekommen. Mehrmalige Versuche einer Okkupation Macaos scheiterten. Dennoch gelang es den Briten über ihre koloniale Schrittmacherin, die Ostindische Kompagnie, auch ohne solche Stützpunkte bald die Führung im chinesischen Außenhandel zu übernehmen. Im Gegenzug zum Export von Tee und Rohseide versuchten sie, um den einseitigen, ständig steigenden Abfluß von Silbergeld nach China zu unterbinden, sich dort einen Markt für indisches Opium zu schaffen. Da jedoch das Opiumrauchen in China verboten war, brachten die Engländer das Rauschgift über einen skrupellos organisierten Schmuggel ins Land. Dagegen wehrte sich die chinesische Regierung, zunächst mit Erfolg, bis die auf Beschluß des Unterhauses entsandte britische Flotte den Widerstand mit Waffengewalt brach. In diesem 1. Opiumkrieg (1840—1842) unterlag China und mußte im Friedensvertrag von Nanking (Nanjing) 1842 die Insel Hongkong an Großbritannien abtreten, Schanghai (Shanghai), Kanton (Guangzhou) und drei weitere Hafenplätze dem internationalen Handel öffnen.

Mit diesem ersten der dem Reich der Mitte aufgezwungenen „Ungleichen Verträge" begann die knapp 100 Jahr andauernde Periode der Konzessionen und exterritorialen Niederlassungen von Briten und Franzosen, später auch von Russen, Deutschen, Schweizern, Belgiern, Holländern, Dänen, Italienern, Portugiesen, Schweden, Norwegern und Amerikanern in den wichtigsten Hafenstädten. Waren es zunächst nur die größeren peripheren Küstenplätze, für die die Privilegien der Fremdmächte galten, so erreichten diese schon 16 Jahre später nach dem von der Mandschu-Regierung gleichfalls verlorenen 2. Opiumkrieg im Vertrag von Tientsin (Tianjin, 1858) weitere bedeutende Zugeständnisse: Internationalisierung der Schiffahrt auf dem Yangtse, Freigabe weiterer Häfen für den internationalen Handel, Einrichtung einer Konsulargerichtsbarkeit für Ausländer und Schaffung eines exterritorialen Gesandtschaftsviertels in der Hauptstadt Peking. Dieses südöstlich der „Verbotenen Stadt" durch eine besondere Mauer geschützte Gesandtschaftsviertel entwickelte sich zu einer vom übrigen Peking völlig getrennten Stadt mit Diplomatenresidenzen unterschiedlichster europäischer Stilrichtungen, weitläufigen Parks, Geschäften, Banken, Krankenhäusern, Hotels, eigener Verwaltung und Polizei.

Die Geschichte der Kronkolonie Hongkong, die sich 1898 durch Zupachtung der auf dem chinesischen Festland gelegenen New Territories erheblich vergrößert hatte und 1997 der Volksrepublik zurückgegeben wird, soll hier nicht weiter verfolgt werden. Zudem war Hongkong bis zum 2. Weltkrieg zwar für die Briten ein wichtiger Stützpunkt, nicht aber für die anderen „Westländer", für die Schanghai zum weitaus bedeutenderen Handelszentrum wurde. Schanghai ist *die* Stadt der heutigen Volksrepublik, die wie keine andere in den Jahrzehnten nach 1842 in ihrer Totalität durch die ins Land gekommenen Ausländer geprägt worden ist. Europäer, Amerikaner und Japaner haben sie in ihrer Physiognomie, Wirtschafts- und Bevölkerungsstruktur grundlegend verändert. Schanghai kann als Prototyp der zuerst und am stärksten durch Fremdeinflüsse umgestalteten Küstenstädte gelten. Von

dort und anderen Konzessionsstädten strahlten in der Folgezeit die „modernen
Einflüsse" auch auf das Binnenland aus. An den seit 1876 erbauten Eisenbahn-
linien entstanden neue Städte, am Rande der älteren entwickelten sich Bahnhofs-
viertel, da und dort wurden die alten Stadtmauern niedergerissen und erste breite
Straßen durch die Altstadtkerne gebrochen. Aber im ganzen war das Ausmaß
solcher Veränderungen in den binnenländischen Städten bis zur Jahrhundertwende
doch nur gering, und auch in der knapp zwanzigjährigen Herrschaftsperiode der
Kuomintang-Regierung unter Chiang Kai-shek (1928—1949) kamen städtebauliche
Modernisierungsversuche (außer in der damaligen Hauptstadt Nanking) nicht über
Anfänge hinaus. Erst mit der kommunistischen Machtübernahme (1949) setzten
auf den neuen ideologischen Prinzipien beruhende Veränderungsprozesse in allen
chinesischen Städten ein. Sie sollen für Schanghai, das eindrucksvollste Beispiel
einer an der Küste gelegenen ehemaligen Konzessionsstadt, und in einer zusammen-
fassenden Betrachtung der binnenländischen Städte in ihren grundsätzlich wichtigen
Erscheinungsformen dargestellt werden.

Schanghai, die „Fremdenstadt" zwischen Ost und West

Im Vergleich zu den alten Kaiserstädten Loyang (Luoyang), Sian (Xi'an),
Hangchow (Hangzhou), Peking (Beijing) oder Nanking (Nanjing) ist Schanghai
verhältnismäßig jungen Ursprungs. Die heutige Weltstadt ist aus einer erst seit dem
11. Jh. nachweisbaren Fischersiedlung hervorgegangen, die sich zwar bis zur ersten
Hälfte des 19. Jh. bereits zu einer Handelsstadt von über 100 000 Einw. entwickelt
hatte, aber noch in hartem Konkurrenzkampf mit dem 130 km südlich und günsti-
ger zum Meer gelegenen Ningpo (Ningbo) lag. Für diesen im Entdeckungszeitalter
wichtigsten Hafen Mittelchinas hatten sich schon 1522 die Portugiesen interessiert,
ohne allerdings dort eine dauerhafte Niederlassung gründen zu können. 1842 erschien den Briten Ningpo noch wichtig genug, um seine Öffnung für den internationalen Handel im Frieden von Nanking zu erzwingen. Dieser Punkt des Ver-
trages erwies sich aber bald als gegenstandslos, denn Schanghai ließ durch die nun
einsetzende außerordentliche Entwicklung Nangpo schnell weit hinter sich
(Schmitthenner 1925, S. 158).
Die 12-Millionenstadt Schanghai liegt am linken Ufer der S-förmig gewundenen
Flußschleife des Huangpu, etwa 23 km oberhalb seiner Einmündung in einen der
Yangtse-Deltaarme und ist rund 100 km vom offenen Meer entfernt. Innerhalb des
Stadtgebietes vereinigt sich der als Verbindung zum Kaiserkanal künstlich vertiefte
kleine Wusong-Fluß unter der Bezeichnung Souzhou Creek mit dem hier 600—800
m breiten Huangpu. Südlich dieser wichtigen Wasserverbindung ins Hinterland
entwickelte sich ab 1845 die Britische Konzession und im Anschluß daran die
Französische Konzession (1849), die im Norden und Westen die chinesische Altstadt umklammerte. Die Chinesenstadt selbst war bis 1912 von einer 5 km langen
ovalen Mauer umschlossen. Sie machte nach ihrem Abbruch einer breiten Ringstra-
ße Platz. Nördlich des Wusong lag die 1862 gegründete Amerikanische Konzession,
die noch im gleichen Jahrzehnt mit der Britischen zum International Settlement
zusammengeschlossen wurde, in dem alle Ausländer gleiche Rechte genossen. Hin-

gegen blieb die in enger räumlicher Verbindung zur Internationalen Niederlassung entstandene Französische Konzession bis zu ihrer Rückgabe an China (1949) eine selbständige Verwaltungseinheit.

An den Baustilen und den Straßennamen konnte man ohne große Mühe erkennen, in welcher Konzession man sich befand. Die Franzosen hatten eine Avenue Maréchal Joffre, die hart vor der nördlichen Altstadtmauer nach Westen verlief, jetzt als Huaihailu eine Hauptgeschäftsstraße Schanghais, oder eine Rue Corneille und Rue Molière. Die Briten erinnerten an ihren Kolonialbesitz in Vorder- und Hinterindien: Benares Road, Simla Road, Penang Road. Die Amerikaner hatten im nördöstlich des Wusong gelegenen Stadtteil Honkou ihren Broadway. Die Japaner, die sich nach dem Chinesisch-Japanischen Krieg im Vertrag von Shimonoseki (1896) ebenfalls das Recht auf Gründung von vier Niederlassungen in Schanghai, Tientsin, Amoy und Hankow gesichert hatten, setzten sich zwar auch in einer eigenen Konzession im nördlichen Stadtteil Zhabei fest, zogen aber doch meist das International Settlement vor, wo sie wie alle anderen Nationen Ausländerrechte genossen und überdies unmittelbar im Zentrum der kaufmännischen Aktivitäten saßen.

Gegenüber 5 831 Briten lebten 1915 bereits 7 170 Japaner in der Stadt. 1935 waren es schon 29 240. Um diese Zeit hatte Schanghai insgesamt 3,74 Mill. Einwohner. Davon waren nach Angaben des China-Handbuches (Franke 1974, S. 1204) 57 600 Ausländer. 10 125 von ihnen lebten in der Chinesenstadt (Gesamteinwohnerschaft: 2,089 Mill. Einw.), 28 583 in der Internationalen Niederlassung (1,149 Mill. Einw.) und 18 900 in der Französischen Konzession (498 200 Einw.). Andere Quellen nennen für 1935 69 800 (Simons 1986, S. 37) bzw. sogar knapp 150 000 Ausländer (Renné 1985, S. 389). Zur Zeit der Aufhebung der Sonderrechte nahm die Internationale Niederlassung eine Fläche von 22,6 km^2 ein, die mehrfach vergrößerte Französische Konzession 10,2 km^2 und die inzwischen weit über den ehemaligen Mauerring hinausgreifende Chinesenstadt 828,5 km^2. Groß-Schanghai umfaßt seit 1958 932 km^2. Das gesamte Ausländereigentum — mit Ausnahme des sowjetischen — wurde 1949 enteignet.

Die weltbekannte, einst die Wirtschaftsmacht der fremdländischen Kaufmannschaft demonstrierende, großartige Schauseite Schanghais ist der Bund am Ufer des Huangpu. „Bund" ist ein verballhorntes englisch-indisches Wort und bedeutet Damm, Deich oder Kai. In der Tat erklärt sich die heutige Breite der Uferstraße daraus, daß parallel zu ihr um die Mitte des vorigen Jahrhunderts ein Treidelpfad verlief, auf dem Kulis mit Seilen Dschunken und Schuten stromaufwärts an ihre Liegeplätze zogen. Seit längerer Zeit schon grenzt der nördliche Teil der in Zhongshanbu umbenannten Prachtstraße nicht mehr unmittelbar an den Fluß. Ein langer Uferstreifen wurde mit Sand aufgeschüttet und in einen weitläufigen Park mit Grünflächen, Blumenbeeten, Rabatten, Spielplätzen und Musikpavillons für die Ausländer verwandelt. Erst seit 1928 ist dieser zuvor von indischen Sikhs bewachte Huangpu-Park für Chinesen zugänglich geworden. In den frühen Morgenstunden ist er ein beliebter Treffpunkt der sich hier schweigend zusammenfindenden Schattenboxer.

Dank der Höhe der Monumentalbauten am Bund hat der Blick auf die ehemaligen Finanzhochburgen, Schiffahrtsagenturen, Generalkonsulate, Bürohäuser, Ver-

Abb. 1 Blick auf die Altstadt von Schanghai, 1982
Enggedrängte zweigeschossige Häuser im traditionellen Stil füllen die kleinen Bau-
blöcke lückenlos aus. Außer einigen breiteren Durchgangsstraßen sind sie nur durch
schmale Gassen voneinander getrennt.

Abb. 2 Der „Bund" in Schanghai, 1979
Die europäisch geprägte Schauseite Schanghais liegt am Huangpu. Die ehemaligen
Repräsentationsbauten ausländischer Banken, Konsulate und Hotels haben sich unver-
ändert erhalten, dienen aber jetzt anderen Verwendungszwecken.

waltungsgebäude, Hotels und den berühmten Schanghai-Club, an dessen „langer Bar" manches große Geschäft abgeschlossen wurde, nur wenig gelitten. Die Fassaden der bis zu 12 Stockwerke zählenden Hochhäuser mit ihren Türmen, Balustraden und Kuppeln sind imponierend. Dies um so mehr, als sich die meisten der Großbauten auf Pfahlrosten erheben, die man in den wenig stabilen Schwemmlandboden rammen mußte. Sie wurden schon zu einer Zeit errichtet, als die USA noch kaum mit höheren Wolkenkratzern aufwarten konnten. Die grandiose Skyline, die durch keinen landschaftlichen Hintergrund beeinträchtigt wird, gibt Schanghai, wie H. Schmitthenner (1925, S. 159) formulierte, den Anstrich einer „westlichen Weltstadt im Osten" von anglo-amerikanischem Zuschnitt. Englisch war die Sprache im geschäftlichen Verkehr, der Verwaltung und der Polizei. Die Chinesen hatten gelernt, sich in Pidgin-Englisch zu verständigen.

Die Repräsentationsbauten am Bund und in den landeinwärts anschließenden ehemaligen Konzessionsbezirken haben Bürgerkriege und Revolutionen überdauert. Aber sie erfüllen heute andere Funktionen als einst. Im früheren Rathaus, dem Parlamentsgebäude der internationalen Stadtrepublik, tagt jetzt das Volkskomitee des Gebietes von Schanghai, in dem Säulen-Kuppelbau der Hongkong and Shanghai Banking Corporation sind Stadtverwaltung, Revolutions- und Militärkomitee untergebracht, unweit des Touristenhotels Shanghai Mansion wartet in einem früheren britischen Konsulatsgebäude ein „Freundschaftsladen" auf zahlungskräftige Touristen. Die Büros der Chartered Bank nutzt jetzt ein Amt für Fischereiwirtschaft. Nur das 1927 im Tudorstil errichtete Seezollamt, das mit seinem 33 m hohen, an englische Vorbilder erinnernden Glockenturm die Silhouette des Bund bestimmt, ist immer noch Sitz der gleichen Behörde.

In den Geschäfts- und Wohnvierteln abseits der Wasserfront sind die Spuren der Fremden unübersehbar: pompöse Villen, die in Kinderpaläste, Museen oder Ausstellungsgebäude umgewandelt wurden, Clubs, Golfplätze, Hunde- und Pferderennbahnen. Aus dem „Canidrome" wurde ein Kulturpark, aus der Rennbahn zur einen Hälfte Volkspark, zur anderen ein „Platz des Volkes", aus dem alten Vergnügungszentrum „Große Welt" ein Jugendpalast. Auf dem Gelände des Aili-Gartens, den ein englischer Millionär angelegt hatte, errichtete man 1955 die Schanghaier Ausstellungshalle, einen Bau im stalinistischen Zuckerbäckerstil, der ursprünglich der Pflege der chinesisch-sowjetischen Freundschaft dienen sollte, bis diese Freundschaft vier Jahre später zerbrach. Museen gab es im alten China nur in verschwindend kleiner Zahl. Im Rahmen ihrer Kampagne für eine verbesserte Volksbildung hat die kommunistische Regierung Museen aller Art nicht nur in Schanghai, sondern in vielen Städten geschaffen.

In den Ausländer-Wohnvierteln bröckelt der Putz von den Fassaden. Chinesische Laden- und Reklameschilder vermögen die Erinnerung an die Erbauer und Bewohner dieser Viertel noch nicht ganz zu tilgen. Besonders deutlich wird dies im Bereich der ehemaligen Französischen Konzession. Dort wechseln lange Straßenzüge mit Ein- und Zweifamilienhäusern inmitten von Gärten mit solchen, in denen sich europäische zwei- und dreistöckige Miethäuser aneinanderreihen. Eingefügt sind ausgedehnte Areale doppelstöckiger Miethäuser für Chinesen, die einst von einer französischen Grundstücksgesellschaft erbaut worden sind (Gellert 1962, S.

148). Wieder andere Straßenzüge sind mit chinesischen Wohnhäusern im traditionellen Stil bebaut. In den Konzessionen lebten ja, wie die Einwohnerzahlen zeigen, keineswegs ausschließlich Landesfremde, sondern in weitaus größerer Zahl Chinesen, von denen viele in den Haushalten, Büros und Geschäften der Ausländer beschäftigt waren.

Bezeichnend für das bunte Nationalitätengemisch im früheren Schanghai waren die dort nicht minder zahlreich vertretenen Religionsgemeinschaften. Neben der 1909 erbauten zweitürmigen Kathedrale mit einem dazugehörigen, an eine Abtei des 18. Jh. erinnernden klosterartigen Gebäude gab es in Schanghai 14 weitere katholische und protestantische Kirchen, 3 orthodoxe und 3 Synagogen.

Im Unterschied zu den Briten, die den englisch-indischen Bungalow nach China brachten, und den Amerikanern – man denke auch an Kanton (Guangzhou), Tientsin (Tianjin) oder das seinen Charakter als deutsche Gründung bis heute nicht verleugnende Tsingtau (Quindao) – haben die Japaner keine eigenständigen Hausformen nach Schanghai verpflanzt. Für die engen Gassen der ehemaligen Japanischen Konzession sind zweistöckige Zeilenhäuser mit offenen Läden und Werkstätten im Erdgeschoß und verglasten Veranden charakteristisch, die sich an den oberen Stockwerken entlangziehen und ohne Zwischenraum den Veranden der Nachbarhäuser anschließen. Man findet den gleichen Haustyp auch in anderen chinesischen Städten.

In der historischen Altstadt sind die Auswirkungen der neuen Zeit am wenigsten spürbar. Dort herrscht das gleiche Gedränge der Fußgänger, Lastenträger und Strassenhändler wie früher. Baulich ist der 1553 gegen wiederholte japanische Piratenüberfälle geschaffene und 1912 abgebrochene eiförmige Mauerring längst überschritten, nach Westen hin bis über die Eisenbahnlinie Schanghai-Hangzhou hinaus. Große nüchterne Mietskasernen zwingen zwar in der äußeren Chinesenstadt die Menschen zu einer ihnen bisher unbekannten Wohn- und Lebensweise, in der Altstadt aber mit ihrem Gassengewirr (ohne Kanalisation), den Imbiß- und Teestuben, dem „Tempel des Stadtgottes" (wenn er auch jetzt als Kaufhaus für kunstgewerbliche Erzeugnisse dient) und dem großartigen klassischen Yuyuan-Garten aus dem 16. Jh. lebt noch das alte China. Selbst die beiden Zickzackbrücken zu dem inmitten des benachbarten Huxin Ting-Sees gelegenen Teehaus, die bösen Geistern das Überschreiten der Wasserfläche verwehren sollen, werden hier – wie auch in anderen öffentlichen Parks – nicht als Anachronismus in einer aufgeklärten sozialistischen Gesellschaft empfunden.

Im Schanghai der Vorkriegszeit herrschte sprichwörtliche Wohnungsnot. Abertausende lebten auf Hausbooten. Trotz des Wachstums der Bevölkerung von Schanghai ist die Zahl der auf schwimmende Quartiere angewiesenen Menschen stark zurückgegangen, und die früher berüchtigten Wasser-Slums sind verschwunden. Sogleich nach 1949 begann man mit der Gründung von Arbeitervorstädten, die nicht ganz zutreffend als „Neue Dörfer" bezeichnet werden. Schon 1962 waren 34 solcher New Towns in den verschiedensten Stadtrandgebieten, besonders auch in den Industriebezirken am rechten Huangpu-Ufer, fertiggestellt (Gellert 1962, S. 148), und ihre Zahl ist weiter gewachsen. Wenn sich auch die zwei- bis vierstöckigen, billig gebauten Zeilenhäuser zu schmucklosen grauen Straßenfronten zusammenschließen und nach europäischen Begriffen an Monotonie nicht zu übertreffen sind, bedeuten sie gegenüber dem früheren Wohnungselend zweifellos einen großen sozialen Fortschritt. Zusätzlich zu diesen unmittelbar an das Stadtgebiet angegliederten Arbeitervierteln und denen in Pudong am anderen Ufer des Huangpu ist frühzeitig der Plan entwickelt worden, einen Kranz von Satellitenstädten als neue Industriestandorte in einer Entfernung von 20 – 50 km rund um Schanghai zu schaffen. Als erste dieser Satellitenstädte entstand 1959 Minhang, etwa 20 km südlich des Zentrums. Schon nach kurzer Zeit hatte die neue Stadt, die Gellert (1962, S. 148) ihrem Typ nach mit Eisenhüttenstadt in der DDR vergleicht, 130 000 Einwohner.

Schanghai ist als Handelsstadt und wichtigstes Finanzzentrum auf chinesischem Boden groß geworden. Seit Ende der dreissiger Jahre ist es Chinas bedeutendste Handels- und Industriestadt zugleich. Vor 1949 war es durch die Exterritorialität der Konzessionen und die leichte Möglichkeit von „Grenzübertritten" aus der einen in die andere polizeiliche und rechtliche Zuständigkeit ein Tummelplatz von Agenten, Abenteurern, Spekulanten, Spielern, Opiumschmugglern, Paßfälschern und unruhigen politischen Geistern. Besonders die Französische Konzession wurde dank der dort herrschenden Toleranz zu einem bevorzugten Treffpunkt chinesischer Revolutionäre. Dort wurde 1921 das Manifest zur Gründung der Kommunistischen Partei Chinas formuliert. Mao Tse-tung und Zhou En-lai haben zeitweise in Schanghai gelebt.

In der Stadt, in der Ausländer im letzten Jahrzehnt des vorigen Jahrhunderts die ersten Fabriken bauten und dann kapitalkräftige chinesische Unternehmer die Industrialisierung kräftig vorantrieben, war früher als anderswo in China eine schlecht bezahlte Arbeiterschaft herangewachsen, auf die die kommunistische Propaganda allmählich zu wirken begann. In den zwanziger und frühen dreißiger Jahren, als die Parteispitze noch glaubte, über eine proletarische Revolution nach sowjetischem Vorbild ihr Ziel zu erreichen, wurde Schanghai Schauplatz mehrerer lähmender Streiks und blutiger Aufstände (Schmitthenner 1925, S. 167). Aber im Vergleich zu dem großen revolutionären Potential der verarmten Bauernschaft erwies sich die neue Arbeiterbewegung als zu schwach, zumal ihre Führer seit 1927 von der Regierung Chiang Kai-sheks gnadenlos verfolgt wurden. Mao entschloß sich daher, seine Propagandakampagnen verstärkt auf das flache Land zu verlegen. Als sich dann dort die Unruhen ausbreiteten, schwoll während der Bürgerkriegswirren die Zahl der um Leib und Leben bangenden chinesischen Besitzbürger, die in das als „neutrales Ausland" geltende Schanghai flohen, beträchtlich an. Auch politischen Flüchtlingen aus Europa bot die Stadt zu allen Zeiten eine sichere Zuflucht: nach der bolschewistischen Revolution 1917 den Weißrussen, nach 1933 den aus Deutschland emigrierten Juden.

In Romanen, Erinnerungsbüchern, Reportagen und Filmen ist immer wieder die Zwielichtigkeit des Lebens in Schanghai, wie es sich aus der Verworrenheit der Rechtsverhältnisse ergab, dargestellt worden. Durch die Unklarheit der Kompetenzen bot die Stadt nicht zuletzt einen weiten Freiraum für die von Korruption, illegalen und kriminellen Aktivitäten lebende Unterwelt. „Schanghaien" nannte man die mit listenreichen und erpresserischen Methoden praktizierte Anwerbung von chinesischen Kulis als Matrosen oder Plantagenarbeiter in den südostasiatischen Nachbarländern. Opiumhöhlen und Spielhöllen hatten kaum behördliche Eingriffe zu befürchten, die Prostitution blühte. Schanghai kam in den Ruf eines „Sündenbabels" des Fernen Ostens. Peter Bamm hat einmal gesagt: „Die mächtigen Manager der öffentlichen Vorurteile haben die Herzensgüte in Wien, das Laster in Schanghai lokalisiert". Wer die Schattenseiten des Lebens in dieser auf der Welt einmaligen Stadtschöpfung nicht sehen wollte und sich vom Glanz der Hotels, Bars und gesellschaftlichen Veranstaltungen der europäisch-amerikanischen Oberschicht blenden ließ, sprach lieber von einem „Paris des Fernen Ostens".

Das alte Schanghai war gewiß eines der schillerndsten Gebilde, das die Endphase der Kolonialzeit hervorgebracht hat. Während es Spaniern und Portugiesen im 16. Jahrhundert noch gelang, mit ihrer Durchdringung Südamerikas und ihren dortigen Stadtgründungen zugleich die gesamten Ausdrucksformen ihrer iberischen Kultur in das Neuland zu übertragen, vermochten die Gründer des modernen Schanghai im 19. Jahrhundert nur noch Kommerz, Technik und problematische Lebensformen der europäisch-amerikanischen Zivilisation nach China zu verpflanzen. Das erklärt den zwiespältigen Charakter dieser Stadt zwischen West und Ost. E. G. Mohr, der 1932 als junger deutscher Diplomat nach China kam und 5 Jahre in Schanghai, Peking und Nanking tätig war, schildert in seinem Buch „Die unterschlagenen Jahre − China vor Mao Tse-tung" (1986, S. 35 f. und 63 f.) seine ersten Eindrücke in den Tagen der Ankunft in Schanghai und am Ende vor seiner Übersiedlung nach Peking: „Die ersten Schritte an Land auf der Hauptstraße Schanghais, der Nanking Road, waren atemberaubend. Eine konfuse Stadt bot sich dar − verwirrend, abstoßend und faszinierend zugleich: ein erregtes Völker- und Rassengemisch, bizarre Gegensätze von überquellendem Reichtum und entsetzlicher Armut. Luxushotels und modernste Warenhäuser neben elenden Chinesenbuden, protzige Autos, denen dicke, von weißrussischen Bodyguards bewachte Chinesen entstiegen, elende Bettler, Scharen von Rikschaboys, die sich die Seele aus dem Leib liefen, Kulis mit schweren Lasten auf dem Buckel, die sich mit singenden Rufen einen Weg durch den Verkehr bahnten, elegante Europäer, die offensichtlich zu Partys oder zum Cub eilten, bildschöne Chinesinnen in schicken, bis zu den Hüften geschlitzten Ischangs, überfüllte Trolleybusse, englische, italienische, japanische, amerikanische Matrosen und immer wieder Rikschas und Bettler, die den Besucher penetrant verfolgten. Ein unwahrscheinliches Chaos, und doch nur auf den ersten Blick ein Chaos, denn riesige, langbärtige Sikhs, die die Engländer aus Indien als Polizisten importiert hatten, regelten musterhaft majestätisch, wenn auch gelegentlich brutal, das wilde Getümmel". Und als er später nach Peking übersiedelte, fragte er sich: „Was war Schanghai eigentlich? Es lag in China und war doch nicht China, es war keine Kolonie und hatte doch kolonialen Charakter, es war kein Staat, hatte kein Staatsoberhaupt, kein Parlament und keine Politiker und war doch auf das beste verwaltet, es war durch den Sündenfall des Opiumkrieges geboren und hatte sich zum Vorteil Chinas aus dem Nichts zum größten Hafen Asiens entwickelt. Eine Stadt der Gegensätze und doch ein Ganzes. Am besten hätte man es als eine Art Kaufmannsrepublik definieren können, vergleichbar etwa mit dem alten Venedig. Doch es war international und wie keine andere Stadt der Welt beseelt von kosmopolitischem Geist, vom Geist des Liberalismus und der Toleranz. In gewissem Sinne ein Wunderwerk menschlichen Geistes, aber, wie alles Menschenwerk, mit Fehlern behaftet".

Die kommunistische Machtübernahme hat diesen Abschnitt der Stadtgeschichte, dem Schanghai zwar seine wirtschaftliche Vorrangstellung verdankt, der aber auch nicht zu übersehende sozialstrukturelle Fehlentwicklungen zur Folge hatte, schlagartig beendet. Schanghai ist eine solide, bürgerliche, ja kleinbürgerliche, nach dem kommunistischen Moralkodex lebende Stadt geworden. Seit dem Ende des puristisch-prüden Jahrzehnts der Kulturrevolution, zu der 1966 der „Große Vorsitzende" in Schanghai selbst das Startsignal gab, und dem Verschwinden der maoistischen Einheitskleidung geben sich die Menschen wieder freier und fröhlicher, in ihrer Kleidung individueller und modischer. Mit der 1978 vollzogenen grundlegenden Umorientierung der chinesischen Wirtschaftspolitik ist durch die Erweckung privatwirtschaftlicher Initiativen das Warenangebot reichlicher und vielfältiger geworden. Auf der Nanjinglu, der alten Nanking Road, und anderen Hauptgeschäftsstraßen gehen Frauen und Mädchen „schaufenstern", um sich dann mit der eigenen Nähmaschine zu schneidern, was ihren Gefallen gefunden hat. Man sitzt auf Bänken in den Parks oder in einem der vielen Cafés, von denen manche auf ausländische, auch deutsche Gründungen zurückgehen. Auf abendliche Stadtbummler üben die Kinos, vor denen man stets lange Schlangen von Wartenden sieht, die stärkste Anziehungskraft aus. Wer es sich leisten kann, besucht eine Aufführung in der chinesischen Oper, ein Konzert der Schanghai-Symphoniker oder ein Kabarett mit Darbietungen hervorragender Artisten und Zauberer. Für junge Leute gibt es Diskotheken und Tanzlokale mit Musik und Tänzen wie in jeder Großstadt der westlichen Welt. Man vergnügt sich bei aller gebotenen Bescheidenheit bei Bier und Coca Cola, ein paar Erdnüssen und Chips. Ein eigentliches „Nachtleben" gibt es nicht, und um 21 Uhr schließen alle Lokale. Allenfalls macht man noch einen Spaziergang im Park und fährt um Mitternacht mit einem der letzten Omnibusse nach Hause.

Das neue Bild der chinesischen Stadt

Im Gegensatz zu früheren Zeiten unterscheidet sich das tägliche Leben und Treiben in Schanghai nicht mehr wesentlich von dem in anderen chinesischen Städten. Sie alle sind Arbeitsstädte, in denen die Menschen an allen Tagen der Woche beruflich hart eingespannt sind, auch am Sonntag. Aber jeder Werktätige, ob Mann oder Frau, hat Anspruch auf einen freien Tag, den jeweils die Betriebsleitung bestimmt. Problematisch wird dies, wenn Ehepartner verschiedene Arbeitgeber haben und „ihr Sonntag" nicht auf den gleichen Wochentag fällt. Man versucht, solche Unzuträglichkeiten bei der Arbeitsplatzzuweisung möglichst zu vermeiden und ist im übrigen dabei, den Sonntag, an dem die Amtsstuben der Behörden schon seit Jahren geschlossen sind, wieder zum allgemeinen Ruhetag zu machen.

Die Folge des „chinesischen Modells" der Arbeits- und Ruhetagsregelung ist, daß zur Überraschung uninformierter ausländischer Besucher so viele anscheinend

keiner geregelten Arbeit nachgehende Menschen bereits vormittags in den zahlreichen Volksparks anzutreffen sind, auf den Bänken sitzen und ihren Kindern
auf den Spielplätzen zusehen. Die Rolle der öffentlichen Parks kann im gesellschaftlichen Leben der Chinesen, die in ihren Wohnungen außerordentlich beengt
leben müssen, gar nicht hoch genug eingeschätzt werden. Die kommunistischen
Stadtverwaltungen haben schon frühzeitig begonnen, solche innerstädtischen
Freizeiträume beträchtlichen Umfangs zu schaffen. In den ehemaligen Kaiserstädten
geschah dies ohne größeren finanziellen Aufwand durch Öffnung der Palastgärten,
in anderen Städten durch Freigabe der Parks ehemaliger Herrensitze (wie des
einzigartigen, schon 1537 von einem Mandarin angelegten Yuyuan-Gartens in
Schanghai) oder durch die Schaffung neuer Volks- und Kulturparks. In Peking,
Kanton, Changsha oder Nanning kann man solche Neuschöpfungen bewundern.
Geradezu als „Stadt der Gärten" gilt Soochow (Suzhou) am Kaiserkanal nord-
westlich Schanghais mit seinem 1522—1566 von einem hohen kaiserlichen Beamten
gegründeten Zhouzheng-Garten, dem Liu-Garten, dem Shizilin („Garten des
Löwengehölzes") und Yi yuan („Garten der Harmonie"). Diese alten, aber auch
die neuen Gärten sind nicht einfach Vergnügungsparks oder gar Rummelplätze,
sondern in bester chinesischer Tradition gestaltete Kunstgärten mit Blumenbeeten,
von Baumgruppen durchsetzten Rasenflächen, Bachläufen und Teichen. Die Ge-
wässer werden von den charakteristischen gewölbten Brücken überspannt, deren
halbkreisförmige Öffnungen sich im Wasser spiegeln und so zum Kreis, dem Him-
melssymbol, runden. Teehäuser alten Stils und Pavillons setzen malerische Akzente,
und selbst kleine Pagoden — z. B. im Märtyrerpark von Changsha mit den Namen
der Gefallenen im chinesisch-japanischen Krieg und denen der Helden der Revolution — fehlen nicht. Alle diese gestalterischen Details sind nicht nur „dekorative"
Kunst, denn der in der Philosophie des Tao wurzelnde chinesische Landschafts-
garten ist ein „Lehrgarten", der den Menschen anregen soll, über seine Umwelt und
das Wandelbare und Unveränderliche seines Lebens nachzudenken. Parks und Gärten, deren ältere sich meist hinter einer hohen Mauer verbergen, sind Oasen der
Ruhe und daher bevorzugte Stätten des auf den Ausgleich zwischen Körper und
Geist gerichteten berühmten „Schattenboxens", das übrigens keine Erfindung
Maos ist, sondern schon eine über tausendjährige Vergangenheit hat. Außer den in
würdigem Ernst versammelten Schattenboxern trifft man am frühen Morgen in den
Parks ganze Gruppen älterer Herren, die dort in kleinen Käfigen ihren Lieblings-
vogel spazierentragen, auch das eine alte Sitte. Hunde und Katzen hingegen sieht
man weder in den Parks noch auf den Straßen oder in den Höfen der Altstadt-
häuser. Sie wurden auf behördliche Anordnung als „unnütze Fresser" so gut wie
ausgerottet. Früher dienten Rudel streunender Hunde als städtische Gesundheitspolizei.

Die öffentlichen Parks erfüllen eine wichtige soziale Funktion: Sie sind die
einzig mögliche erste Begegnungsstätte für heiratswillige junge Menschen. Die
Eltern pflegen solche Treffen zu arrangieren, und besonders gegen Abend sind alle
Bänke von jungen Leuten besetzt. Aber auch für ältere Menschen und als Ziel von
Familienausflügen haben die Parks an Freizeitwert gewonnen, seit die Altstadt-
kerne, vor allem der großen Städte, in tiefgreifender Veränderung begriffen sind.

Abb. 3 Nanning, 1979
Straßenzeilen mit Häusern überkommener Bauweisen wechseln mit neuen Wohnblöcken meist noch bescheidener Höhe.

Abb. 4 Kanton (Guangzhou), 1982
Die Silhouette der Stadt wird heute völlig durch moderne hohe Flachdachbauten geprägt.

Ganze Viertel mit ebenerdigen, höchstens zweistöckigen Häusern wurden abge-
rissen, um neuen mehrstöckigen Wohnblöcken Platz zu machen. Damit verschwan-
den in den historisch gewachsenen Städten die kleinen blumengeschmückten Innenhöfe, in denen sich nicht nur tagsüber ein großer Teil des Familienlebens abspielte,
sondern in denen sich besonders in den kühlen Abendstunden die gesamte Großfamilie, oft mit Besuchern aus der Nachbarschaft, zusammenfand. Der Abriß der
engverbauten Altstadtteile brachte allerdings auch einen beachtlichen Gewinn:
Alle früheren Reisenden waren bemüht, die schmalen Gassen wegen ihrer uner-
träglichen Gerüche zu meiden. Sie hatten den Eindruck, daß ein Großteil der
städtischen Bevölkerung ständig damit beschäftigt war, ihre sorgfältig gesammelten
Fäkalien als wertvollen Dünger auf die Felder am Rande der Städte zu schaffen.
Die städtebauliche Sanierung hat zumindest die größeren Städte von dieser per-
manenten Geruchsbelästigung befreit.

Der Umzug in die neuen Mietsblöcke, die in den Großstädten eine Höhe bis über
10 Stockwerke erreichen, bedeutete für die seit Generationen in gehöftartigen,
ebenerdigen Häusern lebenden Menschen eine totale Veränderung ihrer Wohn- und
Lebensweise. Es überrascht, mit welchem stoischen Gleichmut die vom Wohnungs-
wechsel betroffene Bevölkerung ihre Umquartierung hingenommen hat. Kritische
Äußerungen gab es nur über besonders gravierende Mängel, z. B. daß Wasser und
Gas oft nicht die obersten Stockwerke erreichen oder die meist überlasteten Auf-
züge versagen. Vermißt werden kleine Grünflächen im Nahbereich. Wer einen Bal-
kon hat, kann dort Platz für die Blumentöpfe aus seinem verlorenen Innenhof
finden, aber viele der älteren Wohnsilos sind zu eilig aus dem Boden gestampft
worden und nur sparsamst mit Balkonen bedacht. In den „modernen" Wohnstraßen scheint man vor bürokratisch-nüchternem Unterbringungsdenken selbst
bescheidenste Vorgärten mit Bänken und Kinderspielecken, auch Läden und Gaststätten in Fußgängerentfernung einfach vergessen zu haben. So bleibt den Haus-
bewohnern nichts anderes übrig, als sich zum abendlichen gemeinsamen Radio-
oder Fernsehempfang mit ihren Hockern und Bambusstühlchen auf dem Bürger-
steig vor der Haustür zu versammeln oder sich am Straßenrand ein Plätzchen zu
suchen, wenn die Hitze aus den engen Wohnungen noch nicht weichen will. Aber
es gibt auch rühmliche Ausnahmen. Der Monotonie in den fünfziger Jahren ent-
standener Straßenzüge, z. B. in Schanghai oder Peking, stehen sehr ansprechende
Neubauviertel etwa in Luoyang oder Nanning gegenüber. Nanning, die Hauptstadt
der Autonomen Region Guangxi-Zhuang, ist ein herausragendes Beispiel für die
Gestaltung einer humanen Industriestadt.

Im Durchschnitt steht jedem chinesischen Städter eine Wohnfläche von 3–5 m²
zur Verfügung, in Peking sind es 4,5 m², mit dem Fernziel einer Vergrößerung auf
7 m² je Person. Wenn man sich vor Augen hält, daß die auf jeden Einwohner entfallende Wohnfläche von 1950 bis 1980 infolge des Bevölkerungswachstums laufend
kleiner statt größer geworden ist, muß man solche Planziele mit einiger Skepsis
betrachten, zumal ja gleichzeitig durch den für jeden neuen Wohnblock erforderli-
chen Abbruch von Altbauten bisher genutzter Wohnraum verloren geht. Mit 20–
30 m² Grundfläche sind die aus einem, höchstens zwei Zimmern bestehenden
Wohneinheiten in allen chinesischen Städten äußerst knapp bemessen, da sie in der

Abb. 5 Straßenzug in der Altstadt von Kanton (Guangzhou), 1982
Die Verkehrsdichte wechselt stark mit den Tageszeiten. Den motorisierten Verkehr bestreiten nahezu ausschließlich Autobusse, Lastwagen und Taxis. Die Zahl privater Autos ist noch ganz gering.

Abb. 6 Straßenzug in Sian (Xi'an), 1982
Die um die Mittagszeit leere Ein- und Ausfallstraße am Glockenturm ist morgens und abends von Radfahrerkolonnen erfüllt.

Regel nicht nur der Unterbringung einer jungen Einzelfamilie, sondern zusätzlich auch der Eltern, oft sogar der Großeltern dienen. Küche, Bad und Toilette müssen sie sich überdies mit anderen Etagennachbarn teilen. Über die Zuweisung einer Wohnung entscheidet die „Einheit", d. h. das Arbeitskollektiv, in das jeder Chinese ebenso eingebunden ist wie in seine Familie. Für die Schlichtung von Streitigkeiten gibt es Nachbarschafts- und Straßenkomitees, deren in allen Lebensbereichen spürbare Einflußnahme (Wohnungsvergabe, Heiratserlaubnis, Schwangerschafts-genehmigung, politische Schulung etc.)als unabänderliche Gegebenheit des soziali-stischen Zusammenlebens hingenommen wird. Kein Wunder, daß viele Stadtbewoh-ner die Bauern beneiden, die auf ihren Höfen ein ungebundeneres Leben führen und über erheblich mehr Wohnraum frei verfügen können. Zwar gibt es Eigentums-wohnungen mit einer geradezu „luxuriösen" Grundfläche von 30—60 m^2, aber nur Familien mit mehreren Verdienern in gehobenen Gehaltsklassen schaffen es, dafür das erforderliche Kapital anzusparen. Generell sind überdies die Städter, seit Deng Xiaoping 1978 den Bauern riet, durch privatwirtschaftliche Initiativen ihren Wohlstand zu mehren, mit den ihnen erreichbaren Löhnen und Gehältern stark ins Hintertreffen geraten. Die Bauern können sich jetzt schneller Waschmaschinen, Kühlschränke, Fernsehgeräte, Kassettenrecorder, Staubsauger oder Möbel an-schaffen als sie. Das Wohlstandsgefälle zwischen Stadt und Land hat sich umge-kehrt.

Das Zusammenleben von zwei oder drei Generationen in einem städtischen Haushalt hat bei aller Beengtheit den Vorteil, daß die Großeltern die Kinder beauf-sichtigen können, wenn Vater und Mutter abwesend sind, um ihrer Arbeit nachzu-gehen. Wo ältere Familienangehörige fehlen, um diese wichtige Aufgabe zu über-nehmen, sind die berufstätigen Eltern auf die in großer Zahl geschaffenen Kinder-krippen und Kindergärten angewiesen. Diese Sozialeinrichtungen sind personell und materiell sehr gut ausgestattet und betreuen gegen eine geringe Gebühr die Drei- bis Siebenjährigen als Tageskrippenkinder oder als Internatskinder, die nur das Wochenende zu Hause verbringen. Im Grunde genommen sind die Kinder in den geräumigen Heimen bei guter Verpflegung aus der eigenen Großküche und ständi-ger ärztlicher Betreuung besser aufgehoben als in einer überbelegten Etagenwoh-nung, denn Spielplätze in parkartigen Gärten, zuweilen auch Schwimmbecken, ge-hören zu den Horten. Träger der Kindergärten sind Stadtverwaltungen, Behörden, Betriebe und verschiedenartige sonstige Institutionen. Sie sind eine wirkliche Er-rungenschaft der Revolution, denn zuvor gab es in China nur wenige ausländische Kindergärten. Anläufe der bürgerlichen chinesischen Regierungen seit Anfang des 20. Jh. kamen nicht über Planungen hinaus.

Es wurde bereits ausgeführt, daß die Ausländerkonzessionen in den Küsten-städten zu Ausgangspunkten für die bauliche Transformation der chinesischen Städte im westlichen Sinn geworden sind. Hatte der „Bund" in Schanghai als weltstädtisches Erscheinungsbild noch „Format", so blieb in Kanton die exterri-toriale Europäersiedlung auf der nur 200—350 m breiten und 900 m langen Insel Shameen, einer ehemaligen Sandbank am Ufer des Perlflusses, ein ausgesprochenes Ausländerghetto. Dort lebten die Fremden in ihren an die Gründerzeit erinnernden Villen in Gärten mit subtropischer Vegetation, verfügten über Clubs, Schwimmbad,

Tennisplätze und Kirche. Zwischen Inselstadt und Chinesenstadt auf der anderen Seite des Uferkanals bestand nur geringer Kontakt, auch optisch nicht, denn hohe Banyanbäume schützten Shameen vor den Blicken der Außenwelt.

Der „Bund" prägte das Stadtbild Schanghais, aber Shameen hatte nicht genug Profil, um ähnlich bestimmend auf Kanton zu wirken. In Kanton verwestlichte sich das Stadtbild zwar ebenfalls, aber unter ganz anderen Voraussetzungen. Die chinesische Stadtverwaltung selbst ließ schon 1911 breite Straßen durch die Altstadt brechen und die Stadtmauer niederreißen. Dasselbe geschah 1912 in Schanghai, in Luoyang, nach 1957 auch in Peking. Bis zu diesem Zeitpunkt war die 13 m hohe und 36 km lange Mauer der Hauptstadt noch vollständig erhalten, mußte aber dann auch der neuen Stadtplanung weichen. Sian (Xi'an) und einige andere alte Städte behielten ihre Mauern dank eines nach der Kulturrevolution neu erwachten Geschichtsbewußtseins oder als Sehenswürdigkeit für den aufkommenden Fremdenverkehr.

Auf den Abbruchflächen in Kanton entstanden Mietskasernen von unvorstellbarer Monotonie und Häßlichkeit. Man hielt diese Neubauten wohl für „schön", weil sie „modern" waren und zeitgenössische europäische Vorbilder hatten. Das abschreckendste Beispiel für diese Art chinesischer Stadterneuerung ist Nanking (Nanjing), einst berühmte und wegen seiner Schönheit viel gepriesene Kaiserstadt, die während des Taiping-Aufstandes (1864) fast völlig zerstört wurde. 1928 machte sie Chiang Kai-shek zur Hauptstadt der bürgerlichen Republik China, und in einem geradezu amerikanischen Tempo nahm er den Wiederaufbau Nankings in Angriff. E. G. Mohr (1985, S. 121 f.) hat Nanking im ersten Jahrzehnt seiner modernen Wiedergeburt erlebt: „Breite Autostraßen waren mit dem Lineal nach allen Himmelsrichtungen durch die Stadt gezogen. Riesige Gebäudekomplexe für Ministerien, Büros, Kasernen und Offizierskasinos waren in kürzester Zeit emporgezogen worden und standen isoliert neben primitiven Lehmhütten und zwischen Reisfeldern. Der neue Baustil zeigte keine Spur mehr von der herrlichen chinesischen Architektur. Offensichtlich hatten sich die Architekten ein Mischmasch von Stilarten zum Vorbild genommen. Trotzdem war zu bewundern, was die Regierung Chiang Kai-sheks in wenigen Jahren auf die Beine gestellt hatte". Inzwischen verdecken schattenspendende Baumreihen an den breiten Straßen die häßlichen Fassaden der Wiederaufbauzeit. Ihre Instandhaltung läßt wie in den Neubauvierteln anderer Städte zu wünschen übrig. Fast immer hat man den Eindruck, daß nach Verbrauch der für den Neubau eingesetzten Gelder keine Mittel für Reparaturen eingeplant sind, so daß der Gebäudeverfall stetig fortschreitet.

Für die chinesische Stadt bedeutete die Hinwendung zu mehrstöckigen Bauten, vor allem solchen, die die alten Stadtmauern weithin sichtbar überragen, etwas Revolutionierendes. Bis dahin besaß die chinesische Stadt keine Silhouette. Sie war zwei-, nicht dreidimensional in ihrer Anlage. Die einzigen höher aufragenden Bauten waren die mächtigen Stadttore an den vier Seiten der gewöhnlich quadratisch oder rechteckig verlaufenden Mauer, Glocken- und Trommeltürme. Aus der Masse der dahinter gelegenen ein- oder zweistöckigen Häuser hoben sich nur da und dort ein paar Pagoden oder übereinandergestaffelte, geschwungene Tempeldächer ab. Großartige Rathäuser als Sitze einer städtischen Selbstverwaltung, repräsentative

Abb. 7 Neue Wohnbauten in Nanning, 1979
Die gut verputzten und mit Balkonen ausgestatteten sechsstöckigen Wohnhäuser unterscheiden sich wohltuend von den nüchternen Massenquartieren der frühen nachrevolutionären Zeit. Aber auch diese ansprechenden Neubauten dürfen nicht darüber hinwegtäuschen, daß jedem chinesischen Städter nur eine sehr bescheidene Wohnfläche zur Verfügung steht.

Abb. 8 Neubauviertel am Rand des Altstadtkerns von Luoyang, 1982
Der Umzug der seit Generationen in gehöftartigen, ebenerdigen Häusern lebenden Stadtbevölkerung in große Wohnblöcke bedeutete eine völlige Veränderung altüberlieferter Wohn- und Lebensweisen.

Marktplätze, Bürger- und Patrizierhäuser fehlten der altchinesischen Stadt. Die auffälligsten Gebäude waren in der Regel die massiven, feuersicheren Steinbauten der Pfandhäuser.

Der Handel spielte sich auf den Straßen und in kleinen offenen Läden ab, nicht auf freien Plätzen, denn Begriffe wie Marktgerechtsame oder Marktordnung waren unbekannt. Wo es heute inmitten der Städte große Platzanlagen gibt, sind sie für politische Demonstrationen in die Stadtkerne gebrochen worden, nicht als Marktplätze. Die Partei brauchte für ihre Selbstdarstellung solche weiträumigen „Marsfelder" ebenso wie die imposanten Bauten, die sie säumen: in Peking den 40 ha großen Tian'anmen-Platz mit der Großen Halle des Volkes im sowjetischen Monumentalstil, dem Mao-Mausoleum, dem Revolutions- und Historischen Museum. Partei- und Kulturhäuser, Regierungs- und Verwaltungsgebäude, Theater, Ausstellungshallen, Krankenhäuser, Sportstadien und neue Hochschulstädte sind an sorgfältig ausgesuchten Punkten plaziert. Soweit sie noch aus den fünfziger Jahren stammen, sind sie an der verspielten spätstalinistischen Architektur leicht zu erkennen. Die heute dem Tourismus dienenden „Freundschaftshotels" sind von den Sowjets gebaut worden und waren bis zum abrupten Ende der chinesisch-russischen Freundschaft (1959) Hauptquartiere der russischen Berater, Techniker und sonstigen Spezialisten. Neben diesen älteren Freundschaftshotels sind jedoch während der letzten Jahre in Peking, Kanton und zahlreichen anderen Städten hochmoderne Hotels entstanden, die keinen Vergleich mit solchen in Mitteleuropa zu scheuen brauchen.

Daß Flachdach-Hochbauten einen häßlichen Stilbruch in der chinesischen Stadtlandschaft darstellen, ist den Architekten bereits seit rund drei Jahrzehnten bewußt. Sie haben die Diskrepanz zwischen Alt und Neu abzuschwächen versucht, indem sie zahlreiche größere öffentliche Bauten, Museen, Hotels, Kulturpaläste usw. mit dem traditionellen geschwungenen chinesischen Dach versahen. Nach manchen in der ersten Modernisierungseuphorie begangenen Fehlern erstreben jetzt gerade die in Europa oder Amerika ausgebildeten Stadtplaner eine Lenkung des Baubooms im „Chinesischen Sinn". So scheint ihre Forderung nach einem Bauverbot für Hochhäuser im nahen Umkreis des Kaiserpalastes in Peking erfüllt worden zu sein. Man wollte verhindern, daß die ästhetische Wirkung und Harmonie der von einer roten Mauer umgebenen ehemaligen Verbotenen Stadt durch die Nachbarschaft vielstöckiger Neubauten oder gar von Industrieanlagen gestört wird. Es ist nur zu hoffen, daß die von dem chinesischen Journalisten Yen 1978 in der Zeitung Kuang Ming veröffentlichte Peking-Vision für das Jahr 1994 für immer eine Utopie bleibt. Er fühlt sich im Geiste auf einen 340 m hohen Fernsehturm versetzt, und was er dort staunend in der Tiefe erblickt, faßt er in die Worte: „O Peking! Wie verwandelt Du bist! Der Kaiserpalast sieht aus, als läge er in einem tiefen Tal — von allen Seiten ist er von 20- bis 40stöckigen Wolkenkratzern umgeben, die in Gärten stehen. Wie schön!" (Übers. v. K. Mehnert 1980, S. 152). Man kann entschieden anderer Meinung sein. Glücklicherweise hat das historische Zentrum Pekings durch die ersten großen baulichen Veränderungen, die bereits 1860 und 1900 mit dem Abbruch alter Regierungsgebäude südlich des Kaiserpalastes begannen und unter dem kommunistischen Regime fortgesetzt wurden, nicht gelitten, sondern sogar gewon-

nen. Durch den vor dem Südtor des Palastbezirks entstandenen riesigen „Platz des
Himmlischen Friedens" (Tian'anmen) wurde der Blick auf die Kaiserstadt mit ihren
weißen Marmorbalustraden und den gelben Ziegeldächern der Palasthallen in voller
Breite freigelegt.

Alle Ziegel auf kaiserlichen Bauten sind gelb glasiert. Mit blauen Ziegeln, d. h.
in der „Farbe des Himmels", war ursprünglich nur der Himmelstempel in Peking
gedeckt. Als dann in der Ära der Nationalregierung unter Chiang Kai-shek Blau zur
offiziellen Staatsfarbe erhoben wurde, bekamen auch die öffentlichen Gebäude
dieser Zeit blaue Dächer. Den Pavillon des Ende der zwanziger Jahre in Nanking
errichteten Sun Yat-sen-Mausoleums, einer gelungenen Synthese zwischen westlichen und chinesischen Stilformen, überstrahlen blaue glasierte Ziegel. Im kommunistischen China errichtete Staatsbauten sind mit grünen Ziegeln gedeckt. Seit der
Abkehr von der stalinistischen Repräsentationsarchitektur verharrt man nicht mehr
bedingungslos auf uniform modernistischen Bauweisen. Die zahlreichen Lehr- und
Wohngebäude der Schule für nationale Minderheiten in Nanning wurden z. B. im
traditionellen chinesischen Stil erbaut, sicherlich nicht ohne den Hintergedanken,
die Minderheiten von den Werten der chinesischen Kultur zu überzeugen.

Sozialgeographische Ausblicke

Während die traditionelle chinesische Stadt Verwaltungs-, Handels- und Kon-
sumentenstadt war, d. h. als Sitz einer hierarchisch gegliederten Beamtenschaft
und eines nur auf Befriedigung unmittelbarer städtischer Bedürfnisse gerichteten
Handwerkerstandes keine Güter für einen über den engeren Stadtbereich hinaus-
reichenden Handel erzeugte, sind heute die Städte Verwaltungsmittelpunkte,
Industriestandorte und Verteilerzentren. Erst durch die Industrialisierung, in der
sich wie Anfang des 19. Jh. in Europa alle Auswüchse des Frühkapitalismus wieder-
holten, verstärkte sich der Zuzug vom Lande. Damit entstanden zwei neue gesellschaftliche Gruppen: eine Arbeiterschaft und ein aus unteren und mittleren Ange-
stellten hervorgegangenes Kleinbürgertum. Da sich die industriellen Betriebe aller
Größenordnungen in planloser Streuung über die Städte verteilen, oft in Hinter-
höfen niederließen, sofern sie noch eher Werkstatt- als Fabrikcharakter hatten,
fehlen in der Regel ausgeprägte Industrieviertel. Ruß und Rauch verteilen sich entsprechend gleichmäßig über die ganze Stadt. Gegen die hochgradige Luftver-
schmutzung werden bisher keinerlei Maßnahmen ergriffen. Ausnahmen von der
Standortnorm bilden die modernen großen Industriekombinate. Das am Stadt-
rand von Peking gelegene Shoudu Eisen- und Stahlkombinat beschäftigt z. B.
über 100 000 Arbeiter und Angestellte, die in rund um den Industriekomplex erbauten werkseigenen Wohnvierteln leben. Dazu gehören Kinderkrippen, Kindergärten, Schulen, Krankenhäuser und Gaststätten. Mehrere Großbäckereien, Teig-
und Fleischwarenfabriken dienen der Versorgung der Werksangehörigen.

Im engeren Bereich der Städte gibt es jedoch keine spezifischen Arbeiterviertel,
da dort Angehörige aller Berufe in bunter Mischung miteinander in den üblichen
Wohnblöcken leben. Durch Bevorzugung des Wohnens in Betriebsnähe erübrigt
sich ein weiträumiger innerstädtischer Berufsverkehr. Die Wege zur und von der

Arbeit sind in aller Regel mit dem Fahrrad zurückzulegen, wenn dafür auch zuweilen 1–2 Stunden in Kauf genommen werden müssen. Dichte Kolonnen von Radfahrern – in Peking sollen es täglich 3 Millionen sein – nehmen in den Hauptstoßzeiten die Straßen in voller Breite ein. In gemächlichem Tempo ziehen sie, ohne daß einer den anderen zu überholen versucht, dahin. Sie bestimmen absolut das Verkehrsgeschehen, und die mühsam ihren Weg suchenden, ununterbrochen hupenden Busse und Lastautos, Karren und Pferdewagen müssen sich nach ihnen richten. Fußgänger haben kaum eine Chance, die dicht aufgeschlossenen, in 8–10 Reihen formierten Radfahrerpulks zu durchbrechen und eine der breiten Straßen zu queren. Die früher das Straßenbild beherrschenden Rikschas sind völlig verschwunden. Erst in den Außenvierteln lockert sich die Masse der Radfahrer auf. Dort erscheinen die neuen Straßen viel zu breit und leer, weil es kaum Privatautos, nur Taxis und Staatslimousinen gibt und sich erst seit jüngerer Zeit japanische Klein-Motorräder und Motorroller mit in den Verkehrsfluß mischen.

Alle Werktätigen werden von Gemeinschaftsküchen verpflegt. Frühe Versuche – ähnlich wie auf dem Lande – städtische Kommunen einzurichten, sind gescheitert. Es hätte dies die Auflösung des überkommenen Stadtgefüges in eine Vielzahl sozial und wirtschaftlich autonomer Stadtbezirke bedeutet, was aber infolge der traditionellen innerstädtischen Verflechtungen nicht möglich war. Zudem stand man vor dem unlösbaren Problem, ob diese städtischen Kommunen nach dem Prinzip des nachbarlichen Wohnens, nach administrativen Einheiten oder unter dem Gesichtspunkt des gemeinsamen Arbeitsplatzes aufgebaut werden sollten (Franke 1974, S. 1314). Geblieben ist von allen diesen Ideen nur die weltweit übliche Gemeinschaftsverpflegung in Betriebskantinen, die in China bei der üblichen beruflichen Tätigkeit beider Ehepartner und der Versorgung der Kinder in Schulen und Kindergärten den Vorteil hat, die engen Etagen-Familienküchen nicht übermäßig zu beanspruchen. Es entfallen auch weitgehend die Mühen der täglichen Lebensmitteleinkäufe, die sich praktisch auf die Beschaffung der Abendverpflegung beschränken.

Für Einkäufe stehen große staatliche Warenhäuser, Ladengeschäfte unterschiedlicher Größe und Verkaufsstände im Freien zur Verfügung. Wo im Zuge von Strassenerweiterungen, vor Bahnhöfen oder anderen öffentlichen Gebäuden platzartige Freiflächen entstanden sind, sieht man zu allen Tageszeiten Berge von Gemüse und Obst, die auf Abnehmer warten. Die gleiche Funktion erfüllen breite Durchgangsstraßen, an deren Rändern im Schatten von Baumreihen in die Stadt gekommene Bauern Kohl, Melonen, Gurken, Tomaten, Äpfel, Pfirsiche u. a. Feld- und Gartenbauerzeugnisse anbieten. Mit Fahrrädern bringen die von der Arbeit heimkehrenden Männer und Frauen ihre Einkäufe nach Hause.

Da in den Städten ein Überangebot von Arbeitskräften herrscht und daher die weitere Zuwanderung vom Land bewußt unterbunden wird, sind die Stadtrandgebiete frei von Elendsquartieren, wie sie für viele andere Entwicklungsländer so bezeichnend sind. Binnenwanderungsbewegungen waren im kommunistischen China einem mehrmaligen Richtungswechsel unterworfen. Schon in der Bürgerkriegszeit und dann nach 1949 floß ein starker Menschenstrom aus den ländlichen Bereichen in die Städte. Dieser Gewinn an Arbeitskräften kam dem industriellen Aufbau zugute. Auf der anderen Seite zog die stetig wachsende Partei- und Verwaltungsbürokratie immer mehr wirtschaftlich unproduktive Kräfte an sich, so daß Zhou En-lai schon' 1956 eine aktive Teilnahme von Parteikadern und Intellektuellen an körperlicher Arbeit in der Landwirtschaft forderte. Daraus entwickelte sich die Hsia-fang-Bewegung, in deren Rahmen unter dem Schlagwort „Hinauf in die Berge, hinunter in die Dörfer" 1958 bereits 1,3 Mill. Angehörige der Partei- und Verwaltungsbürokratie bis zu solchen in höchsten Positionen zur Feldarbeit abkommandiert wurden (Franke 1974, S. 512). Als dann nach dem Abzug der sowjetischen Experten die städtische Bevölkerung in den Jahren 1960–1962 von einer schweren Versorgungskrise heimgesucht wurde, die industrielle Produktion stagnierte und die Zahl der Arbeitslosen, besonders auch unter den jungen Mittel- und Hochschulabsolventen, stieg, erhoffte man sich wiederum von einer Verpflanzung eines Teils der „überschüssigen" Stadtbewohner auf das Land eine Lösung der Probleme. Bis Anfang 1964 wurden 40 Mill. Jugendliche von dieser Bewegung erfaßt, die schließlich 1966 in die Massendeportationen der „Großen Proletarischen Kulturrevolution" einmündete. Opfer der Kulturrevolution, die volle 10 Jahre andauerte, wurde eine ganze Generation der städtischen Jugend, die unter der Vorspiegelung, eine nationale Pflicht erfüllen zu müssen, den Kern der plündernd und mordend durch die Provinzen ziehenden Rotgardisten bildeten oder auch nur irgendwo, möglichst weit weg vom Elternhaus, zur Feldarbeit eingesetzt wurden. Sie sind die „verlorene Generation" Chinas, die, soweit sie überlebte, ohne Berufsausbildung 1976 wieder in ein normales Leben zurückfinden mußte. Seitdem ist wiederum ein Jahrzehnt vergangen. Viele der Heimgekehrten, die nicht die Chance hatten, ihre Bildungslücken zu schließen, verdienen ihren Lebensunterhalt in Tätigkeiten, die weit unter ihrem geistigen Leistungspotential liegen. Wesentlich für ihre Integrierung in das soziale Leben war die Tatsache, daß sie infolge der Kollektivierung aller Dienstleistungen und aller gewerblich-industriellen Beschäftigungen kaum Wettbewerbskämpfe zu bestehen hatten. Auf irgendeiner Ebene wurden sie in den Wirtschaftsprozeß eingegliedert. Dazu trug nicht zuletzt bei, daß es keine Konkurrenz zwischen traditionellen arbeitsintensiven Kleinbetrieben und staatskapitalistischen, neuerdings durch ein Prämiensystem und ein sogen. Verantwortungssystem geförderten Großbetrieben gibt. Beide arbeiten sogar gelegentlich eng zusammen, wenn auch das Lohnniveau der Beschäftigten sich jetzt stärker als früher zu unterscheiden beginnt.

So wie es in den Städten keine Arbeiterviertel gibt, weil die Masse der Werktätigen im Nahbereich der Betriebe wohnt, ist auch eine Viertelsbildung anderer Sozialgruppen, etwa auf der Basis höherer Einkommen, dadurch unterbunden, daß keine Möglichkeiten zum Erwerb privaten Grund und Bodens bestehen. Das Fehlen sozialdifferenzierter Stadtviertel gehört daher ebenso wie das Fehlen einer von Geschäften unterschiedlichster Branchen und von Bürohochhäusern geprägten City zum Bilde der weitgehend einheitlich strukturierten Stadt des kommunistischen China.

Was würde sich ändern, wenn bei wachsendem Wohlstadt der Privaterwerb von Autos allgemein toleriert und sich in den chinesischen Städten wie überall in der Welt (außer in Albanien) der motorisierte Individualverkehr durchsetzen würde? Noch ist dies eine mit allen ihren Konsequenzen utopische Vorstellung, vor allem wenn man an die dann notwendige Schaffung eines autogerechten Straßennetzes in den älteren Stadtteilen denkt. Verkehrsverhältnisse wie in den lateinamerikanischen Großstädten gelten als abschreckendes Beispiel. In Peking gehen die ersten größeren Straßenerweiterungen schon auf die zwanziger und dreißiger Jahre zurück. Damals wurde die ursprünglich 4 m breite „Straße des Andauernden Friedens", der Chang'an-Boulevard, der den südlichen Teil des Tian'anmen-Platzes quert, zu einer 25 m breiten Ost-West-Achse ausgebaut. Jetzt ist sie rund 40 m breit und zu einer Hauptdurchgangsstraße geworden, auf der der Verkehr seit 1979 durch Ampeln geregelt wird. Aber solche Straßenzüge in Peking und anderen großen Städten sind immer noch Einzelbeispiele. Sie sind Hauptleitlinien des innerstädtischen, noch auf einen geringen Motorisierungsgrad ausgerichteten Verkehrs und lassen nur ahnen, vor welchen Problemen die chinesischen Stadtplaner stehen.

In der Zehnmillionenstadt Peking gab es 1986 6 Mill. registrierte Fahrräder, 50 000 Motorräder, 14 000 Taxis, 5 000 Busse und eine kleine Zahl privater Autos. Rund 1 000 private Personenwagen wurden im genannten Jahr neu zugelassen, meist Kleinwagen des Typs Fiat 126 P aus der polnischen Lizenzproduktion in Peking, seit 1984 auch aus polnischen Direktimporten. Immerhin entspricht der Preis dem Einkommen eines chinesischen Arbeiters in sieben Jahren. Von den hohen Anschaffungskosten abgesehen, stellen sich einer schnellen Motorisierung des Individualverkehrs weitere Hürden in den Weg. Die Zulassung ist an den Nachweis eines eigenen Abstellplatzes oder einer Garage gebunden. Benzin ist rationiert, und die monatlich zugeteilten 50 Liter sind bei der Weitläufigkeit der Städte, dem Zwang zu großen Umwegen wegen der vielen für den Autoverkehr ungeeigneten oder nur im Einbahnverkehr zugelassenen Straßen, nicht zuletzt auch infolge des Mangels an öffentlichen Parkplätzen schnell verbraucht. So werden Fahrräder — es sollen in den chinesischen Städten insgesamt 80 Mill. sein — noch über einen längeren Zeitraum das Straßenbild beherrschen.

Mit einem ländlichen Bevölkerungsanteil von 80 % ist China ein Bauernland. Von einer bedenklichen Verstädterung kann bisher nicht die Rede sein. Hatte der auf die Stadtbewohner entfallende Anteil der chinesischen Gesamtbevölkerung 1949 erst 10,5 % betragen, so stieg er bis 1958 auf 15 % und überschritt 1982 knapp die Marke von 20 %. Die Zahlen scheinen für eine schnell fortschreitende Urbanisierung zu sprechen, aber verglichen mit dem Gesamtwachstum des chinesischen Volkes auf jetzt über 1 Mrd. Menschen haben sich die Zuwachsraten der Städte verringert: von 7 % in der Zeit vor 1958 auf 3 % um 1980. Zwar ist das Städtewachstum nicht gestoppt, aber doch gebremst, und an dieser Entwicklung haben die von der Regierung durchgeführten, unterschiedlich motivierten Verbannungsaktionen (S. 88) keinen geringen Anteil. Auch seit dem Ende der Kulturrevolution verhindern Zuzugssperren und Einwohnermeldepflicht das weitere schnelle Wachstum der urbanen Zentren. Nicht selten arbeitet der Mann in einer Großstadt, aber seine Familie erhält dort keine Aufenthaltsgenehmigung. So sind manche Ehepaare über Jahre oder ein ganzes Leben lang voneinander getrennt und sehen sich nur ein- oder zweimal im Jahr (Hieber 1983, S. 73).

In China gibt es nicht weniger als zwanzig Millionenstädte, darunter neun mit mehr als 3 Mill. Einwohnern. In 25—30 Städten leben zwischen 500 000 und

1 Mill. Menschen. Aber es fehlen in China Gebiete einer ausgesprochenen Städte-konzentration. Jede Provinz hat ihren städtischen Mittelpunkt mit einigen nachge-ordneten Zentren, in deren weiterem Umfeld jedoch die ländlichen Siedlungen überwiegen. Selbst im menschenreichen Unterlaufgebiet des Yangtse sind nur ein Drittel der Bevölkerung Stadtbewohner. Im relativ jungbesiedelten, aber in-zwischen hochindustrialisierten Nordosten — der früheren Mandschurei — hingegen ballt sich fast die Hälfte der dortigen Gesamtbevölkerung in den Städten.

Literatur (Auswahl)

Fisher-Ruge, L.: Alltag in Peking. Düsseldorf 1981

Franke, W. (Hrsg.): China-Handbuch. Düsseldorf 1974

Fraser, J.: Die neuen Chinesen. Bern-München 1982

Gellert, J.F.:   Geographische Beobachtungen in chinesischen Großstädten. Geographische Berichte (DDR) 23, 1962, S. 142–152

Handke, W.: Schanghai – Eine Weltstadt öffnet sich. Mitt. d. Inst. f. Auslandskunde, Nr. 154, Hamburg 1986.

Hieber, W.: Chinesen über China. Düsseldorf-Wien 1983

Kolb, A.: Ostasien. China – Japan – Korea. Geographie eines Kulturerdteils. Heidelberg 1963

Landeszentrale für politische Bildung und Institut für Asienkunde (Hrsg.): Shanghai, Chinas Tor zur Welt. Hamburg 1986

Mao Tun: Schanghai im Zwielicht. Berlin 1949

Mehnert, K.: China nach dem Sturm. Stuttgart 1972

–: Maos Erben machen's anders. München-Zürich 1980

Mohr, E. G.: Die unterschlagenen Jahre. China vor Mao Tse-tung. Esslingen-München 1985

Orchard, J. W.: Shanghai. Geogr. Review 26, 1936, S. 1–31

Renné, M.: China. Walter-Reiseführer. Olten-Freiburg i. Br. 1985

Ruge, G.: Begegnung mit China. Eine Weltmacht im Aufbruch. Düsseldorf-Wien 1978

Schmitthenner, H.: Chinesische Landschaften und Städte. Stuttgart 1925

–: Die chinesische Stadt. In: S. Passarge (Hrsg.): Stadtlandschaften der Erde. Hamburg 1930, unveränderter Nachdruck Hamburg 1968, S. 85–108

–: China im Profil. Leipzig 1934

Simons, S.: Ein Tag in Shanghai. Zwölf Millionen Chinesen proben Weltstadtbetrieb. In: Merian, China-Heft 1986, S. 26–39

Wickert, E.: China – von innen gesehen. 2. Aufl. Stuttgart 1982

–: Shanghai: Das Tor zum Westen. GEO, Hamburg 1985, Nr. 12, S. 14–38

Wilhelmy, H.: Die Volksrepublik China. In: Die Große Bertelsmann Lexikothek. Länder, Völ-ker, Kontinente, Bd. 3, Gütersloh 1985, S. 150–185

AKTIVE UND PASSIVE LEBENSRÄUME[1]

Von Heinrich Schmitthenner

Man hat das vergangene Jahrhundert das Jahrhundert der Naturwissenschaften genannt. In allen unseren Lebensbereichen haben Wissenschaft und Technik umwälzende Wirkung ausgeübt. Von ungeheurer Bedeutung war die fortschreitend sich steigernde Industrialisierung Europas und der Vereinigten Staaten durch die Verwendung des Dampfes, der Elektrizität, der Wasserkräfte und des Explosionsmotors und durch die damit verbundene Ausnutzung der brennbaren Bodenschätze als Kraftquellen und Rohstoffe. Zugleich hat die Anwendung wissenschaftlicher Methoden, neuer Maschinen und neuer Züchtungsergebnisse die Erträge unserer Landwirtschaft ganz wesentlich gesteigert. So gaben theoretische und technische Entdeckungen und Erfindungen den modernsten Kulturländern gleichsam eine neue Dimension des Lebensraumes, während die Anwendung der neuen Maschinen auf den Verkehr den physischen Raum schrumpfen ließ.

Mit Ausnahme der subarktisch-arktischen Inseln und der Antarktis, der Gletscherwelt der Hochgebirge, der inneren Kernwüsten und einzelner ozeanischer Inseln werden, seitdem das Menschengeschlecht sich über die Erde ausgebreitet hat, so gut wie alle Länder von einheimischen Völkern bewohnt und irgendwie ausgenutzt mit ursprünglich aus den Gegebenheiten des Landes heraus entwickelten Lebens- und Wirtschaftsmethoden. Streben nach Ausdehnung ist jedem gesunden Volke immanent, zum mindesten jedem Volke, das nicht stillsteht, sondern in fortschreitendem Kulturwandel begriffen ist. Die Wirtschaftsmethoden der einzelnen Menschengruppen sind aber verschiedenartig, schon dadurch, daß sie ihr Wohngebiet mehr oder weniger vollständig in Nutzung nehmen. Eine Ausweitung der alten Lebensräume kann durch Steigerung der Wirtschaftsmethoden und durch Einführung neuer sehr wohl gewonnen werden. Man kann auch die Lebensenge im eigenen Lande dadurch ausweiten, daß man andere Gebiete, die diese neue Dimension des Lebensspielraumes nicht kennen, entwickelt und die dort entstehende Wirtschaft mit der eigenen durchdringt und so durch Rohstoff- und Absatzmärkte in wirtschaftlichem Nutzen zu Hause neues Brot, d. h. virtuellen Lebensspielraum, findet. Daneben steht die rein räumliche Ausbreitung und Neuerschließung, die siedelnd Land in Besitz nimmt und die, von der inneren Kolonisation abgesehen, auf Kosten der von anderen Völkern besetzten, aber nicht oder nur wenig benutzten Gebiete geht.

Im Hinblick auf virtuelle und reale Ausweitung und Neuerschließung stehen sich also von aktiven und von passiven Völkern besetzte Räume einander gegenüber, d. h. diejenigen Länder, die sich ausweiten und von denen Neuerschließungen ausgehen, und die anderen, die angegliedert und erschlossen werden.

1 Aus: Heinrich Schmitthenner, Lebensräume im Kampf der Kulturen. 2. Aufl. Heidelberg 1951, S. 9–16

Um diese Unterscheidung besser treffen zu können, muß man nach einem Kennzeichen suchen. Und dieses Kennzeichen kann in einer großzügigen wirtschaftsgeographischen Typisierung gefunden werden. Man kann zunächst zwischen bodensteten und bodenvagen Völkern und Wirtschaftskulturen unterscheiden. Bodenstet sind nur die Völker des seßhaften Pflanzenbaues, und zwar vornehmlich die Völker des Pflugbaues. Bodenvag sind die Sammler, die Jäger, die Fischer, die Nomaden, d. h. die wandernden Viehzüchter und die wandernden Völker der Brandkultur in den Urwäldern. Auch die Hack- und Grabstockbauern Afrikas, Melanesiens und Amerikas sind oder waren von geringerer Bodenstetigkeit als die Völker des Pflugbaues. Die flächenhafte Verbreitung der Pflugkultur aber fällt zusammen mit der weiträumigen Verdichtung der Bevölkerung, zum mindesten in der Alten Welt. Die sich erweiternden aktiven Lebensräume sind in erster Linie die weitgedehnten Gebiete der Menschheitsverdichtung; denn nur derjenige Raum kann sich ausweiten und neue Gebiete erschließen, der nach anderen hin ein Bevölkerungs-, aber auch ein Kulturgefälle besitzt.

Dem Betrachter einer Karte der Bevölkerungsverteilung treten in drei Gegenden der Alten Welt weite Länderblöcke größter Bevölkerungsverdichtung eindrucksvoll entgegen: in Europa, in Indien und in Ostasien. Die Neue Welt hat dem nur im Osten Nordamerikas etwas Ähnliches an die Seite zu stellen. Zwar reichen hier die Dichtezahlen auf große Flächen hin kaum an diejenigen des dichtbesiedelten West- und Mitteleuropas und niemals an diejenigen Indiens und Ostasiens heran. Aber im Hinblick auf die geringe Bevölkerungsdichte in den beiden Amerika überhaupt ist der Nordosten der Vereinigten Staaten und der Südosten Kanadas von der Atlantischen Küste bis zum Mississippi und den Großen Seen ein großartiges Verdichtungszentrum in der Neuen Welt.

In all diesen großen Gebieten der Menschheitszusammenballung hat die Wirtschaft der Bewohner den ganzen Raum erfaßt und dauernd in Nutzung, so wie es ihnen mit den Mitteln ihrer Kultur möglich ist.

Die Räume der flächenhaft ausgebreiteten Menschheitsverdichtung finden sich alle nördlich des Äquators. Es sind randliche Teile an der West-, an der Süd- und an der Ostseite Eurasiens und an der Ostseite Nordamerikas, typisch nordhemisphärische Erscheinungen.

Legt man eine pflanzengeographische Karte neben die der Bevölkerungsverteilung, dann erkennt man, daß die weitgedehnten Gebiete großer Wohndichte sich in sehr verschiedenen pflanzengeographisch-klimatischen Zonen ausdehnen. Aber sie haben eines gemeinsam, sie reichen aus feuchteren Gebieten ursprünglicher Waldländer der gemäßigten Zone, der Subtropen und des Tropengebietes bis an den Rand der Steppen- und Wüstengürtel.

Im Bereiche des großen altweltlichen Kontinentalblocks, der Afrika nördlich des Guineagolfes, Europa und Asien umfaßt, sind um und zwischen diesen Räumen die dünn bewohnten Gebiete alles Länder, die anökumenisch oder schwer zu besiedeln sind. Im Norden sind es die subarktische Tundra- und Waldzone am Kälterand des Bewohnbaren, die Waldländer des nördlichen Ostasiens und die tief ins Innere Asiens sich hineinziehenden nordischen Waldländer gemäßigten Klimas. In der Mitte des Kontinentalblocks zieht die Steppen- und Wüstenzone von der Atlanti-

*schen Küste bis in die nördliche Gobi, große unbewohnbare Trockeninseln um-
schließend. Dieser riesige Trockenraum trennt das europäische von dem indischen
und ostasiatischen Verdichtungsgebiet der Menschheit. Im Südosten sind die feuchten Urwälder der hinterindischen Gebirge und das tibetanische Hochgebiet wenig
bewohnte Länder, die sich zwischen Indien und Ostasien einschieben.*

*Im Norden der Neuen Welt, in Nordamerika, sind die dünn bewohnten Länder
gleichfalls der arktische und subarktische Norden, die nordische Waldzone und
die Steppen und Halbwüsten im Innern und in den Gebirgen des Südwestens. Erst
im Westen der Vereinigten Staaten und Kanadas, an der pazifischen Küste und im
subtropischen Hochlande von Mexiko tritt uns wieder dichtere Besiedlung entgegen.*

*In den Südkontinenten der Alten und der Neuen Welt liegen die Verhältnisse
ganz anders. Im Bereiche Afrikas südlich der Sahara, in der ostasiatisch-australi-
schen Inselwelt und in Australien sind natürlich auch die Trockengebiete menschenleer, und dünn besiedelt sind auch die zusammenhängenden Flächen tropischen
Urwaldes. Es gibt hier trotz des dicht bewohnten Nigeriens und einiger anderer
afrikanischer Länder und einzelner übervölkerter Inseln in Südostasien aber keine
Großräume flächenhaft ausgebreiteter Volksdichte, die mit den obengenannten
verglichen werden könnten, und die in breitem Zusammenhang aus Waldländern
bis an die offenen Trockenlandschaften heranreichen.*

*Ähnlich ist es auch im tropischen und südlichen Amerika. Zwar sind die west-
indischen Inseln ähnlich dicht bewohnt wie einzelne Sundainseln, und auch in
Mittelamerika gibt es kleine dichtbewohnte Landschaften. Aber gerade hier steht
oft unmittelbar daneben der unbewohnte Urwald. Menschenleer sind in Südamerika
die Steppen- und Waldländer im kalten Süden, menschenarm die Urwälder des
Amazonasgebietes, aber auch die Savannen und Steppen im Innern und die Wüsten
der Hochgebirge und an der Westküste. Nur an der Ostküste des Erdteils, von der
Amazonasmündung südwärts bis über den La Plata hinaus, sitzt die Bevölkerung
dichter in einem Streifen, der durch die verschiedensten klimatischen und pflanzen-
geographischen Zonen hindurchzieht, durch tropische Savannen und Buschland an
der brasilianischen Nordküste, durch tropische Urwälder im Luv der Passate, durch
den gemischten Laub- und Nadelwald des schon mehr gemäßigten Südbrasilien bis
zu den weiten, offenen Graslandschaften der Pampa. Aber dieser Streifen ist weder
so dicht bewohnt, noch ebenso zusammenhängend wie das große nordamerikanische Gebiet der Menschheitsverdichtung. Ein der Alten Welt fast wesensfremder
Zug ist der Menschenreichtum einzelner tropischer Gebirgsländer in Venezuela,
Kolumbien, Ecuador und Peru. Wie die Westküste Nordamerikas zeigt auch diejenige Südamerikas dichtere Besiedlung, die allerdings in den langgestreckten
Küstenwüsten aussetzt und erst wieder im Winterregengebiet Südchiles beginnt.*

*In den großen Südvorsprüngen der alten Erdveste und im Süden der Neuen
Welt ist zwar ein Zusammenhang zwischen der Bevölkerungsverteilung und kli-
matisch-pflanzengeographischen Tatsachen abzulesen. Aber zu einer weitgedehnten,
flächenhaften Dauernutzung eines Großraumes und damit zu einem südhemis-
phärischen Zentrum großer Verdichtung der Wohnbevölkerung ist es nicht gekommen.*

Die Zentren der Menschheitsverdichtung sind Gebiete der Pflugkultur. Die Pflugkultur ist im Norden der Alten Welt entstanden und erst spät und teilweise nur abgewandelt in Negerafrika, in Australien und in den beiden Amerika eingedrungen. Es macht sich ein historisches Element geltend, aus dem allein die Verbreitung der großen, flächenhaften Verdichtung der Wohnbevölkerung zu verstehen ist. Europa, Indien und Ostasien sind Gebiete selbständiger Hochkulturen, und wir werden noch erkennen, daß auch der Osten Nordamerikas ein selbständiges Kulturreich geworden ist. Das Verhältnis der Besiedlung der Erde und der Art, wie neuer Lebensraum erschlossen und genutzt wird, kann nur von den großen Kulturen her gewonnen werden. Wir müssen daher noch eine dritte Karte betrachten und neben die anderen legen, die Karte der Hochkulturen.

Das europäische Gebiet der Menschheitsverdichtung zerfällt kulturell in die westeuropäische und in die russische Welt. Keine passive, dünn besiedelte Zone trennt die beiden. Sie grenzen unmittelbar aneinander. Die russische Welt legt sich zwischen das eigentliche Europa und die Gebiete passiver Völker Nord- und Innerasiens. Indien und Ostasien mit ihrer Menschenfülle sind gleichfalls selbständige Kulturgebiete, die durch das oben erwähnte hinterindische Gebirgswaldland voneinander getrennt sind. Westeuropa, Indien und Ostasien reichen an die offenen Meere heran. Die russische Welt aber ist kontinental. Sie hat in ihrem alten Kerngebiet nur im Norden eine im Winter eisverschlossene Küste. Die Murmanküste und die russischen Schwarzmeergestade gehören schon in den Ausweitungsbereich der russischen Kulturwelt, und noch in viel höherem Maße ist dies mit den Küsten Rußlands in Nord- und Ostasien der Fall. Die russische Welt ist der nördlichste und binnenwärts gelegenste Raum einer Hochkultur. Einen Schritt südlicher und durchaus ozeanisch liegt Westeuropa. Vom gemäßigten bis gerade noch ins tropische Klimagebiet hinein reicht der ostasiatische Kulturraum. Indien aber am Südrande Asiens ist das tropische Hochkulturgebiet.

Neben diesen vier altweltlichen Hochkulturen müssen wir aber noch eine fünfte stellen, den Orient, dessen uralte Kulturländer im westlichen Teile des großen Trockengürtels und seiner Ränder liegen und sich vom westlichen Zentralasien und dem Westen des Indischen Ozeans bis an den Atlantischen Ozean erstrecken. Hier fehlt aber die über weite Flächen hin ausgebreitete Verdichtung der Wohnbevölkerung, wenn auch in einzelnen Landschaften, wie etwa in Ägypten, die Menschen sich ungeheuer drängen. Menschenleere Wüsten und von der nomadischen Wirtschaft nur schwach genutzte Steppen legen sich trennend dazwischen. Hier konnte niemals etwas Ähnliches eintreten wie im Abendland, in Osteuropa, Indien und Ostasien. Aber gerade hier hat sich die höhere Kultur mit am frühesten entwickelt. So ist auch der Orient als Ganzes ein Gebiet der Hochkultur, und wir müssen auch bei ihm die Fähigkeit, sich auszuweiten und neue Gebiete zu erschließen, vermuten. Im Norden nimmt die orientalische Kulturwelt teil an der Küste des Mittelmeeres und an den Steppen gemäßigten Klimas. Im Westen reicht sie in Nordafrika an den Atlantischen und im Süden an den vom Monsum beherrschten Nordwesten des Indischen Ozeans. Das Rote und das Persische Meer sind Ingressionen im Bereich der Ländermassen von orientalischer Kultur.

Die ursprünglichen Hochkulturen der Alten Welt sind alle außerhalb der inneren Äquatorialzone in der nördlichen Kontinentalmasse Eurasiens entstanden. Sie sind durch die Wüsten und vor allem durch den westlichen Urwaldkern Afrikas und durch die Urwälder der ostindischen Inseln bis in die Neuzeit hinein von einer stärkeren Durchdringung des westlichen und östlichen Südflügels der altweltlichen Festlandsmassen ferngehalten worden. So kommt es, daß in den beiden ostwestlichen Südkontinenten Zentren alter Hochkultur fehlen. Die südlichen Riesenvorsprünge der östlichen Erdveste gehören als Ganzes zu den passiven Räumen kolonialer Entwicklung.

Amerika ist durch den Ozean von der Alten Welt und ihren Kulturherden abgesondert. Die kulturelle Entwicklung blieb fast ganz auf sich gestellt, auch abgerückt von den diffusen Ausbreitungen von Kulturgütern, Gedanken und Krankheiten, die in der Alten Welt bis nach Südafrika und bis nach Melanesien und abgeschwächt auch bis nach Polynesien hineinwirkten. Das vorkolumbianische Amerika kannte in seiner Landwirtschaft weder den Pflug noch die Arbeitstiere, und technisch hatten es die indianischen Völker nirgends von sich aus bis zum Eisen gebracht. Die einheimischen Hochkulturen der Neuen Welt in Mexiko, in Mittelamerika und in den tropischen Andenhochländern standen daher auf einer ganz anderen technischen und wirtschaftlichen Basis als die Hochkulturen der Alten Welt. Sie liegen in und um die tropischen Hochländer in schmalen Streifen von der nord- bis zur südäquatorialen Trockenzone. In den einzelnen Kernen der alten Kultur saß die Wohnbevölkerung recht dicht; aber diese Zellen waren nicht sehr ausgedehnt. Noch heute wirkt der Menschenreichtum der alten amerikanischen Kulturen in der guten Besiedlung jener Länder nach. Auch haben die amerikanischen Kulturen in der Geschichte der Kolonisation der Neuen Welt eine große Rolle gespielt; aber sie sind dem übermächtigen Ansturm der Spanier erlegen und seit 400 Jahren in kolonialen Neubildungen des Abendlandes untergegangen.

In den beiden Amerika herrschen heute aus dem europäischen Abendland übertragene Kolonialkulturen. Sie sind von außen gekommen und haben passive Räume ergriffen und mehr oder weniger durchdrungen. In spanischer, portugiesischer und vor allem in angelsächsischer Prägung hat sich die abendländische Kultur über dem Atlantischen Ozean festgesetzt und ausgebreitet. Dieser Vorgang ist nicht abgeschlossen. Nur in schrägem Vis-à-vis zu Europa im Osten der Vereinigten Staaten und im Südosten Kanadas ist, wie oben erwähnt, über einen großen Raum hinweg eine wirklich große Verdichtung der Bevölkerung zustande gekommen; denn hier fanden die Auswanderer des Abendlandes klimatisch die besten Bedingungen. Natürlich spielt auch die Nähe zum abendländischen Kulturbereich mit; sie ist sogar der wichtigste Grund für die dichte Besiedlung des östlichen Nordamerika. Auch der Streifen dichterer Bevölkerung an der brasilianischen Küste ist hierin begründet. In der Pampa, in Südbrasilien, in Mittel- und Südchile fanden die europäischen Auswanderer wieder klimatische Verhältnisse, die ihrer Heimat ähneln. Jedoch zu einer Verdichtung der Wohnbevölkerung wie im Osten Nordamerikas ist es in den fern abliegenden Räumen nicht oder noch nicht gekommen. Es wird noch zu zeigen sein, daß Südamerika mehr im Kolonialen hängenblieb, trotz seiner mehr als hundertjährigen Unabhängigkeit von den Mutterländern, daß aber in Nordamerika ein eigenständiges, aktives Kulturgebiet, das Neue Abendland, entstanden ist.

Aus dem Bereiche der großen Hochkulturen zielen Bevökerungsdruck, wirtschaftliches und kulturelles Gefälle in die dünn bewohnten passiven Räume. Jede der Hochkulturen hat ihr eigenes, ihr durch Lage und Naturausstattung gleichsam schicksalsmäßig zugeteiltes Ausweitungsgebiet. Im Osten der russischen Kulturwelt, rings um das von Menschen wimmelnde Ostasien, im Süden und auch im Norden des Orients und Indiens liegen dünn bewohnte passive Räume. Nur das Abendland ist durch die russische Welt und durch den Orient von diesen Gebieten abgeschnitten. Aber Europa ist seit dem Entdeckungszeitalter die Herrschaft über den Ozean zugefallen. Es hat die Wasserräume gemeistert und über sie hinweg und mit ihrer Hilfe sein Ausweitungs- und Erschließungsgebiet über den größten Teil der Erde hinweg finden können. Es ist in die Kerngebiete der Hochkultur des Orients und Indiens eingebrochen und hat diesen Kulturwelten ihre alten Ausweitungsräume streitig gemacht. Über dem Atlantischen Ozean ist ihm die Neue Welt zugefallen, und in der Alten hat es die beiden südlichen Pfeiler Afrika und Australien erfaßt. Das neuabendländische Kulturgebiet, das über dem Altantischen Ozean entstand, hat sich im Bereiche der abendländischen Raumausweitung entwickelt, alte koloniale Ansätze aufschmelzend und in neue Räume vorstoßend. Das ganze Innere, der Westen und der Norden Nordamerikas sind sein natürliches Ausweitungsfeld.

Die Besiedlung und Ausnutzung des Lebensspielraumes der Erde vollzieht sich im Kampf der Kulturen, die ihren Lebensraum behaupten oder zurückgewinnen wollen und nach Erweiterung streben. In der Alten Welt entspringt dieser Kampf einem urtümlichen Gegensatz verschiedener Grundgestaltungen der menschlichen Hochkultur. In der Neuen ruht er auf einer anderen Basis: auf den Gegensätzen abendländischer Kolonialkultur und abendländischer Ausweitungstendenzen zu denjenigen des über das Koloniale hinausgewachsenen Neuabendlandes.

SCHMITTHENNERS LEBENSRÄUME UND DIE KULTURERDTEILE

Von Albert Kolb (Hamburg)

Heinrich Schmitthenner kündigte 1938 sein Buch über „Lebensräume im Kampf der Kulturen"[1] in Form einer Selbstanzeige in der Geographischen Zeitschrift mit folgenden Sätzen an:
„Dieses Buch ist ein Ergebnis langjähriger Studien während meiner Tätigkeit am kolonialgeographischen Seminar der Universität Leipzig (1928/1936). Der äußere Anlaß zu seiner Niederschrift war die Aufforderung des Vorsitzenden des Deutschen Geographentages (Ludwig Mecking), auf der Tagung in Jena im Oktober 1936 zu dem Thema „Ausweitung und Erschließung von Lebensräumen" zu sprechen. Damals konnte nur ein Auszug aus dem ersten Teil dieses Buches gegeben werden.
Ich habe in dem vorliegenden Band versucht, *die Ausfüllung der Lebensräume mit Menschen und Wirtschaft von den großen Kulturen her zu sehen und zu zeigen, wie jede von ihnen ihren eigenen Pionier- und Kolonialgürtel hat*[2] und wie von hier aus Wirtschaft und Besiedlung in die kulturschwächeren und dünner besiedelten Länder eindringt. Dabei habe ich mich bemüht, ein übersichtliches Bild von der Besiedlung der Erde in den letztvergangenen Zeiten und damit einen brauchbaren *Beitrag zur Geographie der Besiedlung*[2] zu geben.
Die Einleitung stellt aktive und passive Lebensräume und Kulturen einander gegenüber. Im ersten Teil werden zunächst die fünf altweltlichen Kulturen betrachtet: das Abendland in knapper Übersicht, dann die osteuropäische Kultur, der Orient, Indien und Ostasien und ihre Durchdringungsgebiete. Schließlich werden Schwarzafrika und Australien als Ausweitungsbereiche und Durchdringungsgebiete der abendländischen Kultur charakterisiert. Der zweite Teil behandelt die Neue Welt und deren Erschließung und Durchdringung durch die Völker Europas, die in Nordamerika ein zweites Kerngebiet der Kultur, das Neue Abendland, schufen, in Mittel- und Südamerika aber — stärker in kolonialer Bindung verharrend — die lateinamerikanischen Völker und Staaten werden ließen.
Mit der Durchdringung der passiven Lebensräume entstand unter abendländischer und neuabendländischer Führung eine immer engere Verbindung der Menschheit. In den alten Kulturen aber wurden dadurch wieder neue Energien geweckt. Die trennenden Länderweiten verschwinden. Die Kulturen rücken einander näher, begegnen sich rivalisierend in ihren Ausweitungsgebieten und treffen sich als Konkurrenten auf den Märkten der Welt . . . Neue Fronten sind in der Bildung be-

---

1 Schmitthenner Heinrich: Lebensräume im Kampf der Kulturen. Leipzig 1938.
2 Hervorhebung durch Kolb.

griffen. Daher endet das Buch in einer Zusammenfassung und in einem Ausblick auf die letzten großen Fragen der Besiedlung der Erde und deren Tragfähigkeit an menschlichem Leben."[3]

In wenigen Jahren war das Buch „Lebensräume im Kampf der Kulturen" vergriffen. Es wandte sich ja nicht nur an die Fachwelt. Doch erst nach dem Ende des zweiten Weltkrieges ließ sich Schmitthenner zu einer neuen Auflage drängen. Sie erschien 1951[4] und anschließend 1953[5] in französischer Übersetzung. Das Buch hatte an Umfang um ein Viertel dazugewonnen. Doch die erdumgreifende kulturgeographische Fragestellung nach dem Vorgang der Besiedlung der Erde unter der Dominanz der von den Kernräumen der aktiven Kulturen ausgehenden expansiven Kräfte hatte sich nicht geändert und damit natürlich auch nicht der Titel. Dazu sagte Schmitthenner im Vorwort der zweiten Auflage 1951: „Zur Änderung des Titels besteht kein Anlaß. Mit dem Wort Lebensraum hat der Nationalsozialismus wohl Mißbrauch getrieben; aber daran ist das Wort unschuldig. Es wird schon von Goethe gebraucht. Geographie und Biologie haben ihm dann wissenschaftlichen Inhalt gegeben. Und das Wort Kampf als militaristisch zu bezeichnen, wäre töricht. Kampf ist ein Zustand, der in allem Leben Tatsache ist und hat keinen ethischen Inhalt."

Schmitthenner hat „kein politisches, sondern ein geographisch-wissenschaftliches Buch geschrieben". Das hinderte freilich den Rezensenten in der Frankfurter Allgemeinen Zeitung nicht daran, es als „geopolitisches" Machwerk abzutun. Das zeigt freilich nur, daß dieser „Experte" von wissenschaftlicher Geographie ebensowenig eine Ahnung hatte, wie von der Ablehnung der unwissenschaftlichen Geopolitik durch Schmitthenner und von dessen ungetarnter Gegnerschaft zum Nationalsozialismus. Ich kann mir dieses Urteil erlauben, zumal ich jahrelang an der Seite Schmitthenners als Assistent und Dozent gearbeitet und das Werden dieses epochalen kulturgeographischen Werkes miterlebt habe. Nebenbei sei außerdem bemerkt, daß die nationalsozialistische Reichsschrifttumskammer ein Manuskript Schmitthenners über Großraumbildungen konfiszierte, weil es „dem Totalitätsanspruch des Staates und seiner Machtphilosophie die Priorität der kulturprägenden Kraft der Bevölkerung"[6] entgegenstellte.

Der Weg zu den Lebensräumen im Kampf der Kulturen

Schmitthenners Weg zum „Lebensraumgeographen" führte über Berlin. Er hatte zwar sein Studium in Heidelberg begonnen, wo der Geologe Wilhelm Salomon-Calvi ihn begeisterte und der „instinktsichere" Hettner ihn den Weg zur Geographie finden ließ. Natürlich hörte er in Heidelberg auch bei dem Kultur- und Wirtschaftshistoriker Gothein sowie bei den Wirtschafts- und Sozialwissenschaftlern Alfred und Max Weber. Aber entscheidend für sein kultur- und wirtschaftsgeographisches

3 Schmitthenner, Heinrich: Selbstanzeige in Geogr. Zeitschr. 44, 1938, S. 475.
4 Heidelberg 1951.
5 Les espaces vitaux et le conflit des civilisations. Übers. von L. Mengin-Lecreulx. Paris 1953.
6 Plewe, Ernst: Heinrich Schmitthenner 3.5.1887 – 18.2.1957. Eine Würdigung zum 70. Geb. Marburg 1957. S. 15. (Marburger geograph. Schriften.7).

Denken wurde wohl sein dreisemestriger Studienaufenthalt an der Universität Berlin. Er war auf Empfehlung Alfred Hettners zur Förderung seiner geomorphologischen Ausbildung zu Albrecht Penck nach Berlin gegangen. Doch die Persönlichkeit, die ihn wissenschaftlich und persönlich geradezu faszinierte, wurde dort der Wirtschaftsgeograph Eduard Hahn, dem wir grundlegende Arbeiten über die Entwicklung des Ackerbaues, über die Entstehung des Pflugbaues mit Hilfe des Rindes als Arbeitstier, über das Alter der wirtschaftlichen Kultur der Menschheit und über die Weltwirtschaft am Ende des 19. Jahrhunderts verdanken.

Die Anregungen, die ihm der geistvolle Denker Eduard Hahn mit auf den wissenschaftlichen Lebensweg gegeben hat, sind bei ihm auf fruchtbaren Boden gefallen. Sie tauchten in den nachfolgenden Diskussionen mit Alfred Hettner und auf den nach der Promotion durchgeführten gemeinsamen Reisen nach Tunesien und Algerien (1912) sowie nach Nord-, Ost- und Südostasien (1913) sicherlich immer wieder auf. Eine Frucht dieser Reisen, der anregenden Beobachtungen und der langen Diskussionen wurde dann nach dem Ende des ersten Weltkrieges und Schmitthenners Habilitation (1919) eine mit Hettner gemeinsam abgehaltene Vorlesung unter dem Titel: „Der Gang der Kultur über die Erde". Aus dieser Vorlesung ging das gleichnamige Buch Alfred Hettners hervor, das dann zwei Auflagen erlebte und eine Art Propädeutik der „Lebensräume im Kampf der Kulturen" darstellt.

Auch aus der ersten Vorlesung, die ich bei Alfred Hettner hörte, leuchteten die großen Kulturreiche der Erde heraus. Das Thema lautete: „Die Bevölkerung der Erde, Weltwirtschaft, Weltverkehr und Weltpolitik". Seine geistreichen Ausführungen und sein ständig gegenwärtiger Blick über die ganze Erde führten mich damals (1927) zu dem Entschluß, Geographie zu studieren.

In den Jahren nach dem ersten Weltkrieg hat sich Schmitthenner außer seinen morphologischen Untersuchungen vor allem der Auswertung seiner Reisebeobachtungen aus der Vorkriegszeit gewidmet und mit der Durcharbeitung einer umfangreichen Literatur beschäftigt. Das Ergebnis waren die zwei Werke: „Algerien und Tunesien" (1924) sowie „Die chinesischen Landschaften und Städte" (1925). Die beiden Atlasländer werden als französisch-kolonial überformte Gebiete gezeichnet, während das Chinabuch in 20 Einzelbildern Landschaft, Mensch und Wirtschaft Ostchinas in seiner fremdbeeinflußten Dynamik durchleutet. Einzelne Kapitel dieses Buches muß man − ebenso wie seinen früheren Aufsatz über „Die Japanische Inlandsee" (1921) − als Klassiker unseres Faches verstehen.

Der Ruf des Fernen Ostens Eurasiens, der fremdartigsten Kulturwelt, die Schmitthenner kennenlernte, ließ ihn nicht mehr los. Ihr galt seine 1925/1926 unter schwierigen Bedingungen durchgeführte einjährige Forschungsreise nach dem in tiefer sozialer Gärung befindlichen und sich aus der halbkolonialen Verstrickung lösenden China, in das aber auch bereits ferne Wellen der sowjetischen Revolution brandeten.

Für Schmitthenner brach bald nach seiner Rückkehr in die Heimat ein neuer Lebensabschnitt an. Er übernahm als Nachfolger von Hans Meyer die Leitung des kolonialgeographischen Seminars der Universität Leipzig (1928). Sein Lehrauftrag lautete auf Kolonialgeographie. Die ursprünglich damit verbundene Kolonialpolitik ließ er bezeichnenderweise streichen.

Hier in Leipzig begann für ihn eine fruchtbare Zeit. In schneller Folge erschienen nun seine Aufsätze: Die japanische Expansion und Kolonisation in Ostasien (1928), Der geographische Typus der chinesischen Kolonisation (1929), Die chinesische Stadt (1930) und Die Typen der Kolonialgebiete (1932). Das fesselnde Buch „China im Profil" (1934) läßt in seinem ersten Drittel zusammen mit den zuvor erschienenen Aufsätzen über die japanische und chinesische Kolonisation ebenso wie der Inhalt seiner Vorlesungen und Seminare das Heraufkommen seiner „Lebensräume im Kampf der Kulturen" ahnen.

Schmitthenners Ostasiatische Kulturwelt (1951)

Um was es Schmitthenner bei der Behandlung der von ihm unterschiedenen zehn Kulturwelten der Erde geht, zeigt wohl am besten das große Kapitel über Ostasien. Sein verkürzt und auszugsweise im folgenden wiedergegebener Inhalt soll Schmitthenners wissenschaftliches Ziel deutlich machen. Ich lasse mich dabei von seinem wissenschaftlichen Weg führen und verwende auch seinen Text.

Der fünfte Kulturraum der Alten Welt ist Ostasien. Sein Kerngebiet liegt am mittleren Festlandrand der Ostseite Asiens und auf dem davor sich hinziehenden Streifen von Halbinseln und Inseln. Es zerfällt in die Länder China, Korea und Japan und ist sowohl auf dem Kontinent wie im maritimen Aussenraum von Ländern geringer Besiedlung und niedrigerer Kultur umgeben. Der kulturelle Kern tritt nirgends unmittelbar mit dem Kerngebiet einer der anderen altweltichen Hochkulturen in Berührung. Etwas wie eine Kampffront zwischen der ostasiatischen und den anderen Hochkulturen hat sich infolgedessen erst spät und nur im Ausweitungsbereich der Kulturräume entwickelt.

Dank seiner Grenzlage zu lauter passiven Räumen ist der ostasiatische Kulturbereich von jeher eines der Zentren kultureller Ausbreitung gewesen. Sein Kerngebiet reicht vom kühlgemäßigten Klima der nordjapanischen Inseln bis in den Saum der Tropen im fernen Süden und vom östlichen feuchten Monsunrand des Kontinents bis an die Steppen, Wüsten und Halbwüsten Zentralasiens. In ihm können so gut wie alle landwirtschaftlichen Produkte erzeugt werden. Außerdem birgt der Boden auf dem Kontinent große bergbauliche Schätze.

Die ostasiatischen Kulturvölker bilden das größte Zentrum der Menschheitsverdichtung. In grauer Vorzeit entwickelte sich in der nordchinesischen Tiefebene und im Lößland eine ackerbauende, sich flächenhaft ausbreitende Kultur. Zu Beginn unserer Zeitrechnung waren schon Nord-, Mittel- und Südchina in der chinesischen Kultur aufgegangen, und chinesisches Wesen hatte Korea durchdrungen sowie nach Süd- und Mitteljapan ausgestrahlt.

Auf dem ostasiatischen Festland wurden die von der Kultur ergriffenen Völker zu Chinesen. Ihre Wohngebiete wuchsen zum chinesischen Kernland der achtzehn Provinzen zusammen. Nur in den räumlich besser abgegliederten Ländern Korea und Japan entstanden selbständige Nationen ostasiatischer Kultur. Auch Tonking und Annam muß man hierher rechnen.

Seit uralter Zeit kennt China Übervölkerung. In seinem geographischen Blickfeld war es die einzige Prägung höherer Gesittung. In einem riesenhaften Aufschmelzungsprozeß der eingeborenen Bevölkerung wuchs das Chinesentum in stetiger, bäuerlicher Anwachskolonisation, unabhängig von jeder staatlichen Lenkung, in die für die Ackerkultur geeigneten freien Gebiete des mittleren und südlichen Ostasien.

Chinas große Fähigkeit, Neuland zu gewinnen und zu erschließen, liegt in erster Linie in der Kraft des wuchernden Volkskörpers. Nur an seiner innerkontinentalen Front spielt der staatliche Machtfaktor eine größere Rolle. Denn jenseits der Trokkengrenze zu Innerasien, in den Wüsten, die von Steppengebirgen und Oasenketten an ihrem Fuße unterbrochen sind, hat der chinesische Bauern-Siedler keine Bedeutung mehr und ebensowenig in dem kalten höheren Tibet. Hier im Westen war es eine politische Lebensaufgabe des alten China, die meist in nomadischer Viehzucht genutzten innerasiatischen Weiten sich politisch anzugliedern und zu überwachen, um die Bewegungen der einst so kriegerischen Völker zu beherrschen. In Tibet, im Tarimbecken und in der Mongolei hat noch mehr als der chinesische Beamte der chinesische Händler und Kaufmann — unterstützt von schwachen Garnisonen — den Einfluß Chinas ausgebreitet. Lange Zeit standen sich in den passiven zentralasiatischen Räumen des Kontinents die Ausweitungsbestrebungen der ostasiatischen, der osteuroäischen (Mongolei, Tannu Tuwa, Sinkiang) und auch der abendländischen Kulturwelt — von Indien her — rivalisierend gegenüber.

In Schmitthenner's Text schließt sich an die Untersuchung Innerasiens die Darstellung des Ausgriffes der chinesischen Kultur nach Yünnan, Tonking und Annam an sowie die Behandlung der flaggenlosen transmaritimen Wanderungen chinesischer Kaufleute, Händler und Arbeiter vom südöstlichen Kontinentalrand Chinas in die Länder Südostasiens mit den damit verbundenen Folgen.

Mit unnachahmlicher Prägnanz schildert Schmitthenner dann die Umwandlung der Mandschurei in chinesischen Volksboden. Er schreibt:
„Die großartigste und folgenschwerste Ausweitung der chinesischen Menschheit ist aber nach Norden gerichtet in die großen und sehr entwicklungsfähigen Gebiete der Mandschurei und der Amurländer. Dem Vordringen der osteuropäischen Kulturwelt in diesem Raume hatte der chinesische Staat wenig Widerstände entgegenzusetzen vermocht. In der Auseinandersetzung der osteuropäischen und der ostasiatischen Kultur ist nicht China, sondern Japan der handelnde Teil gewesen. Aber die wirkliche Eingliederung dieses großen Raumes durch Ausfüllung des neuen Lebensspielraumes ist die Leistung der Chinesen. Die steppenhaften Gebirge nördlich der chinesischen Ebene waren ursprünglich von mongolischen Wanderhirten bewohnt. Erst seit dem 17. Jahrhundert hat sich die chinesische Siedlung hier im Dscholgebiet durchgesetzt. Aber in der südlichen Mandschurei, in der Liauhoebene, die als Fortsetzung der nordchinesischen Tiefebene angesehen werden kann, hat das Chinesentum schon seit vielen Jahrhunderten eine Brücke nach Korea geschaffen, während die Nordmandschurei vom chinesischen Kultureinfluß lange Zeit ziemlich unberührt blieb.

Die alten Staatenbildungen in der Mandschurei waren vom chinesischen Kultureinfluß getragen, standen aber stets vor der Gefahr erobernder Einfälle mongolischer Hirten oder nördlicher Waldvölker. Von der Mandschurei aus haben die Mongolen Tschingis Chans das dichtbewohnte China erobert, es im Norden und Westen umgreifend. Auch die Mandschus sind von hier aus eingebrochen.

Der alte mandschurische Staat war kulturell ein kolonialer Ableger des Chinesentums. Nur mit Hilfe der alten chinesischen Kulturbevölkerung in seinem Süden konnten die organisatorischen Leistungen vollbracht werden, die die Voraussetzung jener Eroberung waren. Die Mandschus bildeten dann für ein Vierteljahrtausend die Herrenkaste in China. Aber dadurch gingen sie völlig in der chinesischen Kultur auf, in erster Linie infolge der Verpflanzung mandschurischer Banner in chinesische Garnisonen. Durch das Abströmen der Mandschus in das gesegnete Nichtstun der mandschurischen Garnisonstädte in China entstand aber in den reichen Fluren unmittelbar vor den Toren des dichtestbewohnten Gebietes der alten Welt eine siedlungsarme Zone. Trotzdem war das Land, obwohl ein Teil des chinesischen Gesamtreiches, als Heimat der Herrenschicht dieser zum Eigentum vorbehalten und lange für die Einwanderung chinesischer Siedler gesperrt.

Gelegentlich hat allerdings die Regierung selber Chinesen siedelnd angesetzt, zum ersten Male gegen Ende des 17. Jahrhunderts, als man den Vorstößen der Kosaken begegnen wollte. Die tungusischen Stämme in den nördlichen Waldländern und Parklandschaften und auch die Mongolen in den Steppen waren nur äußerlich von den Auswirkungen der chinesischen Kultur erfaßt worden. Südlich dieses Vorgeländes der Erschließung war das Land in Latifundien mandschurischer Fürsten und Großen aufgeteilt. Hier brauchte man Arbeitskräfte, und so kamen trotz des Verbotes der Einwanderung immer mehr Schantungchinesen über das Gelbe Meer, ursprünglich als Arbeiter mit zeitbeschränktem Kontrakt. Aber aus den Arbeitern wurden Pächter und allmählich Bauern und sogar Grundbesitzer. In den 70er Jahren wurde die Mandschurei für Besiedlung freigegeben und die Siedlerwelle, die sich bald in das Land ergoß, ließ den alten chinesischen Volksboden nach Norden und Osten wachsen. Aber in vollem Maße öffnete sich das Land erst, als Rußland die ersten mandschurischen Eisenbahnen baute nach Wladiwostok quer durch den Norden und dann südwärts zum Gelben Meer nach Port Arthur. Die Eisenbahnen und der militärische Schutz, den die Bahnzone genoß, schufen die ersten Vorbedingungen einer richtigen Landnahme und zugleich die Möglichkeit, die landwirtschaftlichen Erzeugnisse in die Verbrauchergebiete abzuführen.

Die Mandschurei wurde vom Welthandel erfaßt. Sie war in den Ausweitungsbereich der osteuropäischen Kultur gerückt, die es hier versuchte, in die Außenzone der ostasiatischen Kulturwelt einzufallen. Im Russisch-Japanischen Krieg wurde Rußland aber zurückgeworfen. Obwohl es sich im Norden behaupten konnte, hatte Japan seine Hand über der Mandschurei, deren Ausgang zum Ozean es innehatte. Dank der japanischen Interessen herrschte selbst während der chinesischen Bürgerkriege in den 20iger und dem Anfang der 30iger Jahre in der Mandschurei einigermaßen Ordnung. So konnte das Land zu einem ganz großen Aufnahmebecken der nordchinesischen Auswanderer werden. Zahlreiche neue Erschließungsbahnen, von chinesischem und japanischem Kapital gebaut, gaben der chinesischen Kolonisation bisher ungekannte Möglichkeiten. Zugleich schenkte die Bedeutung, die die Sojabohne im Welthandel erlangte, dem aufblühenden Lande ein Stapelprodukt. Riesige Ländereien wurden umgebrochen und neu besiedelt. Es vollzog sich geradezu ein Volksumzug aus Nordchina in die neu erschlossenen Siedlungsräume."[7]

Das Vordringen Japans in die passiven Länder im Umkreis der ostasiatischen Kultur hatte nur wenig Ähnlichkeit mit der des Chinesentums. Nach seiner Öffnung wurden alle Versuche des in der Tokugawazeit zu einem Nationalstaat gewordenen Inselreiches von der Zentrale gelenkt und in der politischen Sphäre verankert. Es ist ihm gleichsam als Abwehr kolonialer Absichten der west- und osteuropäischen Kulturwelt gelungen, nach und nach die umliegenden Inseln von den Kurilen bis zu den einst deutschen Südseeinseln zu besetzen. Das brachte freilich nur eine verhältnismäßig geringe Ausweitung des Lebensraumes. Sie bedeutete in erster Linie die militärisch-maritime Sicherung der ostasiatischen Kulturwelt.

Im Hinblick auf Ausweitung und Neuerschließung von Lebensraum lagen die großen Erfolge Japans auf dem Kontinent, wo die schwachen Staaten Korea und China durch die ost- und westeuropäischen Kulturwelten gefährdet waren. Nach der gewaltsamen Angliederung Koreas und der Mandschurei versuchte Japan, den ganzen chinesischen Volksraum als sicheres Absatz- und Rohstoffgebiet zu gewinnen. Sein kriegerisches Vorgehen in China hat aber nur randlich, vom Ozean her, Erfolge gebracht. Japan hatte sich jedoch machtmäßig übernommen. Sein Plan, einen von ihm gelenkten ozeanischen (westpazifischen) Großwirtschaftsraum unter Einbeziehung der Länder Südostasiens (Ostasiatische Wohlstandssphäre) aufzubauen, endete im Kampf gegen das Neue und Alte Abendland mit dem Zusammenbruch. Doch Japans wirtschaftliches Ringen um Absatzmärkte wird wieder aufleben, da das Inselreich ohne virtuellen Lebensspielraum kaum zu existieren vermag. Es kann wohl auch nur mit Hilfe der Vereinigten Staaten wieder emporkommen.[8]

Im kontinentalen China ist nach dem Zweiten Weltkrieg der betont westliche Einfluß mit dem Niedergang der Nationalregierung Tschiang Kai-schecks verdrängt worden. An seine Stelle trat das sowjetkommunistische Vorbild. Das traditionsstolze, nunmehr kommunistische Chinesentum ist deutlich auf dem Wege zu neuer Aktivität, die zur Zeit (1951) noch in Moskaus Plan der Weltrevolution paßt, „von der man aber nicht wissen kann, ob sie sich nicht auch einmal gegen Norden und Nordwesten wenden wird."[8]

Soweit die Behandlung der ostasiatischen Kulturwelt in Schmitthenners „Lebensräume im Kampf der Kulturen". Im Vergleich zwischen Japan und China wird deutlich, daß Ausweitung und Neuerschließung von Räumen sehr verschiedenartig vor sich gingen: in China vegetativ und altertümlich, in Japan ganz im westeuropäischen Sinne und überlegen planvoll. Es zeigt sich aber auch Japans meererschlossene Kleinräumigkeit als Naturgunst bei der Modernisierung im Gegensatz zu dem schwerfälligen, verkehrsungünstigen Binnenraum Chinas. Außerdem war mit dem Blick auf die Modernisierung Japans „angeborenes" Nationalbewußtsein ein unschätzbarer Vorteil gegenüber China, dem der nationale Gedanke ursprünglich fremd war, da es sich Jahrtausende hindurch als Kulturmenschheit schlechthin gefühlt hatte.

---

7 Schmitthenner, Heinrich: Lebenräume im Kampf der Kulturen. 2. Aufl. Heidelberg 1951.
   S. 73–75.
8 Schmitthenner, Heinrich: Lebensräume im Kampf der Kulturen. 2. Aufl. Heidelberg 1951.
   S. 83 und 85.

Die Sinisierung Westchinas in jüngster Zeit

Man muß heute – 35 Jahre nach der Veröffentlichung der zweiten Auflage von
Schmitthenner's „Lebensräume im Kampf der Kulturen" – darauf hinweisen, daß
sich mit der Gründung der Volksrepublik auch Chinas Binnenkolonisation grundlegend geändert hat. Die schnellwachsende Bevölkerung bei gleichzeitiger Industrialisierung verlangte eine rasche Steigerung der Agrarproduktion. Die Intensivierung
des Anbaues auf den bereits in Kultur befindlichen landwirtschaftlichen Flächen
führte durch verbesserte Düngung und Bewässerung sowie Verwendung ertrag-
reicherer Sorten weithin zu einem Anstieg der Produktion, die trotz mannigfacher
Rückschläge vor allem in der Zeit des Großen Sprunges und der Kulturrevolution
nunmehr die Einfuhr von Nahrungsgütern weitgehend überflüssig macht. Wo immer
in größerem Umfange Neuland gewonnen werden konnte, wurden Staatsfarmen gegründet. Die Nordmandschurei, die Innere Mongolei, aber auch Yünnan wurden zu
Einsatzgebieten staatlich gelenkter Binnenkolonisation in für den Regenfeldbau
geeigneten Arealen.

Jahrtausendelang endete das von seien Bauern getragene China an der kontinentalen Trocken- und Kältegrenze. Chinas zweite Staatshälfte war der Lebensraum
zahlreicher Fremdvölker – vor allem der Uighuren, Mongolen und Tibeter. In diesen Räumen wurde nun der chinesische Staat zum Träger der Binnenkolonisation
nicht nur um die wirtschaftlichen Verhältnisse zu bessern, sondern vor allem auch
zur strategischen Sicherung dieser Grenzräume. Ein Blick nach Xinjiang mag als
Beispiel dienen.

Hier haben wir es wirtschaftlich und kulturell mit einer orientalischen Wachs-
tumsspitze zu tun. Die Feldwirtschaft beruht in diesem Trockenraum auf künstli-
cher Bewässerung. Nach altüberkommenem Recht gehörte das Land demjenigen,
der Wasser für seine ackerbauliche Nutzung bereitstellte. Die örtlichen Feudalherren vermochten daher dank der Arbeitsverpflichtung der von ihnen abhängigen
Bauern im Laufe der Zeit große Ländereien in ihrer Hand als Rentenkapitalisten
zu vereinigen. Und da nach orientalischem Recht das Land im Todesfall geschlossen vom ältesten Sohn geerbt wurde, blieb der Feudalbesitz erhalten. Der Land-
adel und die Klöster beherrschten die Oasen.

Unter solchen Besitzverhältnissen gab es für freie chinesische Bauernsiedler
keine Ansatzmöglichkeiten. Noch 1953 lebten daher in Xinjiang unter 4,87 Mio.
Menschen nur 300 000 Han-Chinesen, vornehmlich als Verwaltungsbeamte. Das
änderte sich danach aber schnell. Die gefährdete strategische Lage Xinjiangs und
die immer wieder aufsässige einheimische, zu über 90 % islamische Bevölkerung
sowie die fremde Sozial- und Wirtschaftsordnung, waren für Peking Unsicherheits-
faktoren, die man durch eine massive, staatlich gelenkte Ansiedlung von Chinesen
beseitigen will. Der Bau der Eisenbahn von Lanchou nach Urumqi erleichterte die
Anbindung an Ostchina.

Man begann mit der Anlage von Staatsfarmen und gründete das Produktions-
und Aufbaucorps Xinjiang. Unter der Leitung raumfremder Kader sollte den als
rückständig angesehenen Oasenbauern mit ihren Eselskarren und der Karez-Be-
wässerung gezeigt werden, wie man mit chinesischen Methoden Land erschließt

und bewirtschaftet. Die vorhandenen Oasen erweiterte man nur in bescheidenem Umfange. Man griff vielmehr nach bisher ungenutztem Niemandsland. Im Tarimbecken bot sich besonders das Flußsystem des Tarim vor den Südhängen des Tianshan nach der Einmündung des wasserreichen Aksu an. Nach Songqiao wurden hier allein in der Zeit von 1957 – 1977 über 72 500 ha Ackerland für Staatsfarmen erschlossen.

Man sagt den chinesischen Bauern nach, waldfeindlich zu sein. Das bewiesen sie hier, indem sie die an Pappeln reichen Auenwälder, die bis dahin schutzbedürftige Naturreservate waren, durch Kahlschlag teilweise rodeten, um neues Ackerland zu gewinnen. Nahezu 60 % der alten Wald- und Buschflächen wurden vernichtet. Die Natur antwortete mit Desertifikationserscheinungen, versalzten Böden und negativen Veränderungen des Grundwasserspiegels. Heute gibt es etwa 170 unterschiedlich große Staatsfarmen. Sie werden bevorzugt mechanisiert bewirtschaftet. Oft sind sie kenntlich an ihren großen, sorgfältig gepflegten, tischebenen Feldern und an den geordneten Siedlungsgrundrissen.

Immer neue Siedler werden aus dem Osten nach Xinjiang gebracht, nicht allein für die Agrarproduktion, sondern auch für die schnell vorangetriebene Erschließung der Lagerstätten von Kohle, Erdöl, Eisen-, Uran-, Kupfer-, Wolfram-, Molybdänerz und Gold. Gleichzeitig wird die Industrialisierung beschleunigt. Viele Hunderte von Industriebetrieben sind entstanden, vor allem Unternehmungen der Leichtindustrie (Textilien, Fleisch, Leder), aber auch Anlagen zur Eisen- und Stahlgewinnung, zur Herstellung von Kraftwerks- und Bergwerksausrüstungen oder auch zum Bau einfacher Maschinen. Dabei hilft Peking mit großen Subventionen. In diesen Fabriken arbeiten zu 90 % chinesische Einwanderer. Nur sie verfügen über die erforderliche Vorbildung. Die einheimische Bevölkerung verliert in jedem Jahr an wirtschaftlichem Einfluß.

Die vom Staat gelenkte Zuwanderung führte zu einer revolutionären Veränderung der Zahl und der ethnischen Zusammensetzung der Bevölkerung. Betrug der Anteil der Chinesen an der Gesamtbevölkerung Xinjiangs 1953 erst 6,1 % unter 4,87 Mio Einwohnern, so erreichte er 1982 bereits 40,7 % oder 5,3 Mio unter einer Bevölkerung von 13 Mio. Die Uighuren kamen als stärkste einheimische Gruppe auf 5,9 Mio oder 45,3 %. In den Rest teilen sich vor allem Kasachen (0,9 Mio), Hui (0,57 Mio), Mongolen (0,17 Mio) und Kirgisen (0,11 Mio). Die weiteren, noch kleineren Gruppen sind ohne Gewicht. Der zahlenmäßige Aufstieg der Han-Chinesen zur größten Volksgruppe ist nicht mehr fern.

Das aus machtpolitischen Gründen 1950/1951 besetzte Tibet wurde nach Niederschlagung von Aufständen und der Zerschlagung des lamaistisch-theokratischen Herrschaftssystems sowie der Abtrennung großer wirtschaftlich wertvoller Landesteile im Osten und Nordosten 1965 zu einem autonomen Gebiet erklärt. Wo immer opportun, werden chinesische Siedler angesetzt. Die Möglichkeiten in diesem um 4 000 m hoch gelegenen Hochland sind jedoch außerordentlich beschränkt. In den größeren Siedlungen wächst der chinesische Anteil schnell. Die Hauptstadt Lhasa im wirtschaftlich aktiven Süden zählt heute unter 130 000 Einwohnern bereits 90 000 Chinesen. Das Aufnahmepotential des besetzten Landes bleibt allerdings von der Natur her äußerst beschränkt.

Die Innere Mongolei, die dritte der autonomen Regionen in Chinas Westen, wurde am leichtesten durch chinesische Bauernsiedler und zuletzt durch Aufbau moderner Industrien überwältigt und dem ostasiatisch-chinesischen Stammland enger angegliedert. Etwa seit der Mitte des vorigen Jahrhunderts holten mongolische Feudalherren chinesische Bauern ins Land und verpachteten oder verkauften ihnen zu ausbeuterischen Bedingungen Teile ihrer besten Weideländereien, die genügend Regen für den Ackerbau erhielten. Die hier vorher ansässige mongolische Bevölkerung wurde mit ihren Viehherden auf schlechtere Weiden abgedrängt oder geriet in die Abhängigkeit von chinesischen Siedlern.

Nach dem Ende des chinesischen Kaiserreiches 1912 schwoll die Kolonisationsbewegung lawinenartig an. Die Führer des neuen China, allen voran Sun Yat-sen, riefen zur Auffüllung der untervölkerten Randländer des Reiches auf. Der 1905 begonnene Bau einer Stichbahn in der Richtung auf Kalgan und dem großen Huang He-Bogen erleichterte die Zuwanderung. Bürgerkriege, Überschwemmungen und Hungerkatastrophen trieben immer neue Wellen land- und friedensuchender chinesischer Bauern, vor allem aus der Großen Ebene, aus Shandong und aus den Lößprovinzen nach der Mongolei. Nach Gründung der Volksrepublik verstärkte sich der Druck unter staatlicher Führung — auch mit dem Blick auf die strategische Situation gegenüber der Mongolischen Volksrepublik. Eine Reihe von Gebietsveränderungen führte schließlich dazu, daß heute die autonome Nei Mongol etwa 20 Mio Einwohner zählt, unter ihnen jedoch nur noch rund 10 % Mongolen.

Die innerasiatischen autonomen Regionen Chinas, die zusammengenommen rund die Hälfte des chinesischen Staatsgebietes ausmachen, haben vor allem aus strategischen und machtpolitischen Gründen eine — gemessen an den natürlichen Möglichkeiten — beachtliche chinesische Aufsiedlung und Durchdringung erfahren. Die großen Aufbauleistungen Chinas angesichts einer Bevölkerungszunahme von 582 Mio (1953) auf 996 Mio (1981) wurden jedoch im ostasiatischen Kernland vollbracht.

So weit diese zeitbedingte Ergänzung zu Schmitthenners Ostasienkapitel.

Über die Geographie der Kulturerdteile

Ohne Zweifel haben mich die Gedanken Hettners über den „Gang der Kultur über die Erde", denen ich 1927 erstmals begegnete und später Schmitthenners „Lebenräume im Kampf der Kulturen" nachhaltig in meinem geographischen Denken beeinflußt. Aus den gewonnenen Anregungen sowie meinen eigenen Reisen und Arbeiten erwuchs das Konzept der „Kulturerdteile", das ich dann für die Hermann von Wissmann-Festschrift anläßlich seines 65. Geburtstages (2.9.1960) im Wintersemester 1959/60 niedergeschrieben habe. Die Veröffentlichung erfolgte verspätet im Selbstverlag des Geographischen Instituts der Universität Tübingen 1962[9]. Erstmals behandelte ich einen „Kulturerdteil" in meinem Vortrag über „Südostasien im Weltbild unserer Zeit", den ich 1955 auf dem Deutschen Geographentag in Hamburg gehalten habe.

---

9 Leidlmair, Adolf (Hrsg.): Hermann von Wissmann-Festschrift. Tübingen 1962. S. 42–49.

Mein Weg zu den Kulturerdteilen führte über meine Arbeiten auf den Philippinen. Wenige Jahre nach der Rückkehr von meinen dortigen Feldarbeiten erschien
in der Reihe der Geographischen Handbücher meine Landeskunde dieses Archipels.
Über zahlreiche Länder bzw. Staaten lagen großartige, naturgeographisch betonte
Länderkunden vor. Sie dienten mir bei aller Bewunderung nicht als Vorbild. Mir
schwebte auch keine kompendienhafte, allseitig gleich ausgewogene Länderkunde
vor. Ich wollte vielmehr – entsprechend meiner Hauptarbeitsrichtung auf den
Philippinen – *eine überwiegend kulturgeographische und hier wiederum von den
wirtschaftlichen Erscheinungen und den Lebensformen der Menschen her gesehene
Landeskunde* schaffen. Die Menschen und ihre Wirtschaft standen immer im Vordergrund. Alle übrigen landschaftlichen Erscheinungen wurden weitgehend nur in
diesem Zusammenhang gesehen. Vier Jahre später lag die als methodischer Versuch
gekennzeichnete Arbeit vor[10].

Nach der Unterbrechung durch die Kriegs- und die ersten Nachkriegsjahre
folgten – Anfang der fünfziger Jahre beginnend – innerhalb eines Jahrzehnts
meine Reisen und Aufenthalte in nahezu allen Großräumen der Erde. Dabei wurde
mir immer deutlicher, daß neben die wissenschaftliche Behandlung der größten
Naturräume der Erde – wie sie die Kontinente, Erdteile und Ozeaneinheiten darstellen – gleichberechtigt die Erforschung und Darstellung der Kulturraumein-
heiten von Erdteilgröße treten muß. Ich nannte sie Kulturerdteile.

Ich verstehe darunter Räume subkontinentalen Ausmaßes, deren Einheit auf
dem individuellen Ursprung der Kultur, auf der besonderen, einmaligen Verbindung der landschaftgestaltenden Natur- und Kulturelemente, auf der eigenständigen geistigen und gesellschaftlichen Ordnung und dem Zusammenhang des historischen Ablaufes beruht. Kein Kulturerdteil kann ohne seine Geschichte verstanden
werden. Die notwendige Auswahl bestimmt die Gegenwart, die erklärt werden
soll. Denn jede Gegenwart ist eine Art Kompromiß mit der Vergangenheit.

Das Wesen des Kulturerdteiles wird vom Kulturkomplex, d. h. von der Kombination der prägenden Kulturelemente und von deren Trägern nach Dichte und Verbreitung bestimmt. Um nicht in der methodischen Forderung steckenzubleiben –
wie dies häufig geschieht – habe ich etwa gleichzeitig den ostasiatischen Kulturerdteil als Beispiel in einem umfangreichen Band behandelt.[11] Hier finden sich
Antworten auf viele Fragen zur Kulturerdteil-Forschung, die auf die formende
Kraft der Kultur der Menschen unter Einschluß der wirtschaftlichen, gesellschaftlichen und politischen Lebensformen einzugehen hat.

Besonders wichtig und unverzichtbar für das Verständnis der Kulturerdteile
ist die Kenntnis der jeweiligen Werteskala. Sie ist z. B. in Ostasien weitgehend kon-
fuzianisch durchtränkt. Dazu rechnet man die hierarchische bis in die Familien-
ordnung reichende Gesellschaftsstruktur, die zweitrangige Stellung der Frau, die
Opferbereitschaft aller Familienmitglieder – insbesondere der Frauen und Mädchen –, wenn es um Ausbildung und wirtschaftlichen Aufstieg geht, dann die oft

---

10 Kolb, Albert: Die Philippinen. Leipzig 1942.
11 Kolb, Albert. Ostasien. China-Japan-Korea. Geographie eines Kulturerdteiles. Heidelberg
   1963.

weniger auf Zuständigkeiten als auf persönlicher Loyalität beruhenden Beziehungs-netze, die meist nicht in Frage gestellte mächtige Bürokratie als besondere Gesell-schaftsklasse, den tiefverankerten Lern-, Spar- und Arbeitswillen der Menschen, die Verschränkung staatlicher und privater Initiativen in der Wirtschaft, den Gruppen-geist sichtbar in der raumfunktionalen Zellenstruktur der Gesellschaft sowie die weitgehende Respektierung starker Regierungen bei im allgemeinen schwachen Parlamenten und Gewerkschaften.

Zum besseren Verständnis gehört dazu freilich auch ein Eingehen auf den Wirt-schaftsgeist, auf die Mentalität der Menschen und auf ihre Denkweise. All diese gestaltend wirksamen Eigenschaften sind von Kulturerdteil zu Kulturerdteil, ja oft von Volk zu Volk verschieden.

An die Behandlung eines Kulturerdteils unter Berücksichtigung der erdteilge-bundenen Dominanten und kulturgeographischen Prägungen kann sich die Dar-stellung der Varianten innerhalb des landschaftlichen, staatlichen und ethnischen Gefüges anschließen unter Herausarbeitung der auftretenden Abwandlungen sowie der fremdkulturellen Bereiche, wie ich das bereits in meinem „Ostasien-Buch" für die Kulturprovinzen China, Japan und Korea sowie – mit dem Blick auf die jüngste Entwicklung – in meinem Aufsatz „Japan, Taiwan und Südkorea" im Fischer-Almanach 1987 versucht habe.

Die Ergebnisse der Kulturerdteilforschung bilden eine wesentliche Grundlage für das Verständnis der weiträumig gestaltend wirksamen Kräfte, Prozesse und Wandlungen in den großen kultur- und wirtschaftsgeographischen Raumeinheiten der Erde. Sie bieten gleichsam angewandt-geographisch die Möglichkeit, die zu-künftige weitere Entwicklung in einem breiten Rahmen bis zu einem gewissen Grade abschätzbar zu machen.

Schmitthenners Lebensraumforschung

Schmitthenners „Lebensräume im Kampf der Kulturen" sind ein Beitrag zur Geographie der Besiedlung der Erde. Als erster verfolgt er, ausgehend von den aktionsfreudigen, volkreichen Kerngebieten der großen Kulturen deren expansiv-koloniales Wirken in die dünn bewohnten passiven Nachbarräume hinein bis diese schließlich durchdrungen sind. Er hat uns in diesem fesselnd geschriebenen Buch ein neues Siedlungsbild der Erde entworfen, wie es aus der Dynamik der Lebens-vorgänge in den letzten Jahrhunderten entstanden ist, ohne in der verwirrenden Fülle der Informationen unterzugehen. Dabei beschäftigt er sich nicht mit den kulturgeographischen Besonderheiten der einzelnen Großräume und auch nicht mit dem Kulturkomplex der einzelnen Völker.

„Jede der Hochkulturen hat ihr eigenes, durch Lage und Naturausstattung gleich-sam schicksalsmäßig zugeteiltes Ausweitungsgebiet. Im Osten der russischen Kul-turwelt, rings um das von Menschen wimmelnde Ostasien, im Süden und auch im Norden des Orients und Indiens liegen dünn bewohnte passive Räume. Nur das Abendland ist durch die russische Welt und durch den Orient von diesen Gebieten abgeschnitten. Aber Europa ist seit dem Entdeckungszeitalter die Herrschaft über den Ozean zugefallen. Es hat die Wasserräume gemeistert und über sie hinweg und mit ihrer Hilfe sein Ausweitungs- und Erschließungsgebiet über den größten Teil der Erde hinweg finden können. Es ist in die Kerngebiete der Hochkultur des Orients und Indiens eingebrochen und hat diesen Kulturwelten ihre alten Ausweitungsräume streitig gemacht. Jenseits des Atlantischen Ozeans ist ihm die Neue Welt zugefallen, und in der Alten hat es die beiden südlichen Pfeiler Afrika und Australien erfaßt. Das neuabendländische Kulturgebiet, das jenseits des Atlantischen Ozeans entstand, hat sich im Bereiche der abendländischen Raumausweitung entwickelt, alte koloniale Ansätze aufschmelzend und in neue Räume vorstoßend"[12].

Die Besiedlung und Nutzung des Lebensraumes der Erde vollzieht sich nach Schmitthenner im Kampf der Kulturen. Dabei geht es ihm vornehmlich um die Besitzergreifung der passiven Räume und nicht um den Charakter der einzelnen Erdteilkulturen und ihrer Kerngebiete.

Aus diesem Vergleich zwischen Schmitthenners *Lebensraumforschung*, die auf die siedlungsgeographische Gliederung der Erde zielt, und der dynamischen *Kulturerdteilforschung*, die ausgewählt kulturgeographisch die jeweilige menschliche Gemeinschaft und ihre raumwirksamen Lebensvorgänge bis hin zu den Gegenwartsströmungen durchleuchtet, wird der Unterschied beider Arbeitsrichtungen und ihrer Problemstellungen deutlich. Dabei gehen beide Konzepte – im großen gesehen – von den gleichen Kulturen unserer Erde aus. Es ist durchaus ein folgerichtiger Weg, der von Hettners „Gang der Kultur über die Erde" über Schmitthenners „Lebensräume im Kampf der Kulturen" zu den Kulturerdteilen führt[13].

12 Schmitthenner, Heinrich: Lebensräume im Kampf der Kulturen. 2. Aufl. Heidelberg 1951. S. 16.
13 Pfeifer, Gottfried: Der Weg zum Weltbild in Kulturerdteilen. – In: Wirtschafts- und Kulturräume der außereuropäischen Welt. Festschrift für Albert Kolb zum 65. Geb. Hamburg 1971. S. 14 ff (Hamburger geographische Studien. H. 24).

DAS ABENDLAND[1]

Von Heinrich Schmitthenner

*Von Europa aus gingen die gewaltigen Bewegungen über die ganze Erde, die im
Zeitalter der Entdeckungen begannen, in mehreren nacheinander von verschiedenen
Ländern Europas getragenen Wellen aufbrandeten und im letzten Jahrhundert, im
Jahrhundert der Europäisierung der Erde, sich vollendeten. In den Kulturländern
West-, Mittel- und Südeuropas hat denn auch im letzten Jahrhundert die Bevölkerung ganz besonders zugenommen. Aber abgesehen von der inneren Kolonisation
sind in Europa selber nur sehr kleine Flächen neu erschlossen und besiedelt worden,
und zwar vornehmlich in nordischer Kolonisation in Skandinavien, in Norwegen,
in Schweden und neuerdings in dem selbständig gewordenen Finnland. Nur im
Südosten, im Innern der Balkanhalbinsel, deren Völker sich vom Joche und dem
zerrüttenden Wirtschaftssystem der Türkei befreiten, konnten größere Gebiete
einer volksmäßig sehr mannigfachen Wiederbesiedlung zugeführt werden. Die
innere Kolonisation, die Nutzbarmachung der Ödländer und Moore, fällt nicht
ins Gewicht. Von größerer Bedeutung wäre die Zerschlagung des Großgrundbe-
sitzes in einigen der europäischen Länder (Italien, Spanien). Dagegen konnte die
Steigerung der Ernteerträge seit 100 Jahren durch Wissenschaft und Technik den
realen Lebensspielraum ausweiten, aber doch nur einen verhältnismäßig geringen
Teil des Bevölkerungswachstums tragen. Eine Neuerschließung kann man all das
nicht nennen.*

*Aus der immer fühlbarer werdenden Enge des national und staatlich so mannig-
fach gegliederten Europas heraus entwickelt sich die großartige kulturelle, wirtschaftliche und politische Stoßkraft der Völker des europäischen Westens und der
europäischen Mitte. Die Industrialisierung hat in England eingesetzt, angeregt vom
kolonialen Handel, der Güter brauchte, um die Schätze der fernen Länder her-
beizuziehen. Nach der Erfindung der Arbeitsmaschine, zunächst für das Textil-
gewerbe, und der stärkeren Einspannung der Wasserkräfte zur Erzeugung von
Waren, kam die Erfindung und die Anwendung der Dampfmaschine. Damit wurden
die Kohlen- und Erzschätze wirksam, die sich in einem zerrisenen Bande durch
West- und Mitteleuropa von England und Schottland bis nach Polen hinziehen. Die
Industrialisierung schritt, im großen gesehen, von Westen nach Osten fort und schuf
in den sich industrialisierenden Ländern neue Lebensmöglichkeiten und die Notwendigkeit bisher unbekannter Verdichtung der Bevölkerung. Industrieeuropa
wurde zum Kernraum des modernen Abendlandes. Allerdings konnte sich diese
virtuelle Ausweitung des Lebensraumes durch Wissenschaft, Technik, Industrie
und Handel nur einstellen durch die Eroberung weiter überseeischer Länder, die*

---

1 Aus: Heinrich Schmitthenner, *Lebensräume im Kampf der Kulturen.* 2. Aufl. Heidelberg
1951. S. 17–21.

zugleich politische Machtentfaltung und Organisation und den Ausbau der modernen Verkehrstechnik zur Voraussetzung hatten. Der ozeanische Charakter Europas war die geographische Voraussetzung, die Ozeanschiffahrt, die in der Dampfschiffahrt die Möglichkeit gewann, Massengüter sicher, schnell und billig zu befördern, die technische Vorbedingung all dieser Entwicklungen, die in den letzt vergangenen hundert Jahren die ozeanische Kultur im Sinne von Ernst Kapp[2] erst vollendeten.

Die europäischen Länder wurden die wichtigsten Werkstätten der Welt. Jenseits des Ozeans machten die Vereinigten Staaten diese Entwicklung mit, ja sie überboten noch in gewissem Sinne das alte Europa. Der Anstieg der westeuropäischen Menschheit von 176 Millionen im Jahre 1830 auf 376 Millionen im Jahre 1930[3] (1949 etwa 393 Millionen) vollzog sich zum größten Teil im Anwachsen des Arbeiterstandes und erfaßte gerade diejenigen Gebiete, die schon zuvor am dichtesten oder doch mindestens dicht besiedelt waren. In den hochindustrialisierten Ländern ging der prozentuale Anteil der ländlich-bäuerlichen Bevölkerung bis in das letzte Jahrzehnt immer mehr zurück. Trotz der Steigerung der landwirtschaftlichen Erträge hat sich die Ernährung der wachsenden Menschenmassen unmittelbar, und mittelbar durch den Bedarf der Industrie an Rohstoffen, in hohem Maße auf Einfuhr aus fremden Gebieten stützen müssen. Der Überschuß an ländlicher Bevölkerung, der nicht in der Industrie Aufnahme suchte oder finden konnte, strebte in neue Räume überseeischer Länder, zum größten Teile in die Neue Welt, wo schon in den vergangenen Jahrhunderten die überseeischen Kolonialvölker entstanden waren. In der Alten Welt boten fast nur Südafrika, Australien und Neuseeland große, neue Siedlungsgebiete, in denen im vergangenen Jahrhundert koloniale Völker europäischen Blutes sich weiter entwickeln und neu erstehen konnten.

Die Ausweitung des Lebensraumes in Westeuropa selber geschah im letzten Jahrhundert hauptsächlich v i r t u e l l durch den kunstvollen und großartigen Aufbau der von Europa und den europäischen Kolonialvölkern geleiteten Weltwirtschaft, in die, zur Erweiterung des eigenen Lebensspielraumes, schließlich beinahe die ganze Erde eingegliedert wurde. Dieses Gebäude ist aber leicht verletzbar. Die Weltkrise, die 1929 heraufzog, beruhte letzten Endes darauf, daß durch den ersten Weltkrieg unendlich viel zerstört worden war, und daß die technische und wirtschaftliche Entwicklung der europäischen Kulturwelt eingeholt, ja überholt wird von der Ausbreitung der Technik und der modernen Industrie. Seit der Anwendung des Explosionsmotors und der Elektrizität hat sich die Verkehrstechnik weit mehr entwickelt als die Technik der Produktion. Damit wurde die Ausbreitung von Gedanken und Gütern beschleunigt. Die Industrialisierung greift in andere Räume über. Die alten Industrien in Großbritannien, auf dem Kontinent und auch in den Vereinigten Staaten büßen ihre herrschende Stellung allmählich ein. Der Versuch Großbritanniens, seine heimische Landwirtschaft wiederherzu-

---

2 *E. Kapp unterschied in seinem Buche: Philosophische oder allgemeine vergleichende Erdkunde 1845 drei Kulturstufen: die potamische, die thalassische und die ozeanische Kultur.*

3 *1800 waren es etwa 140 Millionen. Die Zahlen beziehen sich auf Europa ohne das heutige Rußland. 1787 hatte Büsching die Volkszahl ganz Europas auf 100 Millionen geschätzt.*

stellen, und das Bestreben im Deutschen Reiche nach 1933 zum wenigsten in der unmittelbaren Ernährung der Bevölkerung vom Auslande unabhängig zu werden, beleuchtet diese Situation schlaglichtartig. Der künstlich geschaffene virtuelle Lebensraum der hochindustrialisierten Länder begann zu schrumpfen, und notgedrungen richtete man das Augenmerk überall auf die Produktionskraft des eigenen Bodens. Man wollte das Volk, das durch die Industrie in die Städte gezogen worden war, wieder an die Scholle binden. Zugleich jedoch schaute Europa auf seine überseeischen Erzeugungs- und Absatzgebiete und auf deren Verteilung und Neuorganisierung.

Die ungeheuren Vernichtungen und Bevölkerungsumgruppierungen, die der zweite Weltkrieg hinterließ, haben die Weltverflechtung der europäischen Länder aufs schmerzlichste demonstriert, konnten doch die kriegsbetroffenen Lande nur durch Hilfe von außen den Hunger einigermaßen überwinden und die Grundlage für den Wiederaufbau schaffen. Die Erfahrungen des letzten Jahrzehnts haben gezeigt, daß in weiten Teilen Europas Autarkie unmöglich ist. Viele Nahrungsmittel und Rohstoffe, die auch in Europa gewonnen oder auf technischem Wege erzeugt werden können, wird das Ausland auf lange Sicht hinaus billiger liefern können. Dazu sind tropische Erzeugnisse für Europa unentbehrlich. Die Entwicklung des letzten Jahrhunderts ist nicht mehr rückgängig zu machen. Zahlreiche überseeische Güter bleiben schlechterdings lebensnotwenig. Der Zusammenhang Europas mit außenliegenden, meist kolonialen Ländern ist unlöslich, und die europäische Menschheit muß in anderen Räumen Ergänzungen suchen.

Das europäische Staatensystem entspricht der historischen Entwicklung und den Verkehrsverhältnissen einer längst überwundenen Zeit. Solange der Handel im alten System der Weltwirtschaft noch einigermaßen frei über die Ländergrenzen hinwegging, wurde die überholte Engräumigkeit der staatlichen europäischen Wirtschaftsgebiete noch nicht so empfunden wie später, als man im Gefolge der Wirtschaftskrise seit 1929 die Grenzen viel strenger gegeneinander abschloß, um die Währungen zu halten. Im alten System der Weltwirtschaft hatte der Handel die Produktion mehr oder weniger angeregt und kontrolliert. Allmählich kam nun der Gedanke auf, vom Bedarf, also vom Konsum her, die Produktion zu regeln, man könnte auch sagen, vom Bedürfnis nach virtuellem Lebensspielraum. Man faßte die Möglichkeit ins Auge, die großen Industrie- und Konsumtionszentren an Gebiete der Nahrungsmittel- und Rohstofferzeugung anzuschließen. Diese Idee hatte eine politische und eine wirtschaftliche Wurzel und zielte dahin, bestimmte aufeinander angewiesene Räume aus dem freien Spiel der Weltwirtschaft auszugliedern und enger aneinander zu binden. So hatte schon in der ersten Hälfte der dreißiger Jahre Großbritannien im British Commonwealth of Nations den Versuch gemacht, durch gegenseitige wirtschaftliche Begünstigung (Präferenzzölle) das alte Kolonialreich in seinen auseinanderstrebenden Tendenzen zusammenzuhalten und sich selber seinen unbedingt notwendigen virtuellen Lebensspielraum zu sichern. Als dann im Gefolge der Eroberung Abessiniens durch Italien die beiden despotisch geführten Staaten Italien und Deutschland vom Weltmarkt mehr oder weniger verdrängt, ja in weitem Maße ausgeschlossen wurden, entstand hier der Gedanke des „Wirtschaftsgroßraums". In einem solchen, rein wirtschaftlichen, meist aber auch politisch gedachten Gebilde sollten Gebiete industrieller Produktion und starken Bedarfs nach virtuellem Lebensspielraum mit solchen zusammengeschlossen werden, die Lebensmittel und Rohstoffe erzeugen, und die ihrerseits das Interesse haben, ihre Produktionsüberschüsse in den Industriegebieten und Zentren der Menschheitsverdichtung abzusetzen. Der Versuch Hitlers, mit Gewalt Europa zu einen und möglichst nach Afrika überzugreifen, wo die tropischen Ergänzungsräume Europas zu suchen sind, mußte zusammenbrechen eben an der Gewalt und dem Zwang der reinen Macht. Aber der Gedanke des Zusammenschlusses der europäischen Staaten zu größeren Wirtschaftsgebilden ist nach dem Krieg mit größerer Lebendigkeit erwacht als je zuvor. Das Abendland fühlt es heute ganz besonders, daß es eine Schicksalsgemeinschaft ist. Zu welchem Ergebnis die Einheitsbestrebungen kommen werden, und ob und wie sich die vielen Schwierigkeiten überwinden lassen, kann heute niemand voraussehen. Aber selbst wenn sich Europa einigte und ein großes ausgewogenes Wirtschaftsgebiet entstünde, dessen ideelle Grundlage die gemeinsame abendländische Kultur ist, wäre der Mangel an realem und virtuellem Lebensspielraum noch nicht behoben. Nur in der überseeischen Mitgift der Kolonien besitzenden Nationen, in der Angliederung eines kolonialen Ausweitungsbereiches, wäre dies einigermaßen gesichert. Es ist leicht einzusehen, daß sich heute die Blicke auf Afrika lenken, das nicht nur am nächsten liegt, sondern nach dem großen Entkolonisierungsvorgang in Süd- und Südostasien das wichtigste Europa verbliebene Kolonialgebiet ist.

ZUR ENTWICKLUNG DER KULTURPOPULATION EUROPAS

Gedanken aus sozialgeographischer Sicht

Von Dietrich Fliedner (Saarbrücken)

In seinem Buch „Der Gang der Kultur über die Erde" definierte Alfred Hettner (1923/29) den Begriff Kultur als „. . . die Gesamtheit des Besitzes an materiellen und geistigen Gütern sowie an Fähigkeiten und Organisationsformen . . . ". Er unterschied niedere und höhere Kulturformen und behandelte u. a. Naturvölker, Halbkulturvölker, alte Kulturen sowie die europäische Kultur des Mittelalters und der Neuzeit. Hettner stand mit seinem Wunsch nach einer Typologie der Kulturformen nicht allein, sondern reihte sich ein in eine lange Tradition von Forschern, die aus den verschiedensten Blickwinkeln entsprechende Versuche vorgenommen hatten. So unterschied der Wirtschaftswissenschaftler B. Hildebrand (1864/1971) zwischen Natural-, Geld- und Kreditwirtschaft. K. Bücher (1926) entwickelte daraus eine Wirtschaftsstufenlehre und unterschied zwischen geschlossener, Haus-, Stadt-, Volks- und Weltwirtschaft. 1867 hatte K. Marx (nach G. Kiss 1972/75, I, S. 146 f) versucht, die Formen der Kultur umfassender zu begreifen und in eine Entwicklungssequenz zu bringen (urwüchsige oder archaische Gemeinschaft, Sklavenhaltergesellschaft, Feudalismus sowie Kapitalismus, dann Sozialismus und Kommunismus). Der Ethnologe E. Hahn (1892/1969; 1914) erkannte verschiedene Wirtschaftstypen (Jäger- und Fischerleben, Hackbau, Plantagenbau, europäisch-westasiatischer Ackerbau, Viehwirtschaft, Gartenbau), zeigte ihre Verbreitung auf der Erde und stellte auch sie in eine Entwicklungsreihe. Darüber hinaus gab es Ansätze (A. Müller-Armack 1940/71), den Wirtschaftsstil in den Vordergrund der Betrachtung zu stellen und ihn vom religiösen Weltbild her zu begreifen (Stil der magischen, animistischen, polytheistischen und monotheistischen Epoche). Auch die Religionen selbst wurden typologisiert und in eine Stufenfolge gebracht (R. N. Bellah 1964/73; U. Mann 1970).

Hettner sah die Kulturformen aus geographischem Blickwinkel. So wurden bei ihm die Bedeutung der naturgeographischen Faktoren in ihrem Einfluß auf die Art der Wirtschaft betrachtet, die Nachbarschaftsbindungen und kulturellen Übertragungen, das Städtewesen, der Handel, die staatliche Verwaltung, die Bevölkerung etc. untersucht. Er sah also die Kulturräume im Vordergrund, und zwar im Rahmen seines länderkundlichen Konzepts. H. Bobek (1959) betrachtete die Kulturformen ebenfalls aus geographischem Blickwinkel; er knüpfte aber nicht an Hettner an, sondern stützte sich stärker auf die Aussagen der Prähistoriker, Ethnologen und Ökonomen.

Dagegen wurden Hettners Gedankengänge von H. Schmitthenner aufgegriffen; allerdings erhielten sie durch ihn einen anderen Akzent. In seinem Buch „Die Lebensräume im Kampf der Kulturen" (1938/51) stellte er die Eigendynamik der Kulturen heraus und führte damit auch bewußt die Tradition F. Ratzels (1897 a;

b) fort. Die Hochkulturen wurden als Zentren der Menschheitsverdichtung identifiziert, als Aktivräume, die gleichzeitig die wichtigsten Expansionsherde darstellen. Von ihnen werden die Kulturgüter und Gedanken ausgebreitet, gehen aber auch die Eroberungen aus, die die Lebensräume erweitern. Die Passivräume werden zu Arealen kolonialer Entwicklung. Schmitthenner verstand die Hochkulturen somit als Populationen.

Diese Betrachtung ist der Sache nach sozialgeographisch. Auch in seiner Vorlesung Anfang der 50er Jahre in Marburg hob Schmitthenner gerade den Aspekt der Eigendynamik der Kulturen deutlich hervor. Zwar hatte auch schon Hettner die Ausweitungstendenzen der Kulturen betont und die Europäisierung der Erde als eine wesentliche Leistung der europäischen Kultur der Neuzeit charakterisiert; aber seine Überlegungen führten zur Typisierung der Kolonien, nicht zu einer Untersuchung der Dynamik der Ausbreitung selbst. Bei Schmitthenner stehen die Prozesse, durch die die Kulturräume gestaltet werden, im Vordergrund. Wenn er sich auch dagegen gewehrt hat, als Sozialgeograph bezeichnet zu werden, so steht doch außer Frage, daß sich gerade diese Sichtweise in der modernen Sozialgeographie als besonders fruchtbar erwiesen hat. Es sei die Innovationsforschung erwähnt (u. a. C. O. Sauer 1952). Vor allem muß der aus einer ganz anderen wissenschaftlichen Tradition kommende schwedische Forscher T. Hägerstrand (1952) genannt werden, der der geographischen Prozeßforschung ihre formelle Basis gab.

Schmitthenner stand mit seiner Betrachtungsweise in den 30er Jahren nicht allein; G. Pfeifer (1935) stellte die nordamerikanische Frontier vor und damit einen Besiedlungsprozeß, K.J. Pelzer (1935) die Arbeiterwanderungen in Südostasien etc. Diese und andere geographischen Arbeiten stehen in einem spezifischen wissenschaftlichen Umfeld; es ist sicher kein Zufall, daß in derselben Zeit in den biologischen Wissenschaften der verhaltenswissenschaftliche Ansatz erarbeitet wurde (K. Lorenz 1939). In dieser Zeit intensivierte sich ebenso die Diskussion um den „sozialen Wandel" (J. S. Roucek 1969/81), und auch in den Wirtschaftswissenschaften, der Volkskunde, der Geschichtsphilosophie kam der Prozeß verstärkt in den Blick. Andererseits darf man nicht übersehen, daß im Deutschland der 30er Jahre die Eigendynamik der Völker und Kulturen z. T. deterministisch verzerrt gesehen wurde und die Entwicklung der Geopolitik ermöglichte; die Konsequenzen einer solchen Art der Betrachtung sind offenkundig (P. Schöller 1957). Schmitthenner waren solche fragwürdigen Manipulationen völlig fremd.

Wenn man bedenkt, daß Schmitthenner auf der anderen Seite auch der Länderkunde, wie sie Hettner vertrat, wesentliche Beiträge geliefert hat, und auch in den Büchern, die er aus Hettners Nachlaß herausgab (Hettner 1947; 1951), die Sichtweise Hettners annahm, mag man erkennen, daß er sich in der Entwicklung der geographischen Wissenschaft an einer wichtigen Schwelle befand und den Übergang in hohem Maße selbst mitgefördert hat.

In Ergänzung der Arbeiten Schmitthenners sei hier die Ausbreitung der europäischen Kulturpopulation kartographisch dokumentiert. Das Abendland erhielt seine innere Verklammerung durch das Christentum, so wie der Orient durch den Islam, Indien durch den Hinduismus und Buddhismus ihre kulturelle Basis bekamen. Die Religionen durchdringen in spezifischer Weise die Populationen, bestimmen das Handeln der Menschen und die Aktionen der Völker. Wirtschaft, Staat und Siedlung erhalten durch sie ihre Eigenart. Dies braucht hier nicht ausführlich begründet zu werden.

Im räumlichen Bild ist die Entwicklung Europas der letzten 1500 Jahre in drei Karten dargestellt, sie geben das frühe Mittelalter (ca. 450 bis ca. 900 n. Chr. Geb.), das hohe und späte Mittelalter (ca. 900 bis ca. 1450) sowie die Neuzeit (ab ca. 1450) wieder.

Die letzte Periode in der Entwicklung des römischen Weltreiches wurde durch die Ausbreitung des Christentums gekennzeichnet. Nach den Germanenstürmen und Völkerwanderungen begann im 5. Jahrhundert eine neue politische Konsolidierung des Raumes (Abb. 1). Die Anfänge lagen in Brabant und im Rheinland;

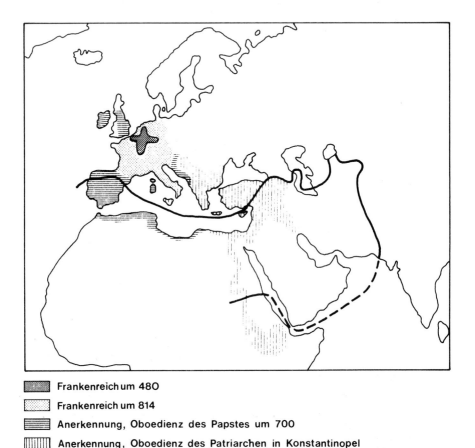

▨▨▨ Frankenreich um 480

▦▦▦ Frankenreich um 814

☰☰☰ Anerkennung, Oboedienz des Papstes um 700

▥▥▥ Anerkennung, Oboedienz des Patriarchen in Konstantinopel

▬▬▬ Grenze des Islam um 800

Abb. 1:   Regionale Entwicklung der europäischen Kulturpopulation im frühen Mittelalter. Quellen vgl. Literaturverzeichnis.

hier bildete sich das Frankenreich nach 450 n. Chr. Geb. heraus, weitete sich sukzessive unter den Merowingern aus und erreichte unter den Karolingern seine größte Ausdehnung. Außerhalb des damaligen Frankenreiches befanden sich die Iberische Halbinsel, Nordafrika sowie der angelsächsische Raum im Einflußbereich des Papstes in Rom, während das Gebiet des ehemaligen oströmischen Reiches der Oboedienz des Patriarchen in Konstantinopel unterstand. Seit dem 7. Jahrhundert engte der Islam von Süden her das christliche Abendland ein.

Das hohe und späte Mittelalter (Abb. 2) sind dadurch ausgezeichnet, daß der Raum innerlich ökonomisch konsolidiert wurde. Eine starke Bevölkerungszunahme bis ins 14. Jahrhundert hinein war einerseits von Binnenkolonisationen und einer

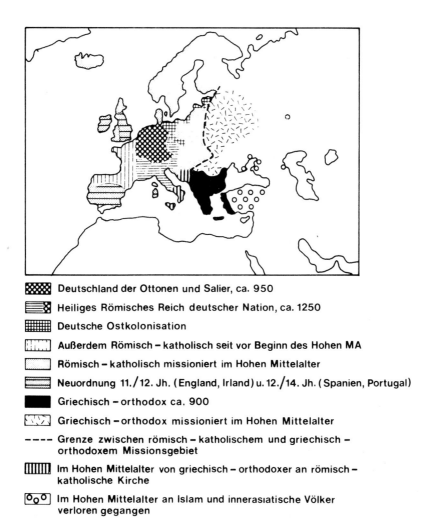

Abb. 2: Regionale Entwicklung der europäischen Kulturpopulation im hohen und späten Mittelalter. Quellen vgl. Literaturverzeichnis.

Ausweitung des Lebensraumes in Nachbargebiete hinein (deutsche Ostkolonisation) begleitet, andererseits von einer ausgeprägten wirtschaftlichen Arbeitsteilung, die sich regional im Aufkommen des Städtewesens niederschlug. Gewerbe und Handel fanden u. a. ihre Zentren in Flandern, Oberitalien und im Ostseeraum. Die römisch-katholische Kirche missionierte neue Gebiete im Norden und Osten Europas, die griechisch-orthodoxe Kirche weitete sich im östlich benachbarten Rußland aus. Andererseits gingen im Südosten weite Gebiete an den Islam verloren, während im Südwesten das christliche Abendland die mohammedanische Einflußsphäre wieder zurückdrängen konnte.

Um 1450 dehnte sich die abendländische Kulturpopulation über Europa hinaus aus. Die Europäisierung der Erde setzte ein (Abb. 3). Der Lebensraum wurde nach Übersee erweitert, in erster Linie aus ökonomischen und demographischen Gründen; aber immer war auch der Wille gegenwärtig, die Kultur, das Christentum zu verbreiten. Die Kolonien wurden politisch angegliedert; das heißt, daß die europäischen Staaten jeweils die eigentlichen Aktionszentren waren und blieben. Dies zeigt Abb. 4, in der die Zahl der Nennungen von politisch neuerworbenen Kolonien dargestellt ist (Einrichtung von militärischen Forts oder Handelsposten, Erwerb von Territorien im Rahmen von Friedensverträgen, Kauf, Eroberung etc. werden in der Darstellung gleichbehandelt, da eine korrekte Wertung der Kolonien nicht möglich ist). So drangen die Portugiesen und Spanier im 15. und 16. Jahrhundert nach Afrika, Südostasien und vor allem Amerika vor. Im 17. Jahrhundert waren die Niederlande und Rußland die wichtigsten Kolonialmächte, wobei die Niederlande ihre Interessen in Amerika (Westindien) und Südostasien (Ostindien) einbrachten, Rußland dagegen in Nord- und Mittelasien kolonisierte. England und Frankreich setzten sich in Nordamerika fest. Im 18. Jahrhundert, in der Zeit des Absolutismus, trat die Außenkolonisation zurück zugunsten des innerstaatlichen Ausbaus; es war die Zeit der Binnenkolonisationen in Mittel-, Südost- und Osteuropa. Erst im 19. Jahrhundert erfolgte wieder eine starke Expansion des europäischen Einflusses nach Übersee, vor allem in Nordamerika, Afrika, Südasien und Australien. Dies war die eigentliche hochkapitalistische Kolonisationsperiode, bei der England und Frankreich die wichtigsten verbliebenen Gebiete annektierten. Die sich ausweitende Industrie suchte nach neuen Rohstoffmärkten.

Es entwickelte sich nun die Weltwirtschaft, die Industrie wurde weltweit verbreitet. Mit diesen Prozessen setzt eine neue Periode ein, die der des Kolonialismus folgte. Mit dem Ende des Ersten Weltkriegs nämlich hatte die Kolonisierung der Erde durch die europäischen Mächte ihr Ende gefunden. In Amerika hatte sich bereits im 18. und 19. Jahrhundert eine Reihe von ehemaligen Kolonien von ihren Mutterländern politisch gelöst, und im 20. Jahrhundert erhielten auch in Asien, Australien und Afrika die Kolonialgebiete ihre Selbständigkeit zurück.

Wie jeder Prozeß stellt auch die Bildung der europäischen Kulturpopulation ein vielgliedriges Gebilde dar. Jede Periode wird durch eine kulturprägende Neuerung getragen, die als Innovation der Entwicklung den Stempel aufdrückt (Abb. 5):

1. Von ca. Christi Geburt bis ca. 700 n. Chr. Geb. breitete sich das Christentum in Süd-, Mittel- und Westeuropa aus. Diese Religion veränderte entscheidend die innere Wertorientierung der Menschen in diesem Raum und gab der Kulturpopulation eine neue Orientierung.

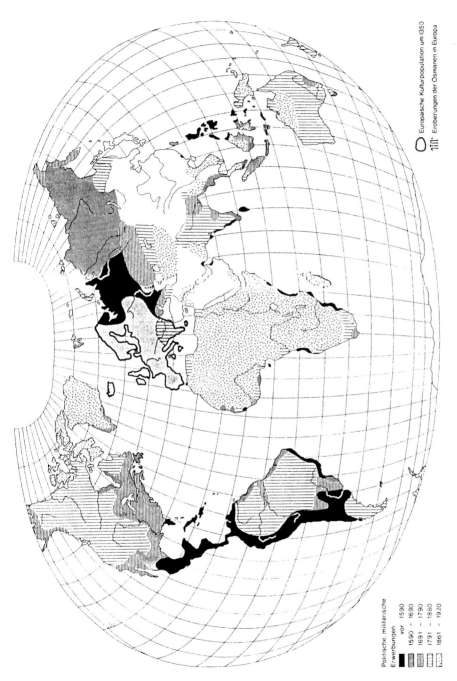

Abb. 3: Regionale Entwicklung der europäischen Kulturpopulation in der Neuzeit; Erwerb von Kolonien außerhalb Europas. Quellen vgl. Literaturverzeichnis.

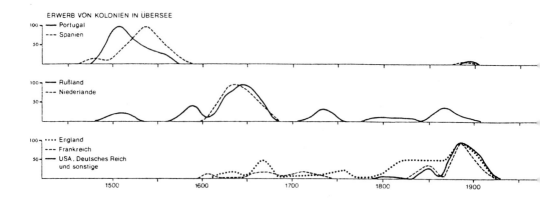

Abb. 4: Erwerb von Kolonien in Übersee vom 15. bis zum 20. Jahrhundert. Zehnjahres-
durchschnitte, Maximum der jeweiligen Zuwächse in jeder Kurve gleich Hundert.
Quellen vgl. Literaturverzeichnis.

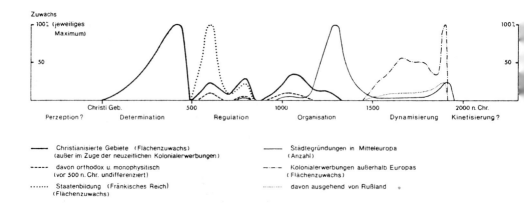

Abb. 5: Für die Entwicklung der europäischen Kulturpopulation wesentliche Innovationen.
Maximum der jeweiligen Zuwächse in jeder Kurve gleich Hundert. Quellen vgl.
Literaturverzeichnis.

2. Vom 5. Jahrhundert bis ins 10. Jahrhundert hinein formierte sich die staatliche Verwaltung; Entstehung und Entwicklung des Frankenreichs prägten die Entwicklung der Kulturpopulation in diesen Jahrhunderten.

3. Für das hohe und späte Mittelalter stellte der innere ökonomische und soziale Ausbau die wichtigste Innovation der Kulturpopulation dar; das Städtewesen breitete sich aus.

4. In der Neuzeit erfolgte die Kolonisierung der Erde über die europäischen Grenzen hinaus, wobei die Gewinnung einer breiteren ökonomischen Basis der wichtigste Grund gewesen sein dürfte.

5. Die Industrialisierung der Erde setzte von ihren Anfängen im 18. Jahrhundert ausgehend im 19. Jahrhundert in breiterem Maße ein und weitet sich in der Gegenwart in immer neue Räume außerhalb Europas aus.

In früheren Arbeiten (u. a. Fliedner 1981) wurde darzulegen versucht, daß jeder eine Population verändernde Prozeß aus einer Folge von Teilprozessen besteht:

a) Perzeption: Wahrnehmung der Notwendigkeit einer Strukturveränderung (oder Erhöhung der Produktion) durch das System, hier also die Kulturpopulation.

b) Determination: Entscheidung, Sinngebung der folgenden Teilprozesse.

c) Regulation: Planung, Kontrolle, Weitergabe der Entscheidung an die Elemente des Systems bzw. die Angehörigen der Population.

d) Organisation: Räumliche Aufteilung der Aufgaben und der Teilprozesse im System.

e) Dynamisierung: Energie-, Rohstoffaufnahme aus der natürlichen Umwelt.

f) Kinetisierung: Umwandlung der Rohstoffe in Produkte (Produktion).

g) Stabilisierung: Weitergabe der Produkte an die nachfragende Population.

Man könnte, bei aller Vorsicht, die grundsätzlich bei Deutungen dieser Art angebracht ist, die Teilprozesse b − f mit den Entwicklungsstadien 1 − 5 der europäischen Kulturpopulation parallelisieren, wie dies in Abb. 5 versucht wurde.

Zweifellos trägt jede Deutung historischer Ereignisse und Perioden deterministische Züge in sich. Man sollte aber hier zwischen dem Strukturellen und dem Inhaltlichen differenzieren. Ein Prozeß als solcher ist ein physikalisches Phänomen; er ist irreversibel und setzt sich aus sachlich verschiedenen Teilprozessen (Innovationen) zusammen. Dies gilt auch für einen Prozeß wie die Entwicklung einer Kulturpopulation. Es ist der strukturelle Aspekt, er ist determiniert. Andererseits ist inhaltlich nicht voraussehbar und insofern nicht determiniert, welcher Art die Innovationen sind, die sich im Prozeßablauf durchsetzen. Auch ist nicht sicher, ob sich die Population behaupten kann oder ob nicht der Prozeß abgebrochen werden muß, weil vielleicht konkurrierende Populationen die Überhand gewinnen.

Die Kulturpopulation Europas hat sich im Kampf der Kulturen durchsetzen können, wie Schmitthenner eindrucksvoll dargelegt hat.

Literaturverzeichnis

Bellah, Robert N. (1964/73): Religiöse Evolution. In: Seminar: Religion und gesellschaftl. Entwicklung (Stud. z. Protestantismus-Kapitalismus-These Max Webers), Frankfurt/Main (Suhrkamp), S. 267–302 (zuerst publ. 1964)

Bobek, Hans (1959): Die Hauptstufen der Gesellschafts- und Wirtschaftsentfaltung in geographischer Sicht. In: Die Erde 90, S. 259–298.

Brunschwig, Henri (1949): La colonisation française du pacte colonial à l'Union française. Paris

Bücher, Karl (1926): Die Entstehung der Volkswirtschaft. Tübingen (17. Aufl.)

Chudoba, Bohdan (1952): Spain and the Empire, 1519–1643. Chicago

Deutsches Städtebuch (1939/74): Deutsches Städtebuch. Handbuch städtischer Geschichte. (Hrsg. Erich Keyser), bisher 10 Bände. Stuttgart

dtv-Atlas zur Weltgeschichte (1964/66). (Hrsg. von Hermann Kinder und Werner Hilgemann), München (dtv)

Easton, Steward Copinger (1964): The rise and fall of western colonialism. London (Dunmow)

Egerton, Hugh Edward (1950): A short history of British colonial policy, 1609–1909 (12. Aufl.). London

Elliott, John Huxtable (1963): Imperial Spain, 1469–1716. London

Fieldhouse, David Kenneth (1965): Die Kolonialreiche seit dem 18. Jahrundert. = Fischer Weltgeschichte 29, Frankfurt/Main

Fliedner, Dietrich (1981): Society in Space and Time; An Attempt to Provide a Theoretical Foundation from an Historical Geographic Point of View. = Arb. a. d. Geogr. Inst. d. Univ. d. Saarlandes, Bd. 31. Saarbrücken

Großer Historischer Weltatlas (1953/57); 2 Bände, München (Bayrischer Schulbuchverlag)

Haase, Carl (1960/65): Die Entstehung der westfälischen Städte. = Veröff. des Provinzialinstituts für Westfälische Landes- und Volkskunde, Reihe I, Heft 11, Münster (1. Aufl. 1960)

Hägerstrand, Torsten (1952): The propagation of innovation waves. In: Lund Studies in Geography, Ser. B, 4, S. 3–19

Hahn, Eduard (1892/1969): Die Wirtschaftsformen der Erde. In: Wirtschaftsgeographie (Hrsg. E. Wirth) = Wege der Forschung, Bd. 219, Darmstadt, S. 30–40 (zuerst veröff. 1892)

Hahn, Eduard (1914): Von der Hacke zum Pflug. Leipzig

Hall, Walter Ph., Robert G. Albion and Jennie B. Pope (1961): A history of England and the Empire-Commonwealth. 4. Aufl. Boston/New York/Chicago etc.

Handbuch der Historischen Stätten (1960/74): Handbuch der Historischen Stätten. 9 Bde. Stuttgart (Kröner)

Hettner, Alfred (1923/1929): Der Gang der Kultur über die Erde. 2. Aufl., Leipzig/Berlin (Teubner)

Hettner, Alfred (1947): Allgemeine Geographie des Menschen. 1. Band: Die Menschheit. Grundlegung der Geographie des Menschen. Hrsg. v. H. Schmitthenner, Stuttgart (Kohlhammer)

Hettner, Alfred (1951): Allgemeine Geographie des Menschen. 3. Band: Verkehrsgeographie. Bearbeitet von H. Schmitthenner, Stuttgart (Kohlhammer)

Hildebrand, Bruno (1864/1971): Natural-, Geld- und Kreditwirtschaft. In: Wirtschaftsstufen und Wirtschaftsordnungen (Hrsg. H. G. Schachtschabel), Darmstadt (Wiss. Buchges.), S. 53–76 (zuerst publ. 1864)

Historical Atlas of the Muslim peoples (1957): Historical Atlas of the Muslim peoples. Djambatan/Amsterdam/London

Kiss, Gabor (1972/75): Einführung in die soziologischen Theorien. = Studienbücher zur Sozialwissenschaft (2 Bände), Opladen (Westdt. Verlag)

Lorenz, Konrad (1939): Vergleichende Verhaltensforschung. In: Zoolog. Anzeiger, Suppl. 12, S. 69–102

Mann, Ulrich (1970): Theogonische Tage, die Entwicklungsphasen des Gottesbewußtseins in der altorientalischen und biblischen Religion. Stuttgart

Müller-Armack, Alfred (1940/71): Genealogie der Wirtschaftsstile. In: Wirtschaftsstufen u. Wirtschaftsordnungen (Hrsg. H. G. Schachtschabel), Darmstadt (Wiss. Buchges.), S. 156–207 (zuerst publ. 1940)

Pelzer, Karl Josef (1935): Die Arbeiterwanderungen in Südostasien. Eine wirtschafts- und bevölkerungsgeographische Untersuchung. Hamburg

Pfeifer, Gottfried (1935): Die Bedeutung der Frontier in den Vereinigten Staaten. In: Geogr. Zeitschr. 41, 1935, S. 138–158

Pounds, Norman (1973): An historical geography of Europe, 450 B. C. – A. D. 1330. Cambridge (Univ. Press)

Ratzel, Friedrich (1897 a): Politische Geographie. München/Leipzig (Oldenbourg)

Ratzel, Friedrich (1897 b): Über den Lebensraum. In: Die Umschau, 1. Jahrgang, S. 363–366

Roucek, Joseph S. (1969/81): Die Entwicklung des Begriffs „sozialer Wandel". Zuerst ersch. 1969. Abdruck in: Wirtschaftliche Entwicklung und sozialer Wandel (Hrsg. H. Winkel). = Wege der Forschung 493. S. 15–65. Darmstadt (Wiss. Buchges.)

Sauer, Carl Ortwin (1952): Agricultural origins and dispersals. New York (Americ. Geogr. Society)

Schmitthenner, Heinrich (1938/51): Lebensräume im Kampf der Kulturen. (1. Aufl. Leipzig 1938) 2. Aufl., Heidelberg

Schöller, Peter (1957): Wege und Irrwege der Politischen Geographie und Geopolitik. In: Erdkunde XI, S. 1–20

Smith, C. T. (1967): An historical Geography of western Europe before 1800. London (Longmans)

Stein, Werner (1946/70): Kulturfahrplan. Berlin/Darmstadt/Wien (Koch), (1. Aufl. 1946)

Stoob, Heinz (1956): Kartographische Möglichkeiten zur Darstellung der Stadtentstehung in Mitteleuropa, besonders zwischen 1450 und 1800. In: Forsch.- u. Sitzungsberichte d. Akad. für Raumforsch. und Raumordnung Bd. VI (= Histor. Raumforschung I), S. 21–76

Valentin, Veit (1915): Kolonialgeschichte der Neuzeit. Tübingen (Mohr/Siebeck)

Westermanns Atlas zur Weltgeschichte (1956): Westermanns Atlas zur Weltgeschichte. Vorzeit/Altertum, Mittelalter, Neuzeit. Bearbeitet von Hans-Erich Stier, Ernst Kirsten, Heinz Quirin, Werner Trillmilch und Gerhard Czybulka, Braunschweig

Williamson, James Alexander (1961): A short history of British expansion. 2 Bände, London/New York

DIE REGELN DER MORPHOLOGISCHEN GESTALTUNG IM SCHICHTSTUFENLAND*

Von Heinrich Schmitthenner

(Mit Abbildungen von Dr. E. Schmidt, s. Taf. 1–10 und 3 Textfiguren)

In den Schichtstufenlandschaften finden wir ganz bestimmte Regeln der Oberflächengestaltung, die man fast Gesetze nennen könnte, und die man in anders gebauten Ländern nicht findet. Ich habe in meinen Arbeiten über die Schichtstufenlandschaften schon mehrfach darauf hingewiesen und diese Regeln herausgearbeitet. Aber trotzdem ist ihre Kenntnis im allgemeinen noch sehr gering. Im Pariser Becken hat neuerdings Tricart, *ohne meine Arbeiten zu kennen, einen Teil dieser Regeln von sich aus neu entdeckt. Die Regeln sind durch induktive Forschung als Prinzipien der Formung aufgestellt worden. Sie haben sich in den Schichttafelländern aller Klimagebiete auffinden lassen. Da das Problem der Stufenlandschaft zur Zeit wieder in den Bereich der Diskussion gerückt ist, sollen an dieser Stelle die Regeln der morphologischen Gestaltung der Schichtstufenlandschaft nebeneinandergestellt werden. In einem anderen Aufsatz beabsichtige ich zu den neueren Arbeiten über das Problem der Schichtstufenlandschaft Stellung zu nehmen.*

I. Schichtstufen

1. Die Schichtstufen sind stets von widerstandsfähigen Gesteinen gebildet, die von weniger widerständigen und undurchlässigeren unterlagert sind.

   a. Die widerständige Schicht beteiligt sich gewöhnlich nicht in ihrer ganzen Mächtigkeit am Stufenabfall.

   b. Die Schichtstufe ist an ihrem Fuß und in den unteren Teilen ihrer Hänge stets von den hangenden Partien der weniger widerständigen Gesteinstafel gebildet (Fig. 1 a u. b, Tafel 1).

   c. Nur in denjenigen Fällen, in denen die tieferliegende Schicht von den Flüssen angeschnitten ist, kann der größte Teil oder die ganze widerständige Gesteinstafel den unteren Teil der Stufe bilden (Fig. 2 a u. b, Tafel 1).

   d. Bei horizontaler Lagerung kann in der Landstufe die weniger widerständige Schicht fast in ihrer ganzen Mächtigkeit anstehen.

   e. Die Höhe der Schichtstufe über der Landterrasse kann nie größer werden als die Gesamtmächtigkeit des Stufenbildners und seiner Unterlage, obwohl diese Höhe nach I., 1., a.–c. wohl nie erreicht wird.

   x) Mächtige widerständige Tafeln bilden hohe, weniger mächtige Tafeln niedrigere Stufen.

* *Aus: Petermanns Geogr. Mitt. 98, 1954, S. 3–10*

*y) Wenn der Stufenbildner seitlich an Mächtigkeit ab- oder zunimmt (Fazies-
änderung), nimmt auch die Stufenhöhe ab oder zu.*

*z) Der Anteil der weniger widerständigen Schicht an der Stufenhöhe hängt
von dem Grad der Zerschneidung ab (I., 1., c.). Damit sich überhaupt
Stufen bilden können, darf diese Gesteinstafel nicht zu wenig mächtig
sein. Horizonte von geringerer Mächtigkeit zwischen den widerständigen
Schichten des Stufenbildners führen an den Landstufen zur Herausbildung
von Gesimsen oder terrassenartigen Flächen (Denudationsterrassen), die
den Steilhang gliedern und breiter machen (Fig. 3, Tafel 2).*

2. *Die Schichtstufen dachen sich dem Schichtfallen entgegengerichtet, steil ab.
Horizontale Lagerung ist ein Sonderfall (I., 3., d.).*

   *a. Im Querprofil der Stufe ist unten stets ein konkaves Hangprofil vorhanden,
   das sich oben im widerständigen Gestein versteilt.*

   *b. In gewissen Fällen kann es darüber gegen die Trauf hin zur Ausbildung von
   konvexen Hangformen und Verflachungen im widerständigen Gestein kommen; so bei Salz- oder Gipsauslaugungen und in den unter V. besprochenen
   Fällen (Fig. 4, Tafel 2).*

   *c. Die Steilheit der Stufen ist im Verlauf ein und derselben Schichtstufe ver-
   schieden, entsprechend dem Fazieswechsel, der tektonischen Lagerung und
   dem Grad der Ausräumung vor der Stufe (I., 3.).*

3. *Der Verlauf der Schichtstufen im großen entspricht dem Schichtstreichen und
dem Fazieswechsel.*

   *a. Schichtmulden verursachen Vorsprünge, Schichtsättel Einstülpungen der Stu-
   fe. Das Entsprechende gilt für Gräben und Horste. Schichtsättel und Schichtmulden werden entsprechend dem umlaufenden Streichen von der Landstufe
   umzogen, die in Mulden nach außen, in Sätteln nach innen abfallen (Tannrodaer Gewölbe; Hilsmulde).*

   *b. An Verwerfungen im Schichtfallen und quer zum Schichtstreichen springt
   die Schichtstufe im tieferen Flügel vor, im höheren zurück. Der Verlauf der
   Schichtstufen zeigt also Umkehr des tektonischen Reliefs (Fig. 5, Tafel 2
   und Fig. 6, Tafel 3).*

   *c. Gelegentlich können Landstufen in einigem Abstand Brüchen folgen, die im
   Streichen hinziehen, denn wenn Bruchstufen oder Bruchlinienstufen wider-
   ständiges über weniger widerständigem Gestein aufgeschlossen haben, wird
   die tektonisch geschaffene oder bedingte Form zu einer Landstufe umge-
   bildet und vom Bruch her einwärts verlegt. Solche Stufen haben alle Eigenschaften einer echten Landstufe.*

   *d. Bei rein horizontaler Schichtlagerung in größerem Raume entfällt die tektoni-
   sche Beziehung. Im allgemeinen ist dann der Verlauf der Schichtstufen un-
   übersichtlich, ist ganz von der Zerschneidung der Schichtpakete abhängig
   (Sächsische Schweiz; Grand Canyon) (Fig. 7, Tafel 3).*

4. *Der Verlauf der Stufen im einzelnen:*

   *a. Die Stufe besteht aus den Bergnasen und Bergrücken, die zwischen den Stu-
   fenhangtälchen liegen (Fig. 8, Tafel 4).*

   *b. Die Stufenhangtälchen sind Quelltälchen von ziemlich gleichmäßiger Größen-
   ordnung.*

    c. Die Quellen liegen am Quellhorizont unter der meist durchlässigen, wider-
ständigen Schicht. Sie zeigen fast stets kräftige Erosionsarbeit.

    d. An den Seitenhängen der Quelltälchen ist das Ausgehende der weniger wider-
ständigen Schicht von dem Gesteinswasser der darüber liegenden wider-
ständigen Tafel oft beträchtlich durchfeuchtet, und zwar taleinwärts gegen
die Quellen hin immer mehr. Die Bergnasen sind meist trocken, die Durch-
feuchtung der weniger widerständigen Unterlage des Stufenbildners ist hier
gering.

    e. An den Quellen und dem Quellhorizont wird das widerständige Gestein un-
terminiert. Es besteht in den Quelltälchen die Tendenz, die Stufe nach rück-
wärts zu verlegen. Die Länge der Stufenhangtälchen entspricht der Größe
und Mächtigkeit der Quellen, die sie durch Rückwärtserosion geschaffen
haben.

5. *Die großen Täler verursachen Einstülpungen der Schichtstufen, bilden große*
Stufentrichter oder -buchten.

    a. Die großen Täler zerlegen die Schichtstufen in einzelne Abschnitte.

    b. Der Boden der Stufenbuchten ist eine Fortsetzung der Landterrasse (III.,
4., b. und c.).

    c. Die Schichtstufen ziehen von beiden Seiten her in die Stufenbuchten und
in die Täler hinein. Sie sind innerhalb dieser Buchten noch überall dort
Schichtstufen, wo unter dem widerständigen Gestein das weniger wider-
ständige noch angeschnitten ist (Fig. 9, Tafel 5).

    d. Die Steilhänge der widerständigen Schichten (Stufenbildner) werden erst von
dem Punkte an zu Talhängen, wo das widerständige Gestein nicht mehr von
den Flüssen durchsunken ist. Dabei nimmt gegen diesen Punkt hin der Anteil
des weniger widerständigen Gesteins an der Stufe und damit auch ihre rela-
tive Höhe ab.

    e. Das gilt auch, wenn schon innerhalb der Stufenbuchten die Flüsse die weniger
widerständige Tafel durchsunken und die nächst widerständige Gesteins-
schicht angeschnitten haben (III., 4., d.) (Fig. 10, Tafel 5).

6. *Die Trauf ist die Kante der Stufe.*

    a. Von ihr fällt im allgemeinen die nächsthöhere Landterrasse von der Stufe
hinweg im Sinne des Schichtfallens ab.

    b. Die Trauf zieht im ganzen im Schichtstreichen hin, ist natürlich durch die
Quelltälchen und die tektonisch bedingten Aus- und Einstülpungen der
Stufe unregelmäßig gegliedert. Sie zieht in die Buchten der Schichtstufen
hinein, um dort, wo die unterliegende, weniger widerständige Schicht von
den Flüssen nicht mehr durchschnitten ist, auf der anderen Seite der Täler
wieder aus der Einbuchtung herzuziehen.

    c. An den Bergnasen zwischen den Quelltälchen liegt die Trauf gewöhnlich
niedriger als über den Quelltrichtern der Stufenhangtälchen.

    d. Die Trauf kann, muß aber nicht die Höhenlinie der hier beginnenden Land-
terrasse sein (I., 2., b. und III., 7., b. c.).

    e. Die Trauf fällt nur in seltenen Fällen mit der ursprünglichen Oberfläche der
stufenbildenden Tafel zusammen (I., 1., d.).

7. *Der Stufenfuß:*

   a. *Er liegt gewöhnlich im wenig widerständigen Gestein.*

   b. *Nur wenn die nächsttiefere, widerständige Gesteinstafel im Bereiche der Schichtstufe durch die Hauptflüsse kräftiger angeschnitten ist, kann er ungefähr an der Oberfläche dieser zweiten widerständigen Gesteinstafel liegen (I., 1., c.) (vgl. Fig. 2. Profil und Block, Tafel 1).*

   c. *Der Stufenfuß folgt dem Schichtstreichen, ist – da die Quelltälchen zur Stufe zählen – weniger aus- und eingebuchtet als die Trauf.*

   d. *Der Stufenfuß folgt keiner Isohypse. Er liegt an den großen, die Stufe querenden Tälern und innerhalb der Stufenbuchten niedriger, in den Gebieten dazwischen höher.*

   e. *Der Stufenfuß ist das untere Ende der vor der Stufe beginnenden Landterrasse.*

8. *Die Landstufe ist im allgemeinen ein schmaler Streifen, ein Steilanstieg. Ihre Breite im Grundriß hängt von der Mächtigkeit des Stufenbildners und seiner Schichtneigung ab. Sind diese gering, ist die Stufe schmal, sind sie größer, ist sie breiter. Ihre Breitenausdehnung als Bergland ist aber auch durch den Grad der Gliederung durch Täler und Stufenhangtälchen mit bedingt.*

9. *Das Alter ein und derselben Landstufe kann in ihren verschiedenen Teilen sehr verschieden sein.*

   a. *Die Landstufe ist dort jung, wo kräftiges Einschneiden der Haupttäler herrscht oder bis vor kurzem geherrscht hat,*

   b. *dort aber älter, wo die Zerschneidung ruht.*

   c. *Die einzelnen Teile der Landstufen sind stets etwa gleich alt wie das unmittelbar davor beginnende, unterste Stück der Landterrasse.*

   d. *Die Landstufe ist aber in jedem einzelnen Querschnitt weit jünger als das über ihr an der Trauf endende Stück, der nächsthöheren Landterrasse.*

   e. *Über die Landstufen im Gesamtsystem der Stufenlandschaft siehe IV., 1., a.–c.*

II. Zeugenberge

Die Zeugenberge sind Reste einer zurückgewichenen Stufe.

1. *Sie liegen im allgemeinen in ihrer Nachbarschaft als Auslieger (Trabanten) in dem unteren Teil der Landterrasse.*

2. *Oft sind sie im Bereiche des Stufenfusses ausgebildet und dann durch die flachen, unteren Stufenfußhänge mit den benachbarten Stufenvorsprüngen verbunden (Fig. 11, Tafel 6 und Fig. 8, Tafel 4).*

3. *Die Zeugenberge sind durch Quelltälchen abgegliedert, die aber mit der Abtragung der widerständigen Schicht durch die Quellerosion in ihren einstigen Quelltrichtern die oberen steilen Hänge aus widerständigem Gestein und damit die einstigen Quellen verloren haben.*

4. *Auch Täler, die nicht die Stufe durchschneiden und in ihrem allgemeinen Verlauf ihr parallel sind oder von ihr hinwegziehen, können, wenn sie die widerständige Tafel durchsunken haben (etwa bei lokalen Aufwölbungen oder als Folge*

*des konkaven Erosionsprofils), von hinten her bei der Abgliederung der Zeugen-
berge mitwirken (vgl. Fig. 8 links oben).*

5. *Fast stets liegen die Zeugenberge in tektonisch tiefen Gebieten, in Gräben oder
Schichtmulden. In einem in einer größeren tektonischen Tiefenzone gebildeten
Vorsprung der Schichtstufen kann durch Quelltälchen, sekundäre Tälchen
und Haupttäler ein größerer Zeugenbergkomplex als eigenes Bergland abgegliedert werden (Stromberg und Heuchelberg), und so können Zeugenberge
fern der geschlossenen Stufe innerhalb der Landterrasse auftreten (Asberg;
Leuchtenburg bei Kahla) (Fig. 12, Tafel 7).*

6. *So gut wie stets zeigen die Zeugenberge Umkehr des tektonischen Reliefs (Fig.
11, Tafel 6 und Fig. 5, Tafel 2).*

7. *Ihre Höhe (absolute Höhe) kann unter Umständen größer sein als die Höhe
der Trauf der entsprechenden Stufe.*

8. *Die Zeugenberge haben oft nur eine verhältnismäßig dünne Decke widerständigen Gesteins; sie fehlt aber nie. Zeugenberge nur aus dem wenig widerständigen Gestein des Stufenfußes gibt es nicht. Vorhügel aus dem weniger widerständigen Gestein treten gelegentlich auf, haben aber viel ausgeglichenere Formen.
Sie scheinen nur kurze Zeit zu bestehen.*

9. *Die an den Zeugenbergen vorhandenen Quellen sind unbedeutend; dem entspricht ihre ausnagende Arbeit.*

10. *Bei horizontaler Lagerung sind die Zeugenberge infolge der Zerscheidung der
widerständigen Gesteinstafel durch die größeren Flüsse gegeben. Hier bestehen
keine tektonischen Beziehungen (Fig. 7, Tafel 3).*

11. *Die Bildung von Zeugenbergen gliedert die Landstufe weit stärker auf als die
Stufenhangtälchen. Die Zeugenberge erliegen der Abtragung, sowie die widerständige Deckschicht durch Verwitterungsvorgänge und Denudation zerstört
ist. Mit dem Entstehen und Vergehen der Zeugenberge wird gemeinsam mit den
Vorgängen in den Stufenhangtälchen (I., 4., c.) und der Zerschneidung der
widerständigen Gesteinstafel durch die Flüsse die Landstufe nach rückwärts
verlegt. Die Landstufen wandern entsprechend den erosiven und denutativen
Impulsen nach rückwärts.*

III. Landterrassen:

1. *Landterrassen bilden sich nur dort heraus, wo zwischen widerständigen Gesteinstafeln mächtige Lagen weniger widerständigen Gesteins eingeschaltet
sind. Dünne Horizonte führen nur zur Entstehung von Gesimsen und terrassenartigen Unterbrechungen des Steilanstiegs der Landstufen (I., 1., e., z.), in den
Tälern zu Denudationsterrassen (vgl. Fig. 3, Tafel 2).*

2. *Die Landterrassen sind in ihrer Gesamtheit keine Strukturflächen, sondern im
ganzen genommen Schnittflächen (Supan) (vgl. Fig. 1, Tafel 1).*

   a. *In ihren unteren Teilen vor der sie überragenden Schichtstufe sind die Landterrassen in dem wenig widerständigen Gestein ausgebildet.*

   b. *Zum größten Teil bestehen sie aus dem Gestein der nächsttiefer liegenden
widerständigen Schichttafel.*

c. Strukturflächen, d. h. die Oberfläche der widerständigen Tafeln, beherrschen gewöhnlich nur in einigem Abstand vom Fuß der Stufen in mehr oder weniger ausgedehnten Partien die Gesamtneigung der Landterrasse.

d. Nur wo die Hauptflüsse in den nächsten Stufenbildner eingeschnitten sind und der untere Teil der Schichtstufe aus der Gesamtheit der weniger widerständigen Gesteinstafel besteht (I., 1., c.), kann am Fuß der Schichtstufe, d. h. am unteren Ende der Landterrasse, die Oberfläche der nächsttieferen, härteren Schicht als Strukturfläche hervorkommen, und zwar am Beginn der hier sich bildenden Stufenbuchten (I., 5. c.–e.) und zu ihren Seiten (Fig. 10, Tafel 5).

e. Die Strukturflächen im Bereich der Landterrassen sind stärker geneigt als die Landterrassen an ihrem unteren Ende, in dem unter III., 2., d. genannten Falle steiler als im tieferen Inneren und am Ende der Stufenbuchten.

f. In ihren oberen Teilen sind die Landterrassen in ihrer Gesamtheit gewöhnlich wieder flacher als das Schichtfallen, aber meist nicht so flach wie vor dem Stufenfuß.

g. Im ganzen hat die Landterrasse also, da sie in ihrem unteren und oberen Teile die Schichten schneidet, dazwischen aber der stärker geneigten Strukturfläche mehr oder weniger angepaßt ist, ein schwach S-förmiges Profil.

h. Bei horizontaler Lagerung entfallen diese Beziehungen. Hier sind diese Landterrassen weithin eben, d. h. sie sind die aufgedeckte Oberfläche der harten Schichttafel (Strukturfläche) oder ein an diese Strukturfläche angepaßtes Abtragungsniveau, in dem oft noch das darüberliegende weniger widerständige Gestein ansteht (Hohenloher Ebene).

3. *In den   Landterrassen bestehen entsprechend ihren verschiedenen Teilen bestimmte gesetzmäßige Beziehungen zur tektonischen Form.*

a. In den unteren Teilen der Landterrasse aus wenig widerständigem Gestein sind die tektonischen Formen ausgelöscht; die hier aufragenden Zeugenberge aber zeigen ebenso wie der Stufenrand Reliefumkehr (Fig. 13, Tafel 8 und Fig. 8, Tafel 4).

b. Wo die Landterrasse aus widerständigem Gestein besteht, beginnend mit dessen Hervorkommen (Strukturflächen), liegen die tektonisch hohen Teile hoch, die tektonisch tiefen niedrig (Fig. 6, Tafel 3).

c. Bruchstufen, die die Landterrasse senkrecht oder schräg zur Stufe queren, sind in den oberen Teilen der Landterrasse im widerständigen Gestein erkennbar. Sie verschwinden dort, wo im Bereiche der Landterrasse die Verwerfungen nur die Horizonte der wenig widerständigen Gesteine nebeneinander gebracht haben, drücken sich dann aber in der nächsten Landstufe durch deren Vorspringen im tieferen Flügel der Verwerfung aus (Reliefumkehr) (Fig. 5, Tafel 2; 8, Tafel 4; 12, Tafel 7; 13, Tafel 8).

d. Mulden und Gräben ebenso wie Sättel und Horste treten also im oberen Teile der Landterrassen im morphologischen Bild ungefähr hervor, löschen aus im unteren Teil der Landterrasse, in dem aber in Mulden und Gräben in Reliefumkehr Zeugenberge aufragen können.

4. *Das untere Ende der Landterrassen liegt vor den sie überhöhenden Schicht-*
   stufen.
   a. *Hier schmiegen sich die Landterrassen in Hügelwellen zwischen den Dellen[1]*
      und Nebentälchen dem Sohlenniveau der größeren Täler und der Haupt-
      täler an. Der untere Teil der Landterrasse, der gewöhnlich im wenig wider-
      ständigen Gestein ausgebildet ist, ist – wenn er keine jüngeren Aufschüttun-
      gen trägt (V., 3.) – von zahlreichen Dellen und Dellensystemen gegliedert,
      deren Hänge kantenlos muldenartig in die Sohlen der kleinen und größeren
      Täler übergehen, die hier den Charakter von Muldentälern haben (Fig. 9,
      Tafel 5).
   b. *Den Haupttälern entlang ziehen die Landterrassen in die hier vorhandenen*
      Buchten der Schichtstufen hinein (vgl. I., 5., e., sowie Fig. 9 u. 10, Tafel 5).
   c. *Die Landterrasse endet in den Buchten dort, wo die Flüsse die stufenbildende*
      Schicht gerade noch etwas durchschnitten haben (I., 5., c.–e.).
   d. *Sind die Hauptflüsse in die nächsttiefere widerständige Tafel schon inner-*
      halb der Stufenbuchten eingeschnitten, so wird die Landterrasse in den
      Stufenbuchten zur Denudationsterrasse. Diese endet als Fortsetzung der
      Landterrasse dort, wo die Oberfläche der widerständigen Gesteinstafel ins
      Flußniveau einsinkt. Dann erfolgt die Anschmiegung der Landterrasse an das
      Sohlenniveau der Haupttäler erst hier (I., 5., e. u. Fig. 10, Tafel 5).
   e. *Die Tiefenlinie der Landterrassen fällt mit dem beginnenden Stufenanstieg*
      zusammen.
   f. *Sie ist keine Isohypse, sondern liegt abseits der großen Täler absolut höher*
      und bei regelmäßiger Lagerung gewöhnlich auch höher im Profil der wenig
      widerständigen Schichten (I., 7., d.).
5. *Der mittlere Teil der Landterrasse:*
   a. *Die Landterrassen sind von der Zone an, in welcher Hauptflüsse die nächst-*
      tiefere, widerständige Schicht angeschnitten haben und die Strukturflächen
      herauskommen (III., 2., e.), immer deutlicher von den Talsohlen der Flüsse
      getrennt. Die Landterrassen erheben sich mit der stärkeren Zerschneidung
      des widerständigen Gesteins immer höher über die Talniveaus (Fig. 2. b
      links, s. Tafel 1).
   b. *Zwischen den größeren Tälern liegen also breitere oder schmälere Riedel-*
      flächen.

1 *Dellen sind flache Hohlformen mit einsinnigem Gefälle, deren Hänge in rundliche Formen*
  nach unten muldenförmig, also ohne Sohle, nach oben flachgewölbt zu den Riedelflächen
  oder in die Hänge der benachbarten Dellen übergehen. Sie treten als denudativ beherrschte
  Formen auf allen Flächen auf, sind in flachem Gelände lang und mehr oder weniger ver-
  zweigt, an steileren und steilen Hängen (Hangdellen) stark geneigt, kurz und unverzweigt.
  Charakteristisch ist das Fehlen des Gesetzes von Prall- und Gleithang. Sie sind nicht von
  dauernden Wasseradern durchflossen. Solche stellen sich erst ein, wenn die Flachdellen
  sehr lang werden und unbedeutende Schuttquellen sich an ihren Hängen finden. Mit dem
  dauernd fließenden Bach gehen sie allmählich oder plötzlich in schärfer oder schließlich
  scharf eingeschnittende Formen über (Erosionsformen). Dort hat die Delle ihr Ende er-
  reicht und geht in einen Tobel oder in ein Tal über. Hangdellen sind stets bachlos im Unter-
  schied zu Quelltälchen und Quelltrichtern.

c. *Diese Riedelflächen sind durch Dellen gegliedert.*

d. *Das Dellennetz ist im mittleren Teile der Landterrasse auf diesen Riedelflächen lockerer als in den unteren Teilen der Landterrasse. Es entspricht in seiner Dichte dem härteren und meist auch durchlässigeren Charakter des Gesteins.*

e. *Während die Dellen im unteren Teil der Landterrasse im wenig widerständigen Gestein sich mehr oder weniger baumartig verzweigen und sich oft schräg und entgegengesetzt zum Schichtfallen abdachen (keine Beziehung zur Schichtlagerung zeigen), sind beim Hervorkommen des widerständigen Gesteins und der Bildung von Riedelflächen diejenigen Dellenzüge größer und häufiger, die sich im Schichtfallen und -streichen hinziehen. Diese Dellenzüge entwickeln sich bei der Aufdeckung der Strukturflächen und der Eintiefung der Dellen in das widerständige Gestein auf Kosten der anders gerichteten (Dellenverlust).*

f. *Die Riedelflächen im widerständigen Gestein der Landterrasse sind im ganzen gesehen wellig, bestehen in der Hauptsache aus sich in schwacher Rundung verschneidenden Dellenhängen. Aber auch Strukturflächen treten hier dazwischen auf.*

g. *In den langen Dellen entstehen durch das zusammenrinnende Regenwasser und einzelne Schuttquellen Bäche, die die Dellen zu flachen Tälchen umgestalten. Sie liegen meist innerhalb einer breiteren, flachhangigen Mulde und sind in diese im widerständigen Gestein mehr oder weniger stark eingeschnitten. Es sind Riedel- oder Hochflächentälchen.*

h. *In ihnen herrscht eine geringe Erosion, die ihre sekundäre Basis dort hat, wo die tieferen Einschnitte beginnen (Fig. 14, Tafel 6).*

i. *Diese Tälchen ziehen gegen die Haupttäler hin und gehen in einem plötzlichen Knick in tief eingeschnittene Täler oder Schluchten über. Hier herrscht Rückwärtserosion (mittelbare Erosion), die vom Niveau der tiefen Täler aus langsam nach oben in die Flächentäler hinein fortschreitet und dort die Erosion belebt.*

6. *Das obere Ende der Landterrasse entspricht in seinem Wesen dem mittleren Teile der Landterrasse.*

a. *Ist das widerständige Gestein durchlässig, wird hier das Netz der Dellen noch lockerer als im mittleren Teil (III., 5., d.). In Kalk, Dolomit und in Gips treten Karsterscheinungen auf.*

b. *Die obere Verschneidung der Flachhänge der Hochflächentälchen und der Dellenbildungen liegt unter der Schichtoberfläche des widerständigen Gesteins. Die Gesamtoberfläche der Landterrasse zwischen den hier gewöhnlich weiter auseinanderliegenden Dellen und Hochflächentälchen ist nun wieder flacher als im mittleren Teile der Landterrasse, wo Strukturflächen noch eine Rolle spielen (III., 2., f. und III., 5., c.).*

7. *Die Trauf (I., 6.) ist zugleich das obere Ende der Landterrasse und die Oberkante der nächsten Schichtstufe.*

a. *Sie fällt nicht immer mit der höchsten Erhebung der Landterrasse zusammen.*

    b. Zwischen den Stufenhangtälchen und den großen Vorsprüngen der Schicht-
stufe liegt die Oberfläche der Landterasse oftmals niedriger als weiter ein-
wärts. Jedoch vollzieht sich der Anstieg von der Trauf zu den meist nahe-
gelegenen höchsten Teilen der Landterrasse dann stets in flachen Rücken-
formen.

    c. Zu manchen Stufenhangtälchen und Quelltrichtern an der Stufe ziehen aus
der Landterrasse flache, dellenartige Ursprungsmulden, selten auch längere
Dellenzüge (Fig. 15, Tafel 9).

8. *Die Breite der Landterrasse (d. h. ihre Ausdehnung senkrecht zum Schicht-*
streichen).

    a. Sie ist abhängig von der Neigung des Schichtpakets. Je flacher diese ist, um
so breiter sind die Landterrassen. So nehmen die Landterrassen Schwabens
mit dem Geringerwerden des Schichtfallens von Süden nach Norden an Brei-
te zu.

    b. Die Breitenausdehnung der Landterrasse zeigt, wie aus III., 1. hervorgeht,
auch Beziehungen zum Grad der Widerständigkeit und zur Mächtigkeit der
widerständigen Schicht. Ist diese groß und die Widerständigkeit bedeutend,
dann ist die Landterrasse entsprechend ihrem Verhältnis zur Schichtneigung
breit, im umgekehrten Fall schmal, weil eine schmächtigere widerständige
Tafel vom Stufenrand her kräftig zurückgedrängt (aufgezehrt) und von oben
her durch Hochflächentälchen und Dellen rasch zerstört wird. In gering-
mächtigen Schichten bildet sich oft keine Landterrasse heraus. Die Mächtig-
keit der an der Bildung der Landterrasse beteiligten hangenden, weniger wi-
derständigen Schichten hat für die Breite der Landterrasse gleichfalls Be-
deutung.

    c. Im Kartenbild erscheint naturgemäß nur die Projektion der wirklichen Brei-
tenausdehnung auf die Nullfläche. In den Erörterungen unter III., 9. ist
unter Breite diese Größe gemeint.

9. *Der Gesamtanstieg der Landterrasse von ihrem unteren bis zu ihrem oberen En-*
de ist der senkrechte Abstand des unteren Endes vom oberen Ende der Land-
terrasse. Er kann im Kartenbild nur aus den Höhenangaben abgelesen werden.
In den folgenden Erörterungen ist dieser Wert „Höhenanstieg" genannt. Der
Gesamtanstieg der Landterrasse ist in erster Linie von der Neigung der Schich-
ten abhängig. Ist diese groß, sind auch die Landterrassen verhältnismäßig steil.
Sie haben bei gleichen Widerständigkeits- und Mächtigkeitsverhältnissen einen
größeren Gesamtanstieg als bei flacherer Schichtlagerung, bei der der Gesamt-
anstieg der Landterrasse gering ist. Bei horizontaler Lagerung haben die Land-
terrassen kein Gefälle und daher auch keinen Gesamtanstieg.

Damit man sich hierüber klar werden kann, sei folgende geometrische Veran-
schaulichung gestattet, wobei zur Vereinfachung die Landterrasse mit der
Oberfläche der widerständigen Tafel gleichgesetzt werden soll. Ist die Schicht-
neigung (Winkel a) Null, dann ist der auf der Schichtneigung beruhende An-
stieg der Landterrasse y = o. Ist die Neigung 90°, dann ist der Anstieg y einer
fiktiven Landterrasse unbeschränkt, theoretisch unendlich[2]. Im Koordinaten-
system fällt die Landterrasse im zweiten Falle mit der Ordinate, im ersten mit
der Abszisse zusammen (Fig. 16).

Mit dem Höhenanstieg der Landterrasse y steht logischerweise auch deren Breitenausdehnung im Kartenbild x im Zusammenhang, und zwar entsprechend dem Tangens a, d. i. der Schichtneigung. Bei horizontaler Lagerung (tg 0 = 0) ist kein Höhenanstieg der Landterrasse vorhanden, ihre Breite kann jeden Wert > 0 annehmen, d. h. theoretisch kann jede Breite durch eine noch größere überboten werden. Bei senkrechter Schichtneigung (tg 90 = ∞) ist, wie oben vermerkt, der Höhenanstieg y unbeschränkt, die Breite x = 0, d. h. es ist keine Landterrasse vorhanden. Theoretisch besteht nur der Höhenanstieg, der gleichfalls beliebig groß sein kann.

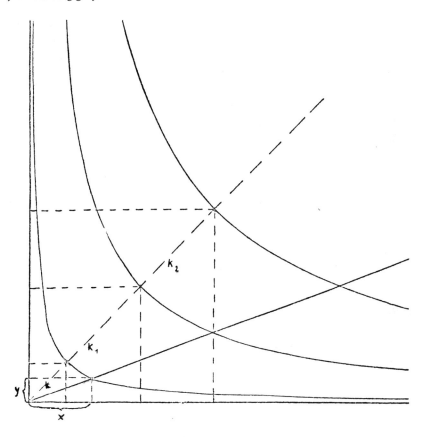

Fig. 16. Das Verhältnis von Breitenausdehnung und Höhenanstieg der Landterrassen in geometrischer Darstellung

2 *Hier wird das* Neumayr*sche Prinzip gestreift. Es handelt sich aber nicht um ein oberes Abtragungsniveau, über das die verschiedenen widerständigen Gesteine ihrer Beschaffenheit entsprechend nicht mehr aufragen können, sondern um die von oben kommende denudative Abtragung der Landterrasse, die gleichzeitig von der Arbeit der Quellen vom Stufenrande aus von unten her unterstützt wird.*

Wir haben oben gesehen, daß die Ausdehnung der Landterrasse von der Mächtigkeit des Stufenbildners und zum Teil der überlagernden weniger widerständigen Schicht sowie von dem Ausmaß der Widerständigkeit des Stufenbildners abhängig ist. Man kann in unserer Betrachtung diese Bedingungen für jeden einzelnen Fall als Konstante auffassen und sie zusammenfassend als $k = 1$ setzen. Daher kann man zur Veranschaulichung dieser Abhängigkeit die Beziehungen der Breite und des Höhenanstiegs der Landterrasse als Hyperbel darstellen, deren Achse die Winkelhalbierende des Achsenkreuzes (45^0) ist. Die Projektionen jedes Punktes der Winkelhalbierenden auf Abszisse und Koordinate sind jeweils einander gleich; ihr Verhältnis ist eins, d. h. die Projektion der Konstante oder der Maßstabeinheit auf die Ordinate oder Abszisse bestimmt die Lage der Scheitelpunkte in einer Hyperbelschar, deren Achse mit der Winkelhalbierenden zusammenfällt. Breite und Höhenanstieg der Landterrasse, die jeder Schichtneigung zukommen kann, werden durch den Schnittpunkt des freien Schenkels des Neigungswinkels a mit der Hyperbel bestimmt. Der Anstieg der Landterrasse ist durch die Projektion dieses Schnittpunktes auf die Ordinate, die Breite durch die Projektion auf die Abszisse gegeben. Die oben hervorgehobenen Bedingungen der Mächtigkeit der beiden Schichttafeln und des Widerstandsausmaßes des Stufenbildners bestimmen die Konstante k, die jeweils eine Hyperbel der Hyperbelschar definiert. Die Entfernung des Scheitelpunktes dieser Hyperbel vom Mittelpunkt des Achsenkreuzes ist definitionsgemäß die kürzeste Entfernung der Hyperbel vom Nullpunkt des Koordinatensystems. Alle anderen Punkte der Hyperbel haben eine größere Entfernung vom Nullpunkt des Koordinatensystems. Sie wächst bei zunehmendem wie bei abnehmendem Winkel a, bei kleinerem a auf Kosten der Höhe y, bei größerem a auf Kosten der Breite x. Diese Veranschaulichung klärt es, daß bei stärkerem Schichtfallen, etwa von 30^0 an, keine Schichtstufen und Landterrassen, sondern Schichttrippenlandschaften entstehen.

10. *Die Landterrasse ist in ihrer Anlage im oberen Teile älter als in den mittleren und unteren Teilen vor der zurückweichenden Stufe. Sie ist unten stets etwa so alt wie die darüber aufragende Landstufe (I., 9. c.); denn die Landterrassen werden durch die Rückwanderung der Stufen (II., 11.) an ihrem oberen Ende zerstört, an ihrem unteren Ende neu gebildet. Mit den Landstufen wandern auch die Landterrassen in langen Zeiträumen durch Zerstörung oben und Neubildung unten im Sinne des Schichtfallens langsam zurück.*

11. *Über die Landterrassen im Gesamtsystem der Stufenlandschaft s. IV., 2., a.–c.*

IV. Die Gesamtheit der Stufenlandschaft

In einem schwach geneigten oder flachliegenden Schichtkomplex von verschiedener Widerständigkeit bildet die Gesamtheit der Stufenlandschaft ein System der Oberflächengestalt, das das Ausstreichen des ganzen Schichtpakets beherrscht, bis zur untersten erosiv aufgeschlossenen Schichttafel, bei völliger Durchtalung des Schichtenkomplexes bis zu den die Schichttafeln unterlagernden Rumpfgebirgsfundamenten[3].

1. *Die Landstufen:*
   a. *Mit der Zerschneidung der obersten, jüngsten widerständigen Schicht entsteht die erste Landstufe.*
   x) *Sie ist die oberste Landstufe.*
   y) *Als solche ist sie die älteste im System.*
   z) *Durch die während des Aufsteigens (der Heraushebung) der Schichtmassen fortdauernde Zerschneidung, wandert sie rückwärts, hat also in ihrer Erscheinung ein weit jüngeres Alter als in ihrer Anlage.*
   b. *Das gleiche gilt für die Landstufen tiefer im Profil.*
   c. *Die unterste widerständige Schicht bildet die unterste Landstufe des Systems, die in ihrer Anlage die jünste ist.*
2. *Die Landterrassen.*
   a. *Die oberste Landterrasse im System ist die Dachlandterrasse.*
   x) *Sie entsteht mit der obersten Landstufe (IV., 1., a.) aus der einstigen Bildungsoberfläche der jüngsten Sedimente durch das Zusammenspiel erosiver und denudativer Vorgänge (in Anlehnung an die oberste widerständige Schicht und das darüberliegende Hangende jeder Art, z. B. Schotter, Tone, Braunkohle etc.).*
   y) *Ihr oberes Ende liegt an der Trauf der oberen Stufe, ihr unteres Ende wird aber von keiner Stufe mehr überragt. Die Dachlandterrasse geht, wenigstens theoretisch, in ein Küstenschwemmland oder in ein anderes Aufschüttungsflachland über.*
   z) *Im Gegensatz zu den tiefer im System entstandenen Landterrassen knüpft die Entstehung der Dachlandterrasse an eine ursprünglich mehr oder weniger ebene, freiliegende Bildungsoberfläche an.*
   b. *Die anderen Landterrassen entwickeln sich im Verlauf der Abtragung*
   x) *auf den Rücken der tiefer liegenden widerständigen Tafeln und in den weniger widerständigen Schichten darüber.*
   y) *Sie fügen sich den oben dargelegten Regeln.*
   z) *Die Unstetigkeitsflächen zwischen den weniger widerständigen Gesteinen und den darunter liegenden widerständigen Bildnern der nächsttieferen Stufe lassen in den Landterrassen den Einfluß der ursprünglich quasi horizontalen, nun tektonisch geneigten Bildungsflächen immer wieder aufs neue aufleben und zwar durch den Einfluß des widerständigen Gesteins auf die Gesamtabtragung, insbesondere auf die Denudation.*
   c. *Die Basislandterrasse ist die unterste Landterrasse im System. Sie dehnt sich vor der untersten Landstufe aus (IV., 1., c.).*
   v) *Sie ist in ihrer Anlage als Landterrasse die jüngste.*
   w) *Im Gegensatz zu den anderen Landterrassen kommt in der Basislandterrasse unter dem wenig widerständigen Gestein, das ihr unteres Ende*

3 *Die Beziehungen der Stufenlandschaft als Ganzes zur Neigung der Schichten geht aus den theoretischen Erörterungen unter III. 9. hervor. Bei einem Einfallen von über 30° entwickeln sich Schichtrippenlandschaften, bei Einfallen über 50° kommen auch diese kaum mehr in Erscheinung, weil die Breite der Landterrasse auf Kosten des zunehmenden Höhenanstiegs immer geringer wird und sich in den widerständigen Schichten Felsschroffen bilden.*

*aufbaut, nicht mehr die Oberfläche einer tiefer liegenden, widerständi-
gen Schicht hervor, sondern die Rumpffläche des die Sedimenttafel
tragenden Rumpfgebirgsfundaments und dessen ganz anders struierter
Gesteinskörper. Die Rumpf- oder Abtragungsfläche, die diesen abschneidet, ist die unterste Unstetigkeitsfläche, die, von ihren Unebenheiten
abgesehen, im großen und ganzen den Unstetigkeitsflächen im Sediment-
oberbau parallel verläuft. Sie spielt bei der Bildung der Basislandterrasse
die gleiche Rolle wie die Oberfläche einer widerständigen Tafel.*

   *x) Daher zieht die Basislandterrasse in die Gebirgsrümpfe hinüber, besteht zu
einem Stück aus der wiederaufgedeckten (exhumierten) Rumpffläche (III.,
2., c.), wird dann aber, ebenso wie die anderen Landterrassen, ins widerständige Gestein, also in die Rumpfmasse, hineingearbeitet.*

   *y) In den durchkneteten und petrographisch metamorphisierten Rumpf-
massen kann es nicht mehr zur Bildung von echten Landstufen kommen.*

   *z) Die Basislandterrasse hat nur an ihrem unteren Ende vor der untersten
Landstufe im System alle Eigenschaften einer Landterrasse. Es fehlt
ihr aber die Trauf und damit das obere Ende der normalen Landterrasse,
wie in der Dachlandterrasse das untere Ende fehlt. Die Basislandterrasse
verliert, je weiter von der untersten Landstufe entfernt, ihren Charakter.
Wo die Rumpfmassen mehr oder weniger bruchlos als Pultschollen oder
Aufbiegungen emporgehoben sind, geht die Basislandterrasse langsam
oder in Piedmonttreppen in die Rumpfbergländer über, die sich über
die Basislandterrassen erheben. Die Piedmontflächen sind durch Pied-
montstufen getrennt, die sich gegen den Gebirgsrand hin abdachen, also
entgegengesetzt geneigt sind wie der Abfall der Landstufen (Fig. 17).*

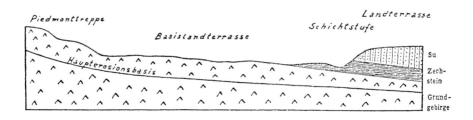

Fig. 17. Basislandterrasse und Piedmonttreppe

3. Das Wandern der Landstufen und Landterrassen.

   a. Wird ein Schichtkomplex, der einem Gebirgsrumpf auflagert, emporgehoben,
und kommen während der erosiven Zerschneidung die verschiedenen widerständigen Gesteinstafeln und schließlich der Rumpf in den Abtragungsbereich, so entstehen die verschiedenen Landstufen und Landterrassen gemäß
der Zerschneidung und wandern dieser folgend im Schichtfallen abwärts.

b. Die jeweils höheren Landstufen und Landterrassen im System wandern über den früheren und gegenwärtigen Ort der später entstehenden und tiefer im System liegenden hinweg. Die mit der Zerschneidung nach rückwärts wandernden Stufen zerstören jeweils die älteren, oberen Teile der an ihrer Trauf beginnenden Landterrasse, während durch den gleichen Vorgang der Rückwanderung die unten vor der Stufe beginnende Landterrasse an ihrem unteren Ende verbreitert wird. Jede Landterrasse wird also an ihrem oberen Ende durch die Stufenrückwanderung zerstört, an ihrem unteren Ende neu gebildet. Davon machen die Basislandterrasse und die Dachlandterrasse Ausnahmen.

> *y) Die Dachlandterrasse wird durch die Rückwanderung der obersten Stufe lediglich zerstört.*

> *z) Die Basislandterrasse kennt von oben her keine Zerstörung. Aus ihr steigen die Rumpfbergländer empor (IV., 2. c., z.) (Fig. 18).*

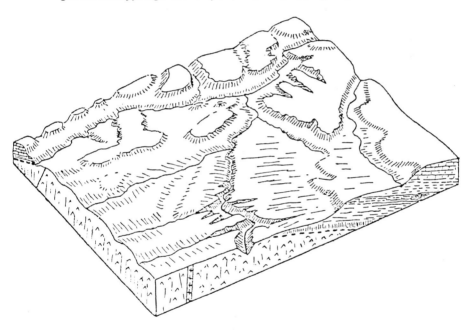

Fig. 18.   *Die wiederaufgedeckte und zerschnittene Rumpffläche des Grundgebirges am Rande des Morvan (Nach* E. de Martonne, *La France physique, S. 21)*

c. Die Landterrassen entwickeln sich also auf Kosten der ursprünglichen Bildungsoberfläche der jünsten Tafel und zugunsten der Rumpfmassen, die schließlich unter der rückwandernden Stufenlandschaft hervorkommen (exhumiert werden), im speziellen durch die Rückwanderung der untersten Stufe und die damit verbundene Wanderung der Basislandterrasse.

> *d. Im Bereich der Schichttafeln können diese durch den Prozeß der Stufen-
> bildung und Stufenrückwanderung in der tatsächlichen Landoberfläche
> niemals die Höhe erreichen oder behalten, die der tektonischen Hervor-
> hebung entspricht. Diese kommt in dem Ausmaß der Rückwärtswanderung
> der Landstufen und Landterrassen zum Ausdruck. Das Rückwandern ent-
> fällt in den Gebirgsrümpfen, die bloßgelegt werden. Während ihrer Wieder-
> aufdeckung können sie weit mehr als die Schichttafeln der Tektonik ent-
> sprechend emporsteigen.*
>
> *e. Das Rumpfgebirgsfundament bildet die Grundlage einer voll ausgebildeten
> Stufenlandschaft. Anschließend an die Basislandterrasse wird die alte Rumpf-
> fläche herausgearbeitet und umgebildet, die Rümpfe selber werden von Tälern
> zerschnitten und randlich von Piedmontstufen und Piedmonttreppen ange-
> kerbt. Im Rumpfgebirge kommt ein völlig anderer Gestaltungstypus zum
> Ausdruck. Über die Verknüpfung der Basislandterrassen und damit der Stu-
> fenlandschaften mit Piedmontflächen und Piedmontstufen s. Hermann-
> Wagner-Gedächtnisschrift, Peterm. Mitt. Erg.-H. 209, S. 104ff. und Geogr.
> Zschr. 1941, S. 309.*

V. Andersartige Bildungen in den Stufenlandschaften

Ältere Landflächen und Überdeckungen.

*1. Spuren älterer Landformen und älterer Überdeckung findet man in einer in
   dynamischer Fortbildung begriffenen Stufenlandschaft nur in den oberen,
   also entsprechend älteren Teilen der Landterrasse, etwa als in die Flachformen
   der Landterrassen flach hineingearbeitete Talböden, als Schotterreste und
   Einzelgerölle sowie als Braunkohlenquarzit, als Streu im Boden, als Karsterscheinungen in Karstschloten, als geköpfte Talenden, als Maare (Randecker
   Maar) usw.*

*2. Junge Aufschotterungen finden sich in den Haupttälern am Stufenfuß. Hier
   wird im Tiefsten der Landterrasse*

   *a. bei klimatisch bedingter Verstärkung der Schotterführung in den Flüssen
      der Schutt abgefangen, d. h. abgelagert.*

   b. Ebenso findet hier, wenn Senkung eintritt, Ablagerung statt.

*3. Rückt eine Stufenlandschaft in den Ablagerungsraum hinein, werden zunächst
   die Tiefenzonen der Landterrasse mit „Verkleibungen"[4] zugesetzt, etwa durch*

---

4 *Verkleibungen nennt man den Lehm- oder Mörtelaufstrich in den Fächern der Fachwerk-
   bauten, über den Ausfüllungen mit Flechtwerk oder leichter Mauerung. Die Verkleibungsflächen bestehen aus dem aufgetragenen Lehm oder Mörtel, zwischen denen aber, da der
   Verputz mit der Kelle abgestrichen wird, da oder dort Flechtwerk oder Vermauerung her-
   vorkommt. Morphologisch verstehe ich unter Verkleibungsflächen Landschaften, die aus
   abgelagerten, z. T. aber auch wieder erosiv oder denudativ umgelagerten Lockermassen
   bestehen, zwischen denen gelegentlich das ältere, festere Gestein hervorkommen kann, oft
   ohne zu wesentlichem morphologischem Ausdruck zu kommen. Solche Flächen kann man
   nicht als Rumpfflächen ansprechen. John H. Wellington (Zambezi-Okovango Development
   Projects, Geogr. Rev. 1949, S. 552) nennt das Sandfeld der Kalahari eine „Peneplain of
   accumulation" da oft Gesteinsflächen oder Inselberge den Sand durchragen. Diese Bezeichnung meint wohl das, was ich „Verkleibungsfläche" nenne.*

Schotter, Sande, Tone, Braunkohle usw. Die oberen Teile der Landterrassen und der Landstufen bilden dann langgestreckte Rücken von Stufencharakter, die sich über die Aufschüttungsebenen oder Aufschotterungsfächer erheben. Wird die Verkleibung so mächtig, daß sie die Unterkante des Stufenbildners überschreitet, die Quellhorizonte unter ihr also morphologisch unwirksam werden, so wird die Stufe fossiliert. Die auf den Schotterflächen pendelnden Flüsse können durch Seitenerosion die noch aufragenden Stufenreste anschneiden, sogar abtragen. Jedoch bleibt die Stufe in ihrem unteren Teil als fossiles Gebilde erhalten. Unter Umständen kann die ganze Stufenlandschaft im Schutt ertrinken, eingebettet werden. Dann können sich auf der Oberfläche der Verkleibungen, auf den Verkleibungsflächen, Flußsysteme herausbilden, die von den alten, die einst die Veranlassung zur Bildung der Stufenlandschaft waren, völlig unabhängig sein können (Fig. 19, Tafel 10).

4. *Rückt die mit Verkleibungen eingedeckte Stufenlandschaft wieder in den Abtragungsbereich, so werden die Lockermassen anscheinend ziemlich rasch und mehr oder weniger vollständig entfernt, die Landstufen und Landterrassen wieder freigelegt. Die während der Einschotterung in die höheren Teile der Landterrassen wie der Landstufen im widerständigen Gestein eingearbeiteten erosiven Flachformen sind an der wieder herauspräparierten Stufenstirn deutlicher zu erkennen als auf der Seite der Landterrasse. Sie werden erst mit dem erneuten Zurückweichen der Stufe zerstört (Muschelkalkstufe in Ostthüringen). War die Stufenlandschaft in den Verkleibungen völlig begraben und haben sich auf den „Verkleibungsflächen" Flußsysteme entwickelt, so bleiben diese erhalten. Sie können während der Ausräumung der Lockermassen den hervorkommenden Körper der alten Stufenlandschaft zerschneiden und bei deren Wiederauflebung wesentliche Änderungen verursachen.*

5. *Die Herauspräparierung der Stufenlandschaft aus den Verkleibungen erfolgt allmählich und örtlich verschieden in Abhängigkeit von dem auf den Verkleibungen entstandenen und sich nun epigenetisch einsenkenden Gewässernetz. Eine etwaige Neubelebung der Stufenrückwanderung hängt selbstverständlich von der Gesamtheit der Änderungen im tektonischen, klimatischen und hydrographischen Komplex ab. Die Stufen wandern dort zurück, wo die widerständigen Schichten neu zerschnitten werden.*

VI. Formenkomplexe

Sowohl die Landterrassen wie die Landstufen sind Formeneinheiten, gebildet nach den oben dargelegten Regeln im Ineinandergreifen der erosiven Vorgänge (der Zerschneidung der Schichtpakete durch die ursprünglichen Hauptflüsse und der höheren Teile der Landterrasse durch die mittelbare Erosion der nachträglichen Flüsse) und der denudativen Vorgänge, insbesondere wohl der Dellenbildung und der damit verbundenen flachwelligen denudativen Erniedrigung (Niedrigerschaltung) ursprünglicher Ebenheiten in Anpassung an das Gestein. Am Ausstreichen der widerständigen Tafeln entsteht der Formensprung von der Landterrasse zur Landstufe. Landstufen und Landterrassen sind wohl Formeneinheiten, aber keine zeitlich einheitlichen Bildungen. Wie die Landterrasse in ihren verschiedenen Teilen verschiedenes Alter hat, so kann auch eine Schichtstufe in ihrem Streichen sehr verschieden alt sein. Darin besteht ein wesentlicher Unterschied dieses in hohem Maße denudativ gebildeten Formenkomplexes zu den reinen Erosions- und Akkumulationsformen. Die in dem einen Komplex mit Recht angewendeten Methoden der Analyse führen, auf den anderen angewendet, zu Fehlschlüssen und Irrwegen der Deutung. –

Die Stufenlandschaften kommen, wohl nur mit Ausnahme der rein durch Inlandeis geformten Gebiete, in allen Klimaten vor, wo das Zusammenspiel von erosiver und denudativer Arbeit herrscht. Sie werden durch einen zeitlichen Klimawechsel nicht ausgelöscht. In dem historischen Komplex, den jede großräumige Skulptierung darstellt, setzt sich – bei der entsprechenden Gesteinslagerung – stets das Prinzip der Stufenlandschaft durch, allem Anschein nach auch im Bereich äolischer Denudation. Bei eingehender Analyse werden sich wohl sekundäre Unterschiede in der Formung und Umbildung der Stufenlandschaft in den verschiedenen Klimaten zeigen, da die denudativen wie auch die erosiven Vorgänge verschiedenartig, aber im Grunde nicht wesensverschieden sind.

Abgeschlossen im November 1951.

Tafel 1

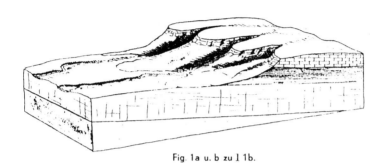

Fig. 1a u. b zu I 1b.

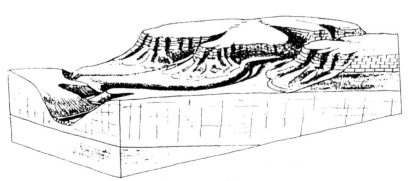

Fig. 2a u. b zu I 1c.

Tafel 2

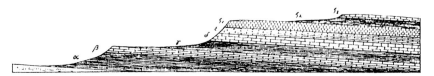

Fig. 3. Idealprofil der Schwäbischen Alb zu I 1ez.

Fig. 4 zu I 2b.

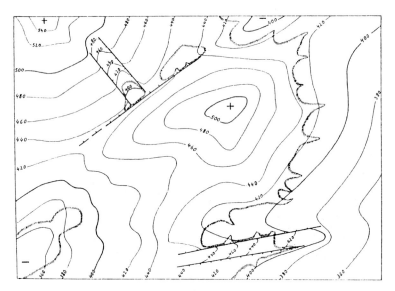

Fig. 5. Schemakarte. Streichkurven und Verlauf der Schichtstufen
zu I 3b, II 6, III 3c.

Fig. 6 zu I 3b, III 3b.

Fig. 7. Elbtal und Sächsische Schweiz
(Nach W. Behrmann, Die Erde, Bd. I, S. 215)
zu I 3d, II 10.

Tafel 4

Fig. 8. Côtes Lorraines und Moselbergland zu I 4 a, II 2, II 4, III 3 a, III 3 c.

Tafel 5

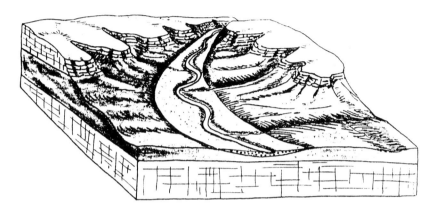

Fig. 9 zu I 5c, III 4a, III 4b.

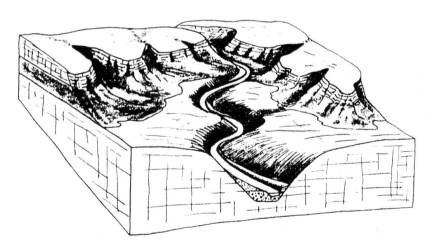

Fig. 10 zu I 5e, III 2d, III 4b, III 4d.

Tafel 6

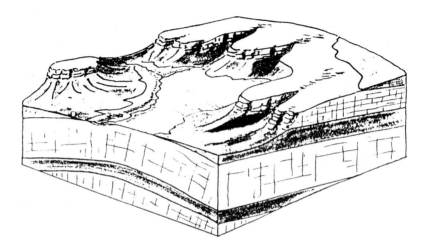

Fig. 11 zu II 2, II 4.

(Fig. 12 u. 13 siehe Tafel 7 u 8)

Fig. 14 zu III 5 h.

afel 7

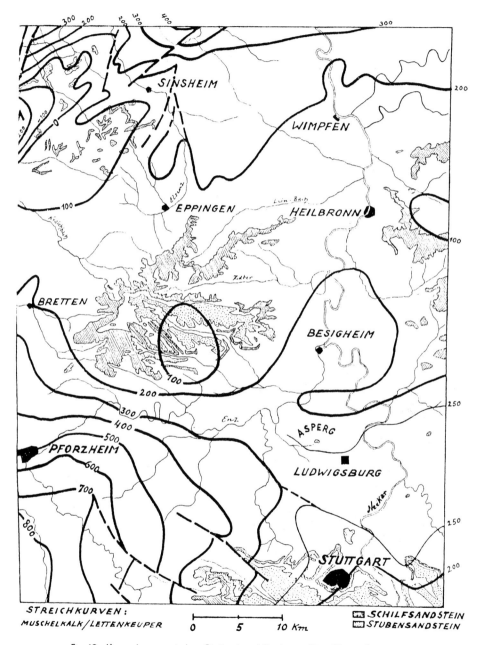

Fig. 12. Keuperberge zwischen Stuttgart und Sinsheim. Streichkurvenkarte
zu II 5, II 6, III 3c.

Tafel 8

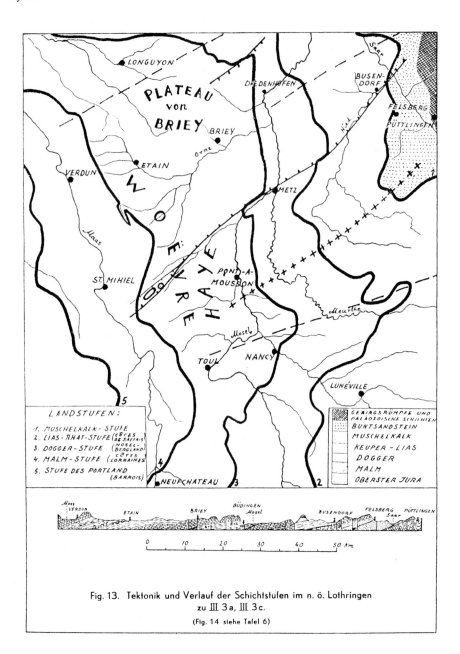

Fig. 13. Tektonik und Verlauf der Schichtstufen im n. ö. Lothringen
zu III 3a, III 3c.

(Fig. 14 siehe Tafel 6)

Tafel 9

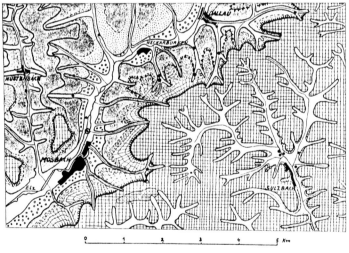

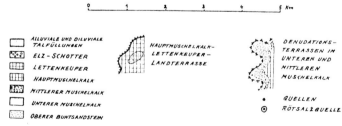

Fig. 15 a. Reliefkarte, Fig. 15 b. Morphologische Karte
der Umgebung von Mosbach
zu III. 7 c.

Geographisch-Kartographische Anstalt Gotha

Tafel 10

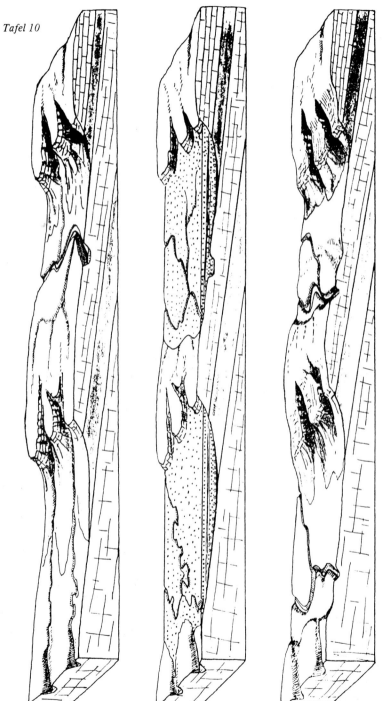

Fig. 19. Verkleibung und Wiederaufdeckung einer Stufenlandschaft
Eine Folge von Blockdiagrammen
zu V 2 bis V 4.

SCHMITTHENNERS THEORIE DER SCHICHTSTUFENLANDSCHAFT IN HEUTIGER SICHT

Von Helmut Blume (Tübingen)

Zur Einführung

In zahlreichen Veröffentlichungen hat sich Heinrich Schmitthenner zur Problematik des Schichtstufenreliefs geäußert. Auf Grund sorgfältiger Geländebeobachtung und theoretischer Verarbeitung der Befunde entwickelte er eine Deutung der Genese des Schichtstufenformenschatzes, die als die einzyklische Theorie des Schichtstufenreliefs bezeichnet werden kann. Denn nach Schmitthenners Vorstellung werden die beiden wesentlichen Formenelemente des Schichtstufenreliefs, die Stufenhänge und die sich zwischen ihnen erstreckenden Stufenflächen, gleichzeitig gebildet. Ferner gelangte Schmitthenner zu der Auffassung, daß das Stufenrelief ein besonderer Relieftypus sei, der sich — sowohl strukturell als auch lithologisch gesteuert — in Bereichen flach lagernder Sedimentgesteine überall auf der Erde, d. h. in allen Klimazonen einstelle.

Die Ergebnisse seiner Schichtstufenforschung faßte Schmitthenner in seinen letzten Lebensjahren in zwei Veröffentlichungen zusammen, von denen die erstere und kürzere, 1951 verfaßt und 1954 publiziert, in diesem Bande wieder abgedruckt ist. Wie ihr Titel „Die Regeln der morphologischen Gestaltung im Schichtstufenland" zum Ausdruck bringt, beinhaltet diese Arbeit eine systematische Zusammenstellung der Formungsprinzipien im Schichtstufenrelief. Daß Schmitthenner sich der im einzelnen unterschiedlichen Ausprägung des Schichtstufenreliefs wohl bewußt war, wird aus folgender Bemerkung deutlich: „Es werden sich wohl sekundäre Unterschiede in der Formung und Umbildung der Stufenlandschaft in den verschiedenen Klimaten zeigen, da die denudativen wie auch die erosiven Vorgänge verschiedenartig, aber im Grunde nicht wesensverschieden sind" (Schmitthenner 1954, S. 10).

In seiner letzten, ausführlicheren Arbeit zum Schichtstufenproblem, der Schrift über die „Probleme der Schichtstufenlandschaft" (1956) räumte Schmitthenner dem Einfluß der klimatischen Komponente auf die Schichtstufenlandschaft ein eigenes Kapitel ein. Dies erwies sich als notwendig, weil sich in jenen Jahren der Übergang vom tektogeomorphologischen zum klimageomorphologischen Ansatz in der genetischen Erklärung des Formenschatzes vollzog. Doch stellte Schmitthenner im Anschluß an die Diskussion von Arbeiten mit klimageomorphologischem Ansatz, so denjenigen von Mortensen (1947) über alternierende Abtragung und von Tricart (1951) über das östliche Pariser Becken erneut fest, daß Schichtstufen und Landterrassen in allen Klimaten aufträten (Schmitthenner 1956, S. 65). In einer Stufenlandschaft „setzen sich Strukturelemente, die Abtragungsprozesse steuernd, in allen Klimaten durch, so daß im Wesen Gleiches gebildet und weitergebildet wird" (1956, S. 69).

Der von Schmitthenner entwickelten einzyklischen Theorie der Schichtstufenmorphogenese stehen zwei Modellvorstellungen gegenüber, die eine zweizyklische
Genese des Schichtstufenreliefs postulieren. Die ältere Annahme einer tektonisch
bedingten zweizyklischen Entwicklung geht auf Davis (1899) zurück, die sehr
viel jüngere Vorstellung einer klimatisch bedingten zweizyklischen Entwicklung
auf Mortensen (1947), Tricart (1951) und Büdel (1957).

Bei dem tektogeomorphogenetisch zweizyklischen Erklärungsansatz wird davon
ausgegangen, daß sich das Schichtstufenrelief aus einer Peneplain entwickle, welche
den Endzustand eines ersten Zyklus repräsentiere; die mit einem zweiten Zyklus
einsetzende Erosion und Denudation formten das Stufenrelief in struktureller und
petrographischer Abhängigkeit aus. Demgegenüber geht der klimageomorpho-
genetisch zweizyklische Erklärungsansatz davon aus, daß die Schichtstufen unter
klimatischen Verhältnissen gebildet und weitergebildet würden, welche die Tiefen-
erosion förderten, daß hingegen die Stufenflächen in Zeiten eines die Flächenspülung begünstigenden Klimas entstünden und weitergebildet würden; mit anderen
Worten, klimatischer Wechsel und damit zugleich ein Wechsel der Morphodynamik,
von Mortensen (1947) als „alternierende Abtragung" bezeichnet, seien die wesentlichen Voraussetzungen für die Entstehung und Weiterbildung des Schichtstufenreliefs.

Gemessen an diesen beiden zweizyklischen Modellvorstellungen besticht die
Schmitthennersche einzyklische Theorie der Schichtstufenmorphogenese, die von
Büdel (1957) als die „klassische" Schichtstufentheorie bezeichnet wurde, durch die
Geschlossenheit und Schlüssigkeit ihrer Konzeption. Auf Grund der Feststellung,
daß die von ihm erkannten Grundregeln der Schichtstufengenese weltweit Gültig-
keit besitzen, ergibt sich für Schmitthenner die wichtige Erkenntnis: „Die Schichtstufenlandschaft ist ein Ausdruck des inneren Baues, an den sich die Landoberfläche in allen Klimaten und in allem klimatischen Wechsel anpaßt" (1956, S. 66).

Heinrich Schmitthenners geomorphologisches Lebenswerk, in dem die Schichtstufenforschung eine so herausragende Rolle spielt, habe ich nach seinem Tode
gewürdigt (Blume 1958) und dabei die Meinung geäußert, daß seine Vorstellungen
der Stufenlandschaftsgenese bleibend auf die morphologische Forschung einwirken
werde. In diesem Zusammenhang sei auch auf die Feststellung von Dongus (1977b)
verwiesen, es gäbe nur wenige Geomorphologen, deren Theorien den Übergang von
der tektogeomorphologischen zur klimageomorphologischen Forschung mit so
geringen Modifikationen überstanden, wie diejenige Schmitthenners. „So gehören
gerade die letzten Arbeiten des Seniors der Schichtstufenforschung zum bleibenden
Besitz der heutigen Geomorphologengeneration" (Dongus 1977 b, S. 214).

Die vor und während Schmitthenners Forschungstätigkeit lebhafte Diskussion
über die Problematik des Schichtstufenreliefs hat sich, vor allem in der deutschen
Geomorphologie, bis heute fortgesetzt, ohne an Lebhaftigkeit einzubüßen. So ist
die Genese von Schichtstufenreliefs noch immer eines der zentralen Themen geo-
morphologischer Forschung. Dies kommt darin zum Ausdruck, daß der 1973 gegründete Deutsche Arbeitskreis für Geomorphologie bei seinen Jahrestagungen
1975 in Tübingen und 1986 in Göttingen als Schwerpunkt das Thema „Strukturbetonte Reliefs" bzw. „Strukturabhängige Formen" wählte.

Angesichts der Ausweitung der Schichtstufenforschung in alle Klimate der Erde, von der zu Lebzeiten Schmitthenners noch nicht die Rede sein konnte, angesichts auch der in den letzten Jahrzehnten verfeinerten geomorphologischen Arbeitsmethoden und der mit ihnen weltweit gewonnenen Detailerkenntnisse über Morphodynamik und Morphogenese in Schichtstufenreliefs erschien es mir angebracht, den Stand der Schichtstufenforschung in globaler Sicht aufzuzeigen (Blume 1971). Dieser Schrift, die ich dem Andenken meines verehrten Lehrers Heinrich Schmitthenner widmete, gab ich den gleichen Titel, mit dem Schmitthenner (1956) die letzte, zusammenfassende Darstellung seiner Schichtstufentheorie überschrieben hatte: „Probleme der Schichtstufenlandschaft". Welches Bedürfnis zur Vergegenwärtigung des seinerzeitigen Forschungsstandes bestand, geht daraus hervor, daß fast gleichzeitig die Übersicht von Schunke u. Spönemann (1972) über „Schichtstufen und Schichtkämme in Mitteleuropa" herauskam. Beide Publikationen erschienen rund 15 Jahre nach Schmitthenners Tode. Nach wiederum gleichem Zeitabstand sprach Stingl (1986) in seinem Vortrag auf der Jahrestagung des Deutschen Arbeitskreises für Geomorphologie in Göttingen unter dem Thema „Neue Ergebnisse zum alten Thema Struktur- und Skulpturformen?" von der Notwendigkeit, sich erneut über den inzwischen erreichten Stand der Schichtstufenforschung orientieren zu müssen.

Ein Beitrag hierzu soll mit diesen Ausführungen geliefert werden. Der umfangreiche Fragenkomplex kann hier, ebenso wie in meiner Einführung zum Rahmenthema „Strukturbetonte Reliefs" der Jahrestagung 1975 des Deutschen Arbeitskreises für Geomorphologie (Blume 1976) nur angerissen werden. Lediglich ausgewählte Aspekte der Schichtsufenforschung können hier erörtert werden, wobei deren Präsentation und Diskussion sich vorrangig an die Konzeption Schmitthenners (1954) in dem oben abgedruckten Aufsatz „Die Regeln der morphologischen Gestaltung im Schichtstufenland" anlehnt. So werden im folgenden in gebotener Kürze Morphodynamik und Morphogenese der Stufenhänge, der Stufenflächen und des Schichtstufenreliefs als Ganzem erörtert, wobei, wie in den Schmitthennerschen Arbeiten, das bei horizontaler Schichtlagerung ausgebildete Schichttafelrelief und das bei stärkerem Schichteinfallen zustandekommende Schichtkammrelief nicht berücksichtigt werden.

Stufenhänge

Morphographie und Morphodynamik. Morphographisch zeigen die Stufenhänge eine weitaus größere Mannigfaltigkeit, als sie Schmitthenner auf Grund der zu seiner Zeit noch begrenzten Beobachtungsgrundlagen annehmen konnte. Diese Feststellung bezieht sich sowohl auf den Aufriß als auch auf den Grundriß der Stufen.

Bezüglich des Aufrisses hat sich in den drei Jahrzehnten seit der Publikation der letzten Schmitthennerschen Arbeiten die Unterscheidung von Walm- und Traufstufenhängen als ebenso zweckmäßig erwiesen wie die Differenzierung in den Stufenoberhang, d. h. den Hangteil im Bereich der hangenden widerständigen Gesteinslagen (Stufenbildner), und in den Stufenunterhang (Stufensockel) im Bereich der liegenden, wenig widerständigen Gesteinslagen (Goedeke 1966). Wenn generell ein konkaves Profil für die Stufenhänge charakteristisch ist, so zeigen sich doch sowohl im Stufensockel als auch im Stufenbildner außerordentliche Unterschiede in der Hangneigung. Dabei ist das eine Extrem eine nur geringe Hangversteilung vom Stufensockel in den Stufenbildner, das andere ist ein durch Wandbildung im Stufenbildner verursachter Gefällsknick zwischen Stufenunter- und -oberhang.

Große Bedeutung kommt auch der Unterscheidung von Front- und Achter- stufen mit Bezug auf die Relation der Hangneigung zum Einfallen der Schichten zu (Mortensen 1953). Wenn Schmitthenner als Regel definierte, daß sich die Schichtstufen dem Schichtfallen entgegengerichtet abdachen (1954, S. 3, Regel I,2), so muß festgestellt werden, daß dies nur für Frontstufen gilt. Für diese ent- gegen dem Schichtfallen geneigten Stufenhänge haben Schunke u. Spönemann (1972) den Begriff der konträren Stufenstirn bzw. des Konträrhanges vorgeschla- gen und dementsprechend für die in Einfallsrichtung der Gesteinsschichten ge- neigten Achterstufen den Begriff der konformen Stufenstirn bzw. des Konform- hanges. Diese Begriffe haben sich allerdings nicht durchgesetzt.

Die angeführten Differenzierungen im Aufriß der Stufenhänge gelten nicht nur für Schichtstufenreliefs, die in unterschiedlich resistenten Sedimentgesteinen aus- gebildet sind, sondern auch für solche, in denen flach gelagerte, unterschiedlich resistente Vulkanite auftreten, wie beispielsweise Lavadecken und dazwischen geschaltete Tufflagen in Island, im indischen Dekkanplateau und im äthiopischen Hochland. Sie gelten auch für Deckgebirgs- und selbst für Grundgebirgsbereiche in semihumiden bis semiariden tropisch-subtropischen Klimaten, in denen die Resi- stenzunterschiede, die sonst im Schichtstufenrelief petrographisch bedingt sind, durch das Übereinander von (lateritischer) Kruste und unterlagerndem Gesteins- zersatz hervorgerufen werden. Wenn Louis (1966) derartige Stufen als homo- lithisch im Gegensatz zu normalerweise heterolithischen Schichtstufenhängen be- zeichnet, so erscheint dies im Hinblick auf den wie in jedem Schichtstufenrelief so auch bei den Krustenstufen ausgeprägten Resistenzunterschied zwischen wider- ständigem Stufenbildner und gering widerständigem Stufensockel als nicht sinn- voll (Blume u. Barth 1979).

Hinsichtlich des Grundrisses lassen sich sowohl geradlinig-gestreckter als auch zerlappter Stufenverlauf unterscheiden. Geradliniger Stufengrundriß ist relativ selten, auf Frontstufenhänge beschränkt und kann durch tektonische Hebung verursacht sein (Young 1985). Vorbedingungen in anderen Fällen sind kräftige Rutschungsvorgänge im Stufensockel und eine starke hangparallele Klüftung des Stufenbildners (Barth 1977). Gravitativer Felsabbruch ist die Folge. Treten in einem Schichtstufenrelief sowohl Front- als auch Achterstufen auf, zeigen die Achterstufen (Konformhänge) durchweg eine stärkere Gliederung als die Front- stufen (Konträrhänge).

Die mannigfaltigen Unterschiede in der Gestaltung der Stufenhänge erklären sich dadurch, daß die sie bedingenden geomorphodynamischen Prozesse durch eine ganze Reihe von zum Teil interdependenten Faktoren gesteuert und damit in ihrer Art und Intensität modifiziert werden. Unter den die Morphodynamik an

Stufenhängen steuernden Faktoren müssen die strukturellen und lithologischen Bedingungen an erster Stelle genannt werden, weil sie die unabdingliche Voraussetzung für die Ausbildung des Schichtstufenreliefs als eines spezifischen Typs der Oberflächengestaltung sind. Neben dem Einfallswinkel des Schichtpaketes haben auch die Mächtigkeitsrelationen der hangenden resistenten und der unterlagernden wenig resistenten Gesteinslagen großen Einfluß auf die Formungsprozesse. Auch läßt sich die Feststellung treffen, daß sich mit Zunahme der Resistenzunterschiede zwischen Stufenbildner und Stufensockel die Intensität der Morphodynamik verstärken und demzufolge das Stufenrelief besonders akzentuiert modelliert werden kann. Überdies wirken sich der jeweilige Grad der Reliefenergie und besonders die jeweilige Lage zum Vorfluter (Erosionsbasis) auf die Intensität der Morphodynamik aus.

Die Art der geomorphologischen Prozesse, die in Gegenwart und/oder Vergangenheit ein Schichtstufenrelief form(t)en, hängt überwiegend von den jeweiligen klimatischen und hydrologischen Gegebenheiten ab, wobei extreme Witterungsbedingungen in besonderem Maße die Intensität der Morphodynamik steigern. Doch ist in den Schichtstufenreliefs, unabhängig von ihrer Lage in unterschiedlichen Klimaten, zu beobachten, daß zum Teil auf engem Raum an den Stufenhängen Abschnitte mit starker und solche mit schwacher Morphodynamik, selbst mit Abtragungsruhe, nebeneinander vorkommen.

Schmitthenner war der Ansicht, daß an den Stufenhängen rückschreitende Erosion und, auf Grund des hydrologisch unterschiedlichen Verhaltens von Stufenbildner und Stufensockel, vor allem die grundwasserbedingte Formung (Quellerosion) die wesentlichen geomorphologischen Prozesse seien. Beide erklären nach Schmitthenner den meist zerlappten Grundriß einer Schichtsufe. Diese Erkenntnis wurde in den humiden Mittelbreiten gewonnen, aus denen allein die Geländebeobachtungen zunächst stammten.

Wenn Schmitthenner in seiner letzten Schichtstufenarbeit (1956) ausführlich auf den Einfluß vorzeitlicher Morphodynamik auf das heutige Formenbild der Schichtstufenreliefs einging, so war ihm bezüglich der Stufenhänge wie bei der Einschätzung der Morphodynamik auf den Stufenflächen (vgl. weiter unten) verständlicherweise die spätere Erkenntnis noch fremd, daß der heutige Formenschatz in den humiden Mittelbreiten größtenteils durch periglaziale Morphodynamik während der pleistozänen Kaltzeiten geprägt wurde. Wie wir heute wissen, sind die aktuellen morphodynamischen Prozesse in den humiden Mittelbreiten an den Stufenhängen generell außerordentlich gering. Die von Schmitthenner für die humiden Mittelbreiten angenommene grundwasserbedingte Formung an den Stufenhängen äußert sich weniger durch Quellerosion als vielmehr durch bandartig an der Gesteinsgrenze von Stufensockel und Stufenbildner austretendes Grundwasser. Dies hat Durchfeuchtung der periglazialen Hangschuttdecken zur Folge und führt zu Abtragungsvorgängen wie Subrosion und Bodenkriechen. Spülprozesse nach Starkregen bewirken besonders bei anthropogenen Einflüssen wie beispielsweise der Beseitigung der Vegetationsdecke oder unsachgemäßer Anlage von Wegen am Stufenhang flächige oder lineare Abtragung. Vereinzelt treten auch Rutschungen im Stufensockel und damit verbunden Schollenrutschungen und Felsstürze im Stufenbildner auf.

Dies sind zweifelsohne die intensivsten Abtragungsprozesse an Stufenhängen, die jedoch bei der aktuellen Morphodynamik in den humiden Mittelbreiten eine relativ bescheidene Rolle spielen. Untersucht sind die aktiven Rutschungen an der Wellenkalkstufe der Mackenröder Spitze östlich von Göttingen (Mortensen 1960), im Knollenmergel des württembergischen Keuperberglandes (Zeese 1971) und an der Malmstufe der Schwäbischen Alb (Hölder 1953). Die in jüngster Zeit (1983) bedeutendste Rutschung am Albrand bei Mössingen hat Bibus analysiert (1986). Wenn die gesamten Stufenhänge der Schwäbischen Alb in starkem Maße durch Rutschungen geprägt sind, so erklärt sich dies indessen durch vorzeitliche Abtragungsprozesse, wie das auch für andere Stufenreliefs der humiden Mittelbreiten gilt, wie beispielsweise für die Hauptschichtstufe der Benbulben Range in Nordwestirland (Remmele 1984).

Ganz offensichtlich ist die Intensität rezenter morphodynamischer Prozesse gegenüber den humiden Mittelbreiten in anderen Klimaten erheblich stärker. Im periglazialen Bereich beispielsweise hat die Frostverwitterung an den als Wände ausgebildeten Stufenoberhängen große Bedeutung, und an den Stufenunterhängen spielen sich solifluidale Prozesse ab. Außerdem gibt es in beträchtlichem Umfang Spülprozesse zur Zeit der Schneeschmelze. Abspülung ist gleichfalls ein Merkmal der Morphodynamik in tropisch-humiden bis -semihumiden und in ariden Klimaten, wobei diese im humiden Bereich durch die Wirkung sowohl der kräftigen grundwasserbedingten Formung als auch durch chemische Verwitterung verstärkt wird, wie es Barth (1970) für die Mampong-Schichtstufe im südlichen, feuchttropischen Ghana gezeigt hat. Unter ariden Verhältnissen trägt neben der physikalischen Verwitterung vor allem das Zusammenwirken linearen und flächenhaften Wasserabflusses zur Formung der Stufenhänge bei. Daraus resultiert die Ausbildung von dreiecksförmigen Schuttrampen (Talus Flatirons, Koons 1955), die eindrucksvoll junge Stufenrückverlegung beweisen (Blume u. Barth 1972). Ihre Formung entspricht derjenigen von Rampenstufen im anstehenden Gestein von Schichtkammrückhängen, die erstmals von Gilbert (1877) aus den Trockengebieten im Westen der USA beschrieben wurden und heute aus den verschiedensten Trockengebieten unter den Bezeichnungen Flatiron bzw. Chevron bekannt sind. Schuttrampen und Rampenstufen müssen als spezifische Formenausbildung im Schichtstufen- bzw. Schichtkammrelief arid-semiarider Klimate gelten. In den Wüsten kommt auch der Windkorrasion bei der Formung der Stufenhänge örtlich große Bedeutung zu (Hagedorn 1968).

Die vielfach auch in den humiden Mittelbreiten durch Steilhang- und Felswandbildung im Stufenbildner akzentuierte Formung der Stufenhänge ist, wie bereits erwähnt, dort nicht das Ergebnis rezenter, sondern überwiegend vorzeitlicher Morphodynamik. Es ist heute eine gesicherte Erkenntnis, daß in Schichtstufenreliefs des periglazialen Bereichs die Stufenober- und -unterhänge, sofern sie nicht als Glatthänge ausgebildet sind, beträchtliche Unterschiede in ihrer Neigung aufweisen können und daß in diesem Fall die Stufenoberhänge meist als Wand ausgebildet sind. Allerdings ist im rezent periglazialen Bereich die seit dem Ende der Vereisung zur Verfügung stehende Zeit zu kurz, als daß bei der auch in dieser Klimazone herrschenden Vielgestaltigkeit der Stufenhänge (Garleff 1983) allgemein gültige Aussagen zur periglazialen Hangformung möglich wären.

Eine generelle Tendenz zur Versteilung der Stufenhänge und zur Wandbildung im Stufenbildner läßt sich in Schichtstufenreliefs der humiden Tropen und in Bereichen arider Morphodynamik beobachten, d. h. in völlig verschiedenartigen Klimaten mit dementsprechend unterschiedlicher Morphodynamik. In diesen so verschiedenen Klimaten können sich die morphologischen Prozesse mit solcher Intensität abspielen, daß — unter Voraussetzung der dafür notwendigen strukturellen und petrographischen Bedingungen — die Abtragungsvorgänge steile Stufenhänge und insbesondere Wandbildung verursachen. Zu Besonderheiten der Stufenhangformung kommt es in allen Klimaten, wenn der Stufenbildner ein Kalkstein ist, in dem Lösungsprozesse wirksam waren oder sind.

Wenn Abtragungsprozesse, wie oben erwähnt, durchaus nicht überall an einer Schichstufe zu beobachten sind, sondern abschnittweise weniger intensive Morphodynamik oder gar Formungsruhe herrschen, so hat das seinen Grund darin, daß bei der Vielzahl der die Formungsprozesse steuernden Faktoren von Örtlichkeit zu Örtlichkeit unterschiedliche Gewichtungen herrschen.

Stufenrückwanderung. Die Annahme eines Zurückweichens der Stufenhänge ist Kernstück der Schmitthennerschen Schichtstufentheorie. „Die . . . nach rückwärts wandernden Stufen zerstören jeweils die älteren, oberen Teile der an ihrer Trauf beginnenden Landterrasse, während durch den gleichen Vorgang der Rückwanderung die unten vor der Stufe beginnende Landterrasse an ihrem unteren Ende verbreitert wird" (Schmitthenner 1954, S. 8). Ganz im Gegensatz hierzu negiert beispielsweise Büdel (1957) in seiner klimatisch zweizyklischen Konzeption des fränkischen Schichtstufenlandes ein Rückwandern der Stufen: die Schichtstufen seien „petrographisch bedingte Arabesken im Zuge des zweiphasigen morphogenetischen Werdegangs Mitteleuropas" (1957, S. 41), die erst durch die pliozän-pleistozäne Taleintiefung entstanden seien.

Aktive Stufenrückwanderung (Recession, Scarp Retreat, Backwearing) wurde schon früh in den Trockengebieten im Westen der USA erkannt (Powell 1875). Daß in allen Gebieten arider Morphodynamik die an und vor den Stufenhängen auftretenden Schuttrampen Indikatoren für ein Zurückweichen von Schichtstufen sind, wurde bereits betont. Es liegt an dem in Form von Felsabbrüchen kräftigen Zurückweichen von Krustenstufen, daß diese in Australien als „Breakaways" bezeichnet werden. Generell muß die Gliederung einer Schichtstufe durch in den Stufenbildner eingesenkte geköpfte Täler, die in konsequenter Anlage die an der Stufentrauf einsetzende Stufenfläche durchziehen, als geomorphologisches Indiz für Stufenrückwanderung betrachtet werden. Als Beispiele hierfür seien die zahlreichen geköpften Täler der danubischen Entwässerung am Stufenrand der Schwäbischen Alb (Dongus 1977a, Roth 1979), die Stufenränder der Mesa Verde in den Coloradoplateaus der USA (Barth u. Blume 1973) und des Adrar Acacus in der libyschen Zentralsahara (Barth u. Blume 1975) genannt. Nicht auf direkte geomorphologische, sondern auf indirekte geologische Argumentation stützt sich der von Wagner (1924) erbrachte Beweis für das Stufenrückweichen der Schwäbischen Alb, der markantesten Schichtstufe Mitteleuropas: Das Vorkommen von Malmkalken im Vulkanschlot von Scharnhausen berechtigt zur Annahme einer Stufenrückverlegung, die im Stuttgarter Raum um 23 km seit dem Miozän betragen haben muß.

Wenn demnach generell am Zurückweichen von Schichtstufen kein Zweifel bestehen kann, so hat sich doch andererseits gezeigt, daß manche Schichtstufen während des Quartärs in ihrer Lage im wesentlichen unverändert blieben. Dies ergaben beispielsweise die Untersuchungen von Kienzle (1968) über die Schichtstufen des Luxemburger Gutlandes. Auch im appalachischen Cumberland-Plateau im Osten der USA konnte eine pleistozäne Stufenrückverlegung nicht festgestellt werden (Blume u. Barth 1971). Für die in ihrer Morphogenese viel diskutierte Dransfelder Hochfläche westlich von Göttingen vertritt Brunotte (1986) die Auffassung, daß die Wellenkalkschichtstufe mit gebuchtetem Grundriß schon präoligozän ausgeprägt gewesen und seitdem nur geringfügig zurückverlegt sei.

Die Stufenrückwanderungsraten variieren erheblich (Young 1974). Für die Nordostflanke der Black Mesa-Schichtstufe in Colorado, USA, konnte Schmidt (1980) eine durchschnittliche Rückwanderungsrate von 3 m in 1000 Jahren nachweisen. Zur Ermittlung dieses Wertes bediente er sich einer Methode, welche sich auf die Beziehungen zwischen Talbreite bzw. Gefälle und Tallänge bei geköpften Tälern der Stufenränder stützt. Der von ihm ermittelte Wert entspricht durchaus dem Betrag (3,66 m / 1000 a), den Schumm u. Chorley (1966) auf Grund von Schätzungen für den Chaco Canyon angaben; er ist jedoch größer als der für die Stufenrückverlegung im Grand Canyon geschätzte Wert von 2 m/1000 a. Young (1985) gibt als Stufenrückwanderungsrate für die Colorado-Plateaus im westlichen Zentralarizona für die laramische Orogenphase (Danien, Oberkreide) den Betrag von 1,5 – 3,8 m / 1000 a bei Zurückweichen der Stufe in geradlinigem Grundriß an, für die Zeit danach bis heute 0,16 m / 1000 a bei zerlapptem Stufengrundriß.

Die genannten Rückwanderungsraten gelten für semiaride Bereiche. Für die aride Sinai-Halbinsel schätzten Yair u. Gerson (1974) die Stufenrückwanderungsraten maximal auf 1,2 – 2 m und minimal auf 0,1 – 0,2 m / 1000 a, und Schmidt (1986) ermittelte für die Kreideschichtstufe des marokkanischen Antiatlas gleichfalls im einzelnen unterschiedliche Rückwanderungsraten bis zu maximal 1,25 m/ 1000 a. Für die Schichtstufe des Djebel Messak am Westrand des zentralsaharischen Murzuk-Beckens nimmt Grunert (1983) eine mittlere Rückverlegungsrate von 0,3 m / 1000 a, maximal 1 m / 1000 a an. Die dort den Stufenhang prägenden Rutschungen vollzogen sich allerdings nur in etwa der Hälfte des quartären Gesamtzeitraums, im übrigen herrschte Abtragungsruhe. Damit würde sich für die quartären Phasen aktiver Morphodynamik eine Durchschnittsrate der Stufenrückwanderung von 0,6 m / 1000 a, maximal von 2 m ergeben. Im periglazialen Bereich wurde beispielsweise für den Tempelberg in West-Spitzbergen die postglaziale Stufenrückwanderungsrate auf 0,3 – 0,5 m / 1000 a (Rapp 1965, 1986) geschätzt. Auch für die humiden Mittelbreiten, in denen die Morphogenese sich allerdings infolge von Klimaänderungen in besonderem Maße polyzyklisch vollzog, seien einige Rückwanderungsraten angeführt. So gibt Dongus (1977) an, daß bei der Schwäbischen Alb die Stufenrückverlegung seit dem mittleren Pliozän 5 – 9 km betragen habe. Dies entspricht einer Rückwanderungsrate von durchschnittlich 1–2 m / 1000 a. Für die Causses des französischen Zentralmassivs rechnet Schwarz (1970) für das Quartär mit einer Stufenrückverlegung um mehrere 100 m bis zu 3 km, was einer maximalen Rückwanderungsrate von etwa 3 m / 1000 a entsprechen dürfte.

Weit geringere Beträge werden von Dörrer (1970) für die Steigerwald-Schichtstufe angegeben. Die pleistozäne Rückverlegung soll dort 100 — 150 m betragen haben, was einer Stufenrückverlegungsrate von nur etwa 0,1 — 0,15 m / 1000 a entsprechen würde und somit faktisch einem Verharren des Stufenrandes gleichkäme.

Aus den angeführten Beispielen wird deutlich, daß so wie das Stufenhangrelief von Örtlichkeit zu Örtlichkeit wechselt, auch beim Stufenrückwandern die Raten erheblich differieren, nach Schmidt (1980) um Zehnerpotenzen. Dies hat seinen Grund in der Abhängigkeit der geomorphologischen Prozesse von den stark variierenden strukturellen, petrographischen und klimatischen Gegebenheiten.

Mit Bezug auf die Stufenrückverlegung ist ein weiteres Problem zu berücksichtigen. In Schmitthenners einzyklischer Schichtstufentheorie bezieht sich die Konzeption der Stufenrückwanderung, wie oben dargelegt, nur auf die Frontstufen. An diesen ist jedoch die Morphodynamik durchweg geringer als an den im gleichen Schichtstufenrelief ausgebildeten Achterstufen. Dies hat zur Folge, daß die Stufenrückwanderungsraten an der Achterstufe größer sind als an der Frontstufe und daß aus diesem Grunde die widerständige Gesteinslage des Stufenbildners überall dort, wo sie von der Erosion bis in den wenig resistenten Stufensockel hinein durchsunken wurde, sozusagen von hinten her abgetragen wird. Beispiele hierfür sind nicht nur aus dem süddeutschen Schichtstufenland (Zeese 1971b) sondern aus vielen Schichtstufenreliefs bekannt geworden (Blume u. Barth 1971). Auch kann die Beseitigung des Stufenbildners durch flächige Niedrigerschaltung der Stufenfläche erfolgen, worauf bei der Behandlung der Morphodynamik der Stufenflächen weiter unten eingegangen wird. In diesen Fällen kann schlechterdings nicht von einer Stufenrückwanderung gesprochen werden, vielmehr handelt es sich um die Abtragung des stufenbildenden Gesteins, die sich gleichzeitig auf der ganzen Breite der Stufenfläche vollzieht. Solange nicht geklärt ist, welche morphodynamischen Prozesse im Einzelfall wirksam sind oder waren, kann daher das Auftreten von Zeugenbergen vor einer Schichtstufe nicht als Beweis für Stufenrückwanderung, sondern nur für die Abtragung des Stufenbildners gelten.

Stufenflächen

Morphographie und Morphodynamik. Die Stufenflächen, die Schmitthenner mit dem von Hettner (1913) übernommenen Ausdruck als Landterrassen bezeichnete, sind „in ihrer Gesamtheit keine Strukturflächen, sondern im ganzen genommen Schnittflächen" (Schmitthenner 1954, S. 5). Sie dachen sich von der Trauf einer Schichtstufe in Richtung des Schichtfallens zum Fuß der nächsten ab und überziehen damit in ihren tieferen Teilen das Gestein des Stufensockels der nächsten Schichtstufe. Die Breitenausdehnung der Stufenflächen hängt wesentlich vom Einfallswinkel und den Mächtigkeiten der das jeweilige Schichtstufenrelief aufbauenden Gesteinslagen ab; ihre Neigung ist durchweg flacher als das Einfallen der Schichten. Nur in Ausnahmefällen, vor allem bei arider Morphodynamik und meist nur auf kurze Entfernung kann die Stufenfläche mit einer Schichtoberfläche zusammenfallen und damit als Schichtfläche (Strukturfläche) in Erscheinung treten. Die Stufenflächen entstehen gemäß der Schmitthennerschen einzyklischen Modellvorstellung durch das Zurückweichen der Stufen und damit in Strukturabhängigkeit. Folgerichtig mußte Schmitthenner bei dieser Konzeption annehmen, daß eine Stufenfläche nicht einheitlichen Alters sei, sondern daß die oberen Flächenabschnitte älter, die unteren jünger seien; ferner, daß durch die Stufenrückverlegung die oberen älteren Abschnitte der Stufenfläche beseitigt, die unteren jüngeren Abschnitte hingegen laufend verbreitet würden.

Die Stufenflächen werden in den humiden Mittelbreiten, wo sie zuerst untersucht wurden, im Normalfall durch ein der Abdachungsrichtung entsprechendes, d. h. im wesentlichen konsequent angelegtes Talnetz gegliedert, das je nach dem hydrologischen Verhalten der Gesteinsunterlage weit- oder engmaschig ausgebildet ist. Sofern auf der Stufenfläche der Stufenbildner von der Erosion durchschnitten ist, stellt sich an den Talhängen die für Stufenhänge charakteristische Morphodynamik ein (s. oben). Es war das Verdienst Schmitthenners, zu erkennen, daß die Abtragung auf den Stufenflächen sich nicht auf erosive Zerschneidung beschränkt, sondern daß flächenhafte Abtragungsprozesse wirksam sind. Ergebnis und zugleich Organe der Abtragung auf den Stufenflächen sind die Dellen, d. h. ,,flache, langgestreckte, oft auch verzweigte Hohlformen von gleichsinnigem Gefälle, deren Wände in sanfter Rundung ineinander übergehen, ohne gegen eine Sohle abgesetzt zu sein" (Schmitthenner 1926, S. 4). Wenn Schmitthenner der Ansicht war, die Dellen entstünden in den humiden Mittelbreiten rezent ,,durch die gemeinsame Arbeit des abrinnenden Wassers und der Bodenbewegung, des Kriechens, des Abwärtsrückens und der Ausspülung des Schuttes" (1926, S. 10), so ist inzwischen längst (Büdel 1944) erwiesen, daß die Dellen Ausdruck von Spülung und solifluidalen Abtragungsprozessen sind, die, gesteuert von den Tiefenlinien der Erosion, während der pleistozänen Kaltzeiten die Stufenflächen wesentlich erniedrigten.

Unter den Bedingungen periglazialer Morphodynamik hat in Süddeutschland insbesondere auf den vom Muschelkalk gebildeten Stufenflächen sowohl am Rande des Odenwaldes als auch des Schwarzwaldes (v. Keisenberg 1977, Olbert 1975, 1977) eine äußerst starke kaltzeitliche Abtragung während des Pleistozäns dazu geführt, daß bei stationärer Lage der Frontstufe die Gesteinslagen des Stufenbildners größtenteils oder sogar vollständig abgetragen wurden. Damit wird deutlich, wie es beispielsweise auch für die Lias-Stufenfläche im Nordosten Württembergs gilt (Zeese 1971a), daß flächenhafte Niedrigerschaltung einer Stufenfläche im Endeffekt die gleiche Wirkung haben kann wie das Rückwandern einer Schichtstufe: die Abtragung des Stufenbildners.

Auch bei arider Morphodynamik kann es zur flächenhaften Abtragung eines Stufenbildners kommen. So wird sowohl durch Flächenspülung als auch durch Ausblasung die Stufenfläche des leicht verwitternden Chinle-Sandsteins im Vorland der zu den Colorado-Plateaus gehörenden Chuska Mountains niedriger geschaltet. In ihrem unruhigen Mikrorelief kommen die Resistenzunterschiede innerhalb des Sandsteins deutlich zum Ausdruck (Barth u. Blume 1973). Der für Trockengebiete charakteristische Oberflächenabfluß nach Starkregen führt nicht nur zu flächenhafter Abspülung, sondern auch zu linearer Erosion. Falls letztere den resistenten Stufenbildner durchschnitten hat, kann es unter der Voraussetzung großer Resistenzunterschiede zwischen Stufenbildner und Stufensockel zur Ausbildung eines sich ständig weiter verzweigenden Netzes von Erosionskerben kommen, an deren Hängen die denudativen Abtragungsvorgänge im Bereich der Stufenfläche sozusagen ubiquitär wirken, und zwar mit solcher Intensität, daß auf den ganzen Bereich der Stufenfläche hin der Stufenbildner eine rasche Abtragung erfährt (Barth u. Blume 1973).

Wenn bei arider Morphodynamik die Stufenflächen in ihren oberen Teilen vielfach mit Schichtoberflächen zusammenfallen (s. oben), so ist andererseits festzustellen, daß sie in ihren unteren Teilen generell Schnittflächen sind. Diese den Schichtstufen vorgelagerten Fußflächen (Pedimente, Glacis) vergrößern sich durch die aktive Abtragung an den Stufen (Mensching 1968), d. h. durch die Stufenrückverlegung, für deren variierende Beträge etliche Beispiele angeführt wurden.

Im Gegensatz hierzu sind nach Bremer (1971) im Schichtstufenrelief des feucht-tropischen südwestlichen Nigeria die Stufenflächen unter- und oberhalb der Kreideschichtstufe Rumpfflächen im Büdelschen Sinne. Die untere (jüngere) Rumpf-fläche (Stufenfläche) schiebe sich dort gegen die höhere (ältere) vor, und zwar infolge der wirksamen Flächenbildungsprozesse: chemische Verwitterung und damit Bildung von Gesteinszersatz sowie Spülprozesse und Subrosion. Die dortige Schicht-stufe wird von Bremer morphogenetisch gleichgesetzt mit den im benachbarten Kristallin ausgebildeten Rumpfstufen, da beide Typen von Stufen in ihrer Längs-erstreckung ineinander übergingen. Charakteristisch sei die Gliederung des Stufen-randes in breite Stufenrandbuchten und damit wesentlich verschieden von dem durch Erosion trichterförmig gegliederten Stufengrundriß, der für Gebiete außer-halb der feuchten Tropen kennzeichnend sei. Diese Beobachtungen stimmen nicht mit denjenigen von Barth (1970) im südlichen Ghana überein. Dort erhebt sich die Mampong-Schichtstufe wie die Kreideschichtstufe SW-Nigerias über eine im Grund-gebirge ausgebildete Rumpffläche; sie wird jedoch durch rückschreitende Erosion und grundwasserbedingte Formung, die in tiefen Kerben in den Stufenbildner eingreifen, außerordentlich stark gegliedert. Übereinstimmung besteht allerdings in der Feststellung, daß in beiden Untersuchungsgebieten die über dem Stufen-hang einsetzenden Stufenflächen in ihren oberen Teilen durch Abspülung von ihrer Verwitterungsdecke befreit wurden. Während in den tieferen Abschnitten der Stufenflächen im humid-tropischen Bereich mehr oder minder mächtige Verwit-terungsdecken liegen, zeigen die oberen Partien mit ihren Felsoberflächen einen Formenschatz, der nach Barth (1970) infolge der dort herrschenden, edaphisch bedingten Trockenheit Ausdruck arider Morphodynamik ist.

Sofern eine Stufenfläche von Kalkstein gebildet wird, spielen in allen Klimaten auch Lösungsvorgänge bei ihrer Formung eine große Rolle. Ihre Bedeutung für die Formenentwicklung in Mitteleuropa wurde von Hohberger und Einsele (1979) untersucht, wobei sich zeigte, daß der Lösungsabtrag den Feststoffabtrag bei weitem übertrifft und daß in Kalk der Lösungsabtrag erheblich größer ist als in kristallinen Gesteinen, Sandsteinen oder Tonsteinen. Ohne hier auf den vielfältig differenzierten Karstformenschatz auf Stufenflächen eingehen zu können, sei als Extremfall einer durch Lösungsvorgänge in Karbonatgesteinen verursachten Reliefgestaltung der Formenschatz des Kegelkarstes angeführt, der beispielsweise auf Puerto Rico die Stufenflächen der Lares- und der Aguadakalke in eine Vielzahl von Karstkegeln und -türmen aufgelöst hat (Blume 1970).

Strukturform oder Skulpturform? Während in der Forschung über das Schichtstufenrelief die Strukturabhängigkeit der Stufenhänge nie ernsthaft in Frage gestellt wurde, gilt dies nicht für die Stufenflächen. Bis heute wird mit stichhaltigen Argumenten darüber diskutiert, ob eine Stufenfläche Struktur- oder Skulpturform sei.

Wie oben ausgeführt, betrachtete Schmitthenner (1954, S. 5, Regel III,2) die Stufenflächen nicht als Strukturflächen, weil sie in den meisten Fällen als Schnittflächen ausgebildet seien, d.h. eine geringere Neigung als die sie unterlagernden Schichten besäßen. Der Begriff der Strukturfläche wird von ihm somit im Sinne einer Schichtfläche, d. h. der Oberfläche einer Gesteinsschicht gebraucht. Dies ist zweifellos eine sehr enge Definition einer Strukturfläche. Es sei in diesem Zusammenhang darauf verwiesen, daß Dongus (1974) auf Grund des Befundes im süddeutschen Schichtstufenland die Schichtfläche (Strukturfläche) als Landoberfläche definiert, welche die Gesteinsoberfläche in einem spitzen Winkel schneidet. Er kommt zu dieser Feststellung auf Grund der Untersuchung von Zusammenhängen zwischen Oberflächengestaltung und Schichtlagerung sowie Fazies, ferner mittels Analyse der Beziehungen zwischen dem Oberflächenausstrich und der Mächtigkeit einzelner Schichtglieder des Deckgebirges vom Buntsandstein bis zum Dogger.

Diese weniger enge Definition einer Strukturfläche liefert für die Theorie einer einzyklischen Schichtstufenmorphogenese, wie sie Schmitthenner postuliert hatte, ein weit besseres Argument als deren engere Definition durch Schmitthenner. Wenn dieser 1920 die Stufenflächen als Schnittflächen im Sinne von Supan (1916, S. 640) bezeichnete, so war er doch der Meinung, wie es seine Vorstellung über die Entstehung der Stufenflächen durch das Rückwandern der Stufen impliziert, daß sich die Stufenflächen regelhaft in Strukturabhängigkeit entwickeln, am oberen Ende abgetragen und am unteren Ende weitergebildet werden.

Gerade die Tatsache, daß Schmitthenner die Stufenflächen einerseits als Schnittflächen definierte und andererseits ihre Entstehung durch die Stufenrückwanderung erklärte, hat es mit sich gebracht, daß Schmitthenners einzyklische Theorie der Stufenlandschaft als Erklärung der Morphogenese eines strukturgesteuerten Reliefs verbreitet auf Verständnisschwierigkeiten stieß. Indem sich nämlich die Stufenflächen überwiegend nicht als Strukturflächen der engeren, sondern der weiteren Definition präsentieren, kamen für viele Geomorphologen als Erklärung ihrer Morphogenese nur flächenbildende Prozesse in Betracht, wie sie beispielsweise die Rumpfflächentheorie von Büdel postuliert. Mit seiner weitergefaßten Definition der Strukturfläche versucht jedenfalls Dongus zu beweisen, daß die Rumpfflächenhypothese von Büdel (1957, 1971) nicht geeignet sei, die im süddeutschen Schichtstufenland gesetzmäßigen Zusammenhänge zwischen Gestein und Landform zu erklären (Dongus 1974, S. 264).

So kann die Auffassung der Stufenflächen entweder als Strukturform oder als Skulpturform in Einzelfall außerordentlich kontrovers sein. Jedoch hat sich in jüngerer Zeit erwiesen, daß Stufenflächen durchaus als Strukturformen engerer

Definition auftreten können, wie das in den Schichtstufenreliefs arider Morphodynamik und in den oberen Abschnitten von Stufenflächen auch unter feucht-
tropischen Verhältnissen ebenso der Fall ist wie dort, wo die Stufenflächen infolge stärkerer Schichtneigung eine nur geringe Breite besitzen wie beispielsweise
im äußersten Südwesten des süddeutschen Schichtstufenlandes im Zwickel zwischen
Schwarzwald und Schwäbischer Alb. Stufenflächen, die Strukturflächen weiterer
Definition, d. h. Schnittflächen sind, können als Rumpfflächen, in ihren unteren
Teilen auch als Pediplanationsflächen arider (Mensching 1968) sowie periglazialer
(Schunke 1983) Morphodynamik und ferner als Kryoplanationsflächen ausge-
bildet sein. In jedem Falle aber muß es sich im Hinblick auf die unbestrittene
Strukturabhängigkeit aller Stufenhänge und das vielfach erwiesene Zurückwei-
chen von Stufen bei sämtlichen Stufenflächen letztendlich um strukturgesteuerte
Formen handeln.

Stufenflächen, die im humid-tropischen Bereich Nigerias durch die Morphodynamik der Rumpfflächenbildung gekennzeichnet sind, wurden, wie bereits
erwähnt, von Bremer (1971) beschrieben. Im Cumberland-Plateau der südlichen
Appalachen sind Stufenflächen ausgebildet, die mit ihren mächtigen Roterde-
decken als fossile Rumpfflächen bezeichnet werden müssen und durch eine markante Schichtstufe getrennt werden (Blume u. Barth 1971). Dort läßt sich in der Tat
eine Situation beobachten, nämlich eine durch eine Schichtstufe gekennzeichnete
Rumpfstufe mit nahezu konstanter Lage, wie sie Büdel (1957) mit seiner Rumpfflächenhypothese für das süddeutsche Schichtstufenland postuliert. Für Stufenflächen, die in aktiver Formung begriffene Pediplanationsflächen bei arider Morphodynamik sind, liegen schon seit Jahren zahlreiche Beobachtungen aus allen
Kontinenten vor, auf die in früheren Übersichtsdarstellungen über die Problematik
des Schichtstufenreliefs (Blume 1971, Schunke u. Spönemann 1972) verwiesen
wurde. Unter den neueren diesbezüglichen Untersuchungen seien die Beobachtungen von Stingl (1975) im semiariden subandinen Bereich Argentiniens genannt.
Auch sei in diesem Zusammenhang erwähnt, daß für den wechselfeucht-tropischen
Bereich Westafrikas am Beispiel Südostnigerias Rohdenburg (1969) die Summierung
von Pediplanationsprozessen während der vorzeitlichen Phasen arider Morphodynamik für die Entstehung des Schichtstufenreliefs verantwortlich macht. Schließlich muß noch auf die Ausbildung von Stufenflächen als Kryoplanationsflächen hingewiesen werden, wie sie nach Zeese (1971a) im ostwürttembergischen Keuperbergland bei periglazialer Morphodynamik entstanden.

Aus allen diesen Fortschritten in der Schichtstufenforschung kann m. E. der
Schluß gezogen werden, daß es heute nicht mehr um die Frage gehen kann, ob
Stufenflächen generell eine Struktur- oder eine Skulpturform sind, sondern nur
darum, welche Art von rezenter und/oder vorzeitlicher Morphodynamik im Einzelfall das Formenbild einer Stufenfläche prägt und damit für deren Morphogenese
verantwortlich ist. Gleich, welche morphodynamischen Prozesse im Einzelfall eine
Stufenfläche entstehen ließen, formten und/oder formen, es handelt sich, wie bei
den Stufenhängen so auch bei den Stufenflächen, unabhängig davon, ob sie Strukturflächen der engeren oder der weiteren Definition sind, um Formen, die am
besten als strukturgesteuert oder strukturgestützt bezeichnet werden sollten.

Morphogenese des Schichstufenreliefs als Ganzes

Wenn in den beiden vorhergehenden Abschnitten neuere Erkenntnisse zur Morphogenese und Morphodynamik, die für die morphogenetische Deutung der beiden wesentlichen Formenkomplexe des Schichtstufenreliefs, der Stufenhänge und der Stufenflächen, zusammengestellt wurden, so erscheint es angebracht, abschließend das Fazit bezüglich der Morphogenese des Schichtstufenreliefs als Ganzem zu ziehen, so wie Schmitthenner ans Ende seines oben nachgedruckten Aufsatzes über „Die Regeln der morphologischen Gestaltung im Schichtstufenland" (1954) einen Abschnitt über „Die Gesamtheit der Stufenlandschaft" stellte. Hier sei zunächst unter Berücksichtigung neuer Erkenntnisse der Schichtstufenforschung Schmitthenners einzyklische Konzeption des Schichtstufenreliefs verglichen mit den beiden eingangs erwähnten beiden anderen Modellvorstellungen, der tektonisch und der klimatisch zweizyklischen Entwicklung des Schichtstufenreliefs.

In der Theorie einer tektonisch zweizyklischen Entwicklung des Schichtstufenreliefs wird davon ausgegangen, daß Voraussetzung für dessen Ausbildung eine die Ausbisse der widerständigen Schichten kappende Einebnungsfläche (Kappungsebene) sei, die von Davis (1899) als Peneplain angesprochen wurde. Während Schmitthenner mit seiner Vorstellung der einzyklischen Entwicklung des Schichtstufenreliefs eine derartige Initialfläche für die Herausbildung des Schichtstufenreliefs ablehnte, hat sich gezeigt, daß tatsächlich viele Schichtstufen (und Schichtkämme) aus Einebnungsflächen infolge tektonischer Hebung und demzufolge aktivierter Erosion und Denudation herauspräpariert wurden. Derartige Einebnungsflächen können, je nach der Art der klimatischen Steuerung der Morphodynamik, Rumpfflächen, Pediplanationsflächen und Kryoplanationsflächen sein. Andererseits gibt es zahlreiche Schichtstufenreliefs, in denen sich keinerlei Anhaltspunkte für eine vorausgehende Einebnungsfläche zeigen. Damit erscheint die früher lebhafte Diskussion darüber, ob eine Kappungsebene Voraussetzung sei oder nicht, m. E. heute ohne Bedeutung.

Wenn Stingl (1986) unter dem Titel „Neue Ergebnisse zum alten Thema Struktur- und Skulpturformen" aus seinen (Stingl 1975, 1979) und Garleffs (1986) Beobachtungen in den vor allem durch Schichtkamm-, aber auch durch Schichtstufenreliefs geprägten subandinen Bereichen Argentiniens allgemein gültige Regelhaftigkeiten für die Entwicklung von Schichtstufenreliefs ableiten will, so wird man ihm im Hinblick auf die oben geschilderte weltweite Mannigfaltigkeit der Schichtstufenmorphogenese nicht zustimmen können. Obwohl sich die von ihm und Garleff erkannten Regelhaftigkeiten aus dem randtropischen bis in das subantarktische Argentinien beobachten lassen, handelt es sich doch um einen relativ schmalen, meridional gestreckten Gebietsstreifen, der überall durch rezent und auch vorzeitlich aride Morphodynamik sowie durch junge Tektonik gekennzeichnet ist. Ohne hier auf Einzelheiten eingehen zu können, sei erwähnt, daß Stingl in der Herausbildung des Schichtkamm- bzw. Schichtstufenreliefs ein transitorisches Stadium im Rahmen zyklischer Tieferschaltung und Ausweitung von Pedimenten sieht. Ausgangsrelief und Endstadium der Entwicklung seien Abtragungsflächen. Dieser zyklische Ablauf der Reliefentwicklung sei keinesfalls identisch mit den Zyklen der Davisschen tektonisch-zweizyklischen Schichtstufentheorie, vielmehr würden die Anstöße zum Beginn eines Zyklus von den bei benachbarten Flüssen unterschiedlichen Erosionsimpulsen ausgehen, was einerseits unterschiedliche Höhenlage gleich alter Struktur- und Skulpturformen und andererseits ein Nebeneinander von Struktur- und Skulpturformen in regelhaftem Verteilungsmuster zur Folge habe.

Die Morphogenese des Schichtstufenreliefs ist, wie ich zu zeigen versuchte, zu vielfältig als daß ihr ein allgemein gültiges Modell gerecht werden könnte. So gibt es heute auch keinerlei Stützen mehr für ein generell gültiges Konzept einer klimatisch zweizyklischen Schichtstufenmorphogenese, wie das mit dem Hinweis auf die in allen Klimaten zu beobachtende Gleichzeitigkeit der Abtragung sowohl an Stufenhängen als auch auf Stufenflächen bereits Schunke u. Spönemann (1972) feststellten.

Auch die einzyklische Theorie des Schichtstufenreliefs, wie sie Schmitthenner entwickelte, hat sich in Einzelheiten nicht bestätigt. So kann, wie erwähnt, das Ausgangsrelief sehr wohl eine Einebnungsfläche gewesen sein; auch die Stufenflächen, soweit sie Strukturflächen der weiteren Definition sind, können vielfach als Einebnungsflächen ausgebildet sein. Die von Schmitthenner postulierte Stufenrückwanderung ist zwar häufig erwiesen, in Einzelfällen jedoch nicht nachweisbar, in anderen Fällen durch die von den Achterstufen ausgehende Abtragung von hinten her oder auch durch flächenhafte Tieferschaltung des Stufenbildners ersetzt. Zugegebenermaßen, diese Prozesse haben letztendlich den gleichen Effekt wie die Stufenrückwanderung, nämlich die Beseitigung des stufenbildenden Gesteinspakets. Uneingeschränkt hat jedoch das Grundkonzept der Schmitthennerschen Modellvorstellung zur Morphogenese des Schichtstufenreliefs Bestand, nämlich die Feststellung, daß sich dieses überall dort, wo die entsprechenden strukturellen und petrographischen Voraussetzungen gegeben sind, aus- und weiterbildet. Stufenhänge und Stufenflächen als Leitformen dieses weltweit bei im einzeln stark variierender Formung in Erscheinung tretenden Relieftyps sind ausnahmslos strukturgesteuerte Formen.

Bei diesem Fazit über den Stand der Schichtstufenforschung stellt sich die Frage, welche Probleme noch einer Lösung harren. Mit den Ausführungen sollte die Mannigfaltigkeit des Formenschatzes von Stufenhängen, Stufenflächen und des Schichtstufenreliefs als Ganzem deutlich gemacht werden. Diese Mannigfaltigkeit der Reliefgestaltung erklärt sich, wie erwähnt, aus der örtlich jeweils unterschiedlichen Gewichtung aller der Faktoren, welche die im Schichtstufenrelief wirksamen geomorphologischen Prozesse steuern. Eben diese Zusammenhänge mehr noch als bisher zu klären, ist aus der Sicht des Verfassers die wesentliche Aufgabe der Schichtstufenforschung in der Zukunft.

Literaturverzeichnis

Barth, H. K. (1970): Probleme der Schichtstufenlandschaften West-Afrikas am Beispiel der Bandiagara-, Gambaga- und Mampong-Stufenländer. Tübinger Geogr. Studien, H. 38, Tübingen.

Barth, H. K. (1977): Periglaziale Morphodynamik am Nordhang des Hauptstrombergzuges, Württemberg. Jahresber. Mitt. Oberrhein. Geol. Ver., N. F. 59, S. 265–272.

Barth, H. K. u. H. Blume (1973): Zur Morphodynamik und Morphogenese von Schichtkamm- und Schichtstufenreliefs in den Trockengebieten der Vereinigten Staaten. Tübinger Geogr. Studien, H. 53, Tübingen.

Barth, H. K. u. H. Blume (1975): Die Schichtstufen in der Umrahmung des Murzuk-Beckens (libysche Zentralsahara). Zschr. f. Geomorphologie, N. F., Suppl. Bd. 23, S. 118–129.

Bibus, E. (1986): Die Rutschung am Hirschkopf bei Mössingen (Schwäbische Alb). Geowissenschaftliche Rahmenbedingungen -— geoökologische Folgen. Geoökodynamik 7, S. 333–360.

Blume, H. (1958): Das morphologische Werk Heinrich Schmitthenners. Zschr. f. Geomorphologie, N. F., 2, S. 149–164.

Blume, H. (1971): Probleme der Schichtstufenlandschaft. Darmstadt.

Blume, H. (1976): Strukturbetonte Reliefs. Einführung in das Rahmenthema. S. 1–10 in Blume, H. (Hg.): Strukturbetonte Reliefs mit ergänzenden klimageomorphologischen Beiträgen. Zschr. f. Geomorphologie, N. F., Suppl. Bd. 24.

Blume, H. u. H. K. Barth (1971): Die pleistozäne Reliefentwicklung im Schichtstufenland der Driftless Area von Wisconsin (USA). Ein Beitrag zur Schichtstufenmorphogenese unter besonderer Berücksichtigung der pleistozänen Tal- und Hangformung. Tübinger Geogr. Studien, H. 45, Tübingen.

Blume, H. u. H. K. Barth (1972): Rampenstufen und Schuttrampen als Abtragungsformen in ariden Schichtstufenlandschaften. Erdkunde 26, S. 108–116.

Blume, H. u. H. K. Barth (1973): Schichtstufenrelief und Rumpfflächen in den südlichen Appalachen-Plateaus von Tennessee. Die Erde 104, S. 294–313.

Blume, H. u. H. K. Barth (1979): Lateritische Krustenstufen in Australien. Zschr. f. Geomorphologie, N. F., Suppl. Bd. 33, S. 46–56.

Bremer, H. (1971): Flüsse, Flächen- und Stufenbildung in den feuchten Tropen. Würzburger Geogr. Arb., H. 35, Würzburg.

Brunotte, E. (1986). Strukturformen im Altrelief der Dransfelder Hochfläche. Vortrag, Jahrestagung, Deutscher Arbeitskreis für Geomorphologie, Göttingen.

Büdel, J. (1944): Die morphologischen Wirkungen des Eiszeitklimas im gletscherfreien Gebiet. Geol. Rdschau 34, S. 482–519.

Büdel, J. (1957): Grundzüge der klimamorphologischen Entwicklung Frankens. Würzburger Geogr. Arb., H. 4/5, S. 5–46, Würzburg.

Büdel, J. (1971): Das natürliche System der Geomorphologie. Würzburger Geogr. Arb., H. 34, Würzburg.

Dörrer, I. (1970): Die tertiäre und periglaziale Formengestaltung des Steigerwaldes, insbesondere des Schwanberg-Friedrichsberg-Gebietes. Eine morphologische Untersuchung zum Problem der Schichtstufenlandschaft. Forsch. z. dt. Landeskunde, Bd. 185, Bonn-Bad Godesberg.

Dongus, H. (1974): Schichtflächen in Süddeutschland. Heidelberger Geogr. Arb., H. 40, S. 249–268, Heidelberg.

Dongus, H. (1977a): Die Oberflächenformen der Schwäbischen Alb und ihres Vorlandes. Marburger Geogr. Schr., H. 72, Marburg.

Dongus, H. (1977b): Beiträge Marburger Geographen zur Geomorphologie. S. 209–217 in: Hundert Jahre Geographie in Marburg. Marburger Geogr. Schr., H. 71, Marburg.

Garleff, K. (1983): Probleme der Wand- und Hangformung im periglazialen Milieu. Zusammenfassung von Diskussionsbeiträgen. S. 261–265 in: Poser, H. u. E. Schunke (Hg.): Mesoformen des Reliefs im heutigen Periglazialraum. Bericht über ein Symposium. Abh. d. Akad. d. Wiss. in Göttingen, Math.-Phys. Kl., 3. Folge, 35, Göttingen.

Garleff, K. (1986): Struktur- und Skulpturformen am argentinischen Andenrand unter randtropischen bis subantarktischen Bedingungen. Vortrag, Jahrestagung, Deutscher Arbeitskreis für Geomorphologie, Göttingen.

Gilbert, G. K. (1877): Report on the Geology of the Henry Mountains. Washington, D. C.

Goedeke, R. (1966): Die Oberflächenformen des Elm. Göttinger Geogr. Abh., H. 35, Göttingen.

Grunert, J. (1983): Geomorphologie der Schichtstufen am Westrand des Murzuk-Beckens (Zentrale Sahara). Relief Boden Paläoklima, Bd. 2, Berlin u. Stuttgart.

Hagedorn, H. (1968): Über äolische Abtragung und Formung in der Südost-Sahara. Erdkunde 22, S. 257–269.

Hettner, A. (1913): Rumpfflächen und Pseudorumpfflächen. Geogr. Zschr. 19, S. 185–202.

Hölder, H. (1953): Erosionsformen am Trauf der Schwäbischen Alb. Neues Jb. Geol. u. Paläontol., Abh. 97, S. 345–378.

Hohberger, K. u. G. Einsele (1979): Die Bedeutung des Lösungsabtrags verschiedener Gesteine für die Landschaftsentwicklung in Mitteleuropa. Zschr. f. Geomorphologie, N. F., 23, S. 361–382.

v. Keisenberg, F. (1975): Die Morphogenese der Muschelkalk-Schichtstufe am Ostsaum des Schwarzwaldes, im Bereich der württembergischen Eschach und des Heimbaches. Göppinger Akademische Beiträge 96, Göppingen.

Kienzle, M. U. (1968): Morphogenese des westlichen Luxemburger Gutlandes. Tübinger Geogr. Studien, H. 27, Tübingen.

Koons, D. (1955): Cliff Retreat in the southwestern United States. Am. Journ. Sci. 253, S. 44–52.

Louis, H. (1966): Heterolithische und homolithische Schichtstufen. Tijdschr. v. h. Kon. Ned. Aardrijksk. Gen. 83, Nr. 3, S. 266–271.

Mensching, H. (1968): Bergfußflächen und das System der Flächenbildung in den ariden Subtropen und Tropen. Geol. Rdschau 58, H. 1, S. 62–82.

Mortensen, H. (1947): Alternierende Abtragung. Nachr. d. Akad. d. Wiss. Göttingen, Math.-Phys.-Chem. Abt., Jg. 1946, Nr. 2, S. 27–30, Göttingen.

Mortensen, H. (1953): Neues zum Problem der Schichtstufenlandschaft. Nachr. d. Akad. d. Wiss. Göttingen, Math.-Phys.-Chem.Abt., Jg. 1953, Nr. 2, S. 3–22, Göttingen.

Mortensen, H. (1960): Neues über den Bergrutsch südlich der Mackenröder Spitze und über die holozäne Hangformung an Schichtstufen im mitteleuropäischen Klimabereich. Zschr. f. Geomorphologie, N. F., Suppl. Bd. 1, S. 114–123.

Olbert, G. (1975): Talentwicklung und Schichtstufenmorphogenese am Südrand des Odenwaldes. Tübinger Geogr. Studien, H. 64, Tübingen.

Olbert, G. (1977): Die Muschelkalkschichtstufe am Nordostrand des Schwarzwaldes. Jh. Ges. Naturkde. Württ. 132, S. 135–151.

Powell, J. W. (1875): Exploration of the Colorade River of the West and its Tributaries, explored in 1869, 1870, 1871 and 1872, under the Direction of the Secretary of the Smithsonian Institution. Washington, D. C.

Rapp, A. (1965): Some Methods of Measuring the Rate of periglacial Denudation on steep Slopes. S. 15–19 in: Büdel, J. u. A. Wirthmann: Vorträge des Fridtjof-Nansen-Gedächtnis-Symposiums über Spitzbergen, Wiesbaden.

Rapp, A. (1986): Slope Processes in high Latitude Mountains. Progress in Physical Geography 10, S. 53–68.

Remmele, G. (1984): Massenbewegungen an der Hauptschichtstufe der Benbulben Range. Untersuchungen zur Morphogenese eines Schichtstufenreliefs in Nordwestirland. Tübinger Geogr. Studien, H. 88, Tübingen.

Rohdenburg, H. (1969): Hangpedimentation und Klimawechsel als wichtigste Faktoren der Flächen- und Stufenbildung in den wechselfeuchten Tropen an Beispielen aus Westafrika, besonders aus dem Schichtstufenland Südost-Nigerias. Göttinger Bodenkundl. Ber. 10, S. 57–152.

Roth, R. (1979): Die Stufenrandzone der Schwäbischen Alb zwischen Erms und Fils. Morphogenese in Abhängigkeit von lithologischen und hydrologischen Verhältnissen. Tübinger Geogr. Studien, H. 77, Tübingen.

Schmidt, K.-H. (1980): Eine neue Methode zur Ermittlung von Stufenrückwanderungsraten, dargestellt am Beispiel der Black Mesa Schichtstufe, Colorado Plateau, USA. Zschr. f. Geomorphologie, N. F., 24, S. 180–191.

Schmidt, K.-H. (1986): Strukturbestimmte Relieftypen und Tektonik im Grenzbereich zwischen Hohem Atlas und Anti-Atlas. Berliner geowiss. Abh. (A) 66, S. 503–514.

Schmitthenner, H. (1920): Die Entstehung der Stufenlandschaft. Geogr. Zschr. 26, S. 207–229.

Schmitthenner, H. (1926): Die Entstehung der Dellen und ihre morphologische Bedeutung. Zschr. f. Geomorphologie 1, S. 3–28.

Schmitthenner, H. (1954): Die Regeln der morphologischen Gestaltung im Schichtstufenland. Petermanns Geogr. Mitt. 98, S. 3–10.

Schmitthenner, H. (1956): Probleme der Schichtstufenlandschaft. Marburger Geogr. Schriften, Bd. 3, Marburg.

Schumm, S. A. u. R. J. Chorley (1966): Talus Weathering and Scarp Recession in the Colorado Plateau. Zschr. f. Geomorphologie, N. F., 10, S. 11–36.

Schunke, E. (1983): Periglaziale Mesoformen der europäischen und amerikanischen Arktis. S. 352–370 in: Poser, H. u. E. Schunke (Hg.): Mesoformen des Reliefs im heutigen Periglazialraum. Bericht über ein Symposium. Abh. d. Akad. d. Wiss. in Göttingen, Math.-Phys.-Kl., 3. Folge, 35, Göttingen.

Schunke, E. u. J. Spönemann (1972): Schichtstufen und Schichtkämme in Mitteleuropa. Göttinger Geogr. Abh., H. 60, S. 65–92, Göttingen.

Schwarz, R. (1970): Die Schichtstufenlandschaft der Causses. Tübinger Geogr. Studien, H. 39, Tübingen.

Stingl, H. (1975): Schichtkämme und Fußflächen als Stadien zyklischer Reliefentwicklung. Zschr. f. Geomorphologie, N. F., Suppl.-Bd. 23, S. 130–136.

Stingl, H. (1979): Strukturformen und Fußflächen im westlichen Argentinien. Mit besonderer Berücksichtigung der Schichtkämme. Erlanger Geographische Arbeiten, Sonderband 10, Erlangen.

Stingl, H. (1986): Neue Ergebnisse zum alten Thema Struktur- und Skulpturfomen. Vortrag, Jahrestagung, Deutscher Arbeitskreis für Geomorphologie, Göttingen.

Supan, A. (1916): Grundzüge der Physischen Geographie. 6. Aufl., Leipzig.

Tricart, J. (1951): Die Entstehungsbedingungen des Schichtstufenreliefs im Pariser Becken. Petermanns Geogr. Mitt. 95, S. 98–105.

Tricart, J. (1968): Géomorphologie Structurale. Paris.

Wagner, G. (1924): Über das Zurückweichen der Stufenränder in Schwaben und Franken. Jb. u. Mitt. d. Oberrh. Geol. Ver., Jg. 1924, S. 170–175.

Yair, A. u. R. Gerson (1974): Mode and Rate of Escarpment Retreat in an extremely arid Environment (Sharm el Sheikh, southern Sinai Peninsula). Zschr. f. Geomorphologie, N. F., Suppl.Bd 21, S. 202–215.

Young, A. (1974): The Rate of Slope Retreat, S. 65–78 in: Brown, E. H. u. R. S. Waters (Hg): Progress in Geomorphology. Papers in Honour of David L. Linton. London.

Young, R. A. (1985): Geomorphic Evolution of the Colorado Plateau Margin in west-central Arizona: a tectonic Model to distinguish between the Causes of rapid symmetrical Scarp Retreat and Scarp Dissection. S. 261–278 in: Morisawa, M. u. J. T. Hack (Hg.): Tectonic Geomorphology. Boston.

Zeese, R. (1971a): Die Reliefgenerationen im Keuperbergland Nordost-Württembergs. S. 41–52 in: H. Blume (Hg.): Geomorphologische Untersuchungen im Württembergischen Keuperbergland. Tübinger Geogr. Studien, H. 46, Tübingen.

Zeese, R. (1971b): Die Stufenrückwanderung im Keuperbergland Nordost-Württembergs. S. 53–57 in: Blume, H. (Hg.): Geomorphologische Untersuchungen im Württembergischen Keuperbergland. Tübinger Geogr. Studien, H. 46, Tübingen.

Zeese, R. (1971c): Holozäne und aktuelle Morphodynamik und ihre Auswirkungen auf das Landschaftsbild. S. 59–67 in: Blume, H. (Hg.): Geomorphologische Untersuchungen im Württembergischen Keuperbergland. Tübinger Geogr. Studien, H. 46, Tübingen.

HEINRICH SCHMITTHENNERS ARBEITEN ZUM PROBLEM DER SCHICHTSTUFEN IN NORDOSTTHÜRINGEN

Von Erhard Rosenkranz (Halle, Saale)

Nach seiner Berufung nach Leipzig im Jahre 1928 griff Schmitthenner das Problem der Entstehung des Schichtstufenreliefs im Bereich der Trias Nordostthüringens auf. Dieses Gebiet lag nicht weit von Leipzig entfernt, aber offensichtlich hatte er auch erkannt, daß es das für die Fragestellung interessanteste Gebiet Thüringens ist. Der Muschelkalkausstrich nördlich vom Thüringer Keuperbecken ist im Hinblick auf die Frage nach der Entstehung der Muschelkalkstufe ohne Probleme. Den Südwestrand der Finne bildet der Ausstrich des Muschelkalkes teils mit einer Schichtrippe, teils mit einer Flexur. Westlich der Sachsenburger Pforte ist die Stufe lehrbuchartig ausgebildet, eine interessante Frage wirft hier allerdings der Durchbruch der Wipper durch den Muschelkalk bei Seega auf. Die Westflanke des Muschelkalkausstriches ist durch die von der tief fließenden Werra ausgehenden Erosionsimpulse zwar als Stufe voll entwickelt, jedoch stark aufgelöst. Außerdem haben hier tektonische Bewegungen kompliziertere Verhältnisse geschaffen. Der Südrand des Muschelkalkes von den Reinsbergen bis an die Saale südlich von Jena ist wiederum als eine markante Stufe ausgebildet, die bis in die Gegend von Eisenberg zieht. Nördlich von Eisenberg setzt die Stufe vollständig aus. Erst an der unteren Unstrut ist sie wieder normal entwickelt. Hier begrenzt sie auch die Querfurter Platte nach Westen. Zwischen Eisenberg und Naumburg sowie an der unteren Unstrut glaubte Schmitthenner, entscheidende Einsichten in den Mechanismus und die Bedingungen der Stufenbildung zu erhalten. Er fragte sich, warum die Stufe plötzlich aussetzen und in allernächster Nachbarschaft wieder vorhanden sein sollte. An der Unstrut erhoffte sich Schmitthenner Aufschlüsse über den Zusammenhang zwischen Stufenbildung und Talgeschichte. Die Terrassen der Unstrut sowie die Terrassen des alten Ilmlaufes galten damals nach den Forschungen W. Soergels (1923) als gut bekannt. Seine Untersuchungsergebnisse legte Schmitthenner (1939) in zwei Aufsätzen vor. Ihre Publikation in den Berichten der Sächsischen Akademie der Wissenschaften war einer stärkeren Verbreitung nicht günstig. Im folgenden sollen die in diesen Arbeiten niedergelegten Erkenntnisse Schmitthenners zur Entstehung der Schichtstufen aus der Sicht des Forschungsstandes rund 50 Jahre nach ihrer Veröffentlichung kommentiert werden. Dazu muß jedoch betont werden, daß dabei nur von Erfahrungen aus Thüringen ausgegangen wird.

In der ersten der beiden genannten Arbeiten beantwortete Schmitthenner die Frage, warum zwischen Eisenberg und Naumburg die Muschelkalkstufe im heutigen Landschaftsbild vollständig fehlt. In diesem Zusammenhang hatten v. Freyberg (1923) und vor ihm schon Philippi (1910) festgestellt, daß hier eine alte, das heißt tertiäre Landoberfläche die flach nach Westen geneigten Schichten von Buntsandstein und Muschelkalk abschneidet, ohne daß im Muschelkalk eine Stufe auch nur angedeutet ist.

Nördlich von Eisenberg sind hier zahlreiche Reste tertiärer Ablagerungen erhalten geblieben. Schmitthenner erkannte ohne Schwierigkeiten, daß diese Ablagerungen zum Teil sehr tief liegen, auch daß sie Senken ausfüllen, die ihre Entstehung der Auslaugung verdanken, wobei er die salinaren Bestandteile der Rötfolge im Auge hatte, deren Gesamtmächtigkeit jedoch nur etwa 15 m beträgt und damit für die Erklärung der Senkungen nicht ausreicht. Trotzdem zog er aus seinen Beobachtungen den Schluß, daß der gesamte Rand der Muschelkalkplatte vor der Sedimentation des Tertiärs, das heißt in präeozäner Zeit, eine scharf ausgebildete Stufe gewesen sein mußte. In dieser Schlußfolgerung sah er sich bestärkt, indem er glaubte, die Ausräumung vor der Muschelkalkstufe wäre geradezu eine notwendige Voraussetzung für die an zahlreichen Stellen belegte starke Verkarstung der Muschelkalkoberfläche gewesen. Durch diese Ausraumhohlformen vor allem im Oberen Buntsandstein dachte er sich den Abfluß des Karstwassers, auch wenn sie kein zusammenhängendes Tal oder ein talähnliches Gebilde gewesen sein sollte. Die weitere Entwicklung sollte dann so verlaufen sein, daß durch die tertiäre Sedimentation die Stufe verschüttet wurde und ein Flachrelief entstand, wobei die ehemalige Trauf der Stufe bei nicht vollständig erreichter Verhüllung der Stufe durch erosive Flachformen ersetzt wurde. Für das Tal der Wethau nahm er danach eine epigenetische Anlage an. Es folgte nicht der angenommenen ehemaligen Ausraumzone vor der Muschelkalkstufe, sondern wurde östlich davon teilweise schon im Mittleren Buntsandstein eingetieft.

Nach dem Zweiten Weltkriege ist durch Untersuchungen im Zuge geologischer Kartierungen das Tertiär zwischen Saale und Weißer Elster genauer bekannt geworden (Steinmüller und Ortmann 1970). Mit diesen Befunden konnten die Vorstellungen Schmitthenners von der geomorphologischen Entwicklung nicht bestätigt werden. Das Tertiär liegt in mehreren Faziestypen vor, wobei zwischen den Becken und den Hochflächen zu unterscheiden ist. Der für die Rekonstruktion der geomorphologischen Entwicklung wichtigste Befund besagt, daß die Sedimentation in die Becken gleichzeitig mit ihrer Absenkung erfolgte. Es liegt also keine Verschüttung vorher voll ausgebildeter tieferer Hohlformen vor, wie sie Schmitthenner vor einer hypothetischen Muschelkalkstufe angenommen hatte. Die Beckensedimente belegen einen Wechsel stärkerer und sehr schwacher bis fehlender Absenkungen, die ihrerseits synsedimentär erfolgten. Außerdem handelt es sich ausschließlich um geschlossene Becken mit meist gelapptem Umriß. Die zeitliche Einordnung der Beckensedimente erfuhr keine wesentliche Korrektur. Sie sind in den Zeitraum vom Mitteleozän bis zum Mitteloligozän zu stellen. Die Tertiärsedimente auf der Hochfläche sind naturgemäß jünger, da sie erst nach der Verfüllung der Becken abgelagert werden konnten. In Analogie zu entsprechenden Teilen der Sedimentserien im Weißelsterbecken können sie oberoligozänen bis untermiozänen Alters sein. Sie liegen dem Buntsandstein und dem Muschelkalk auf. Auf letzterem füllen sie auch bis zu 25 m tiefe Karsthohlformen aus. Ihre grobklastische Ausbildung und die starke Zurundung der Quarzgerölle, aus denen sie fast ausschließlich bestehen, weisen sie als fluviale Bildungen aus.

Aus allen diesen Befunden kann nur eine geomorphologische Entwicklung des Gebietes rekonstruiert werden, die eine vollständige Einebnung auch des Muschelkalkausstriches bewirkt hat. Daß Schmitthenner trotzdem zur Annahme einer Muschelkalkstufe gelangte, ist auf die seinerzeit nicht hinreichend bekannte Lagerungsform der Tertiärs zurückzuführen.

An der Unstrut fand Schmitthenner vor allem seine Vorstellung vom mehr oder weniger kräftigen Zurückweichen der Muschelkalkstufe bestätigt. Aus der Höhenlage von Terrassenschottern der Unstrut und der vorelsterkaltzeitlichen Ilm leitete er ab, wieweit zu den betreffenden Zeiten der Muschelkalk nach Westen gereicht haben mußte. Zur Frage der ersten Anlage der Muschelkalkstufe konnten diese Beobachtungen nicht beitragen. Verschiedentlich zog er auch tektonische Bewegungen zur Erklärung seiner Schlußfolgerungen in Betracht. Neuere Untersuchungen über den alten Ilmlauf bis zur Elsterkaltzeit haben aber gezeigt, daß an der Finnescholle keine Bewegungen zur Erklärung der Laufverlegung der Ilm am Ende der Elsterkaltzeit angenommen werden müssen (Steinmüller 1967). Mit solchen eventuellen Bewegungen in Zusammenhang stehende Vorgänge der Talentwicklung sind für die Frage nach der Entstehung der Schichtstufe ohne Bedeutung. Gegen ein starkes Zurückwandern der Muschelkalkstufe im Dreieck von Burgheßler sprechen unmittelbar vor der Stufe liegende elsterkaltzeitliche Geschiebemergelvorkommen zwischen Bad Bibra und Burgheßler.

Mit den Problemen der Entstehung des Schichtstufenreliefs in Thüringen hat sich Schmitthenner später nicht mehr beschäftigt. Ledliglich Weber hat in zahlreichen Veröffentlichungen zum Teil sehr polemischen Charakters immer wieder die Meinung verfochten, die Schichtstufen seien immer vorhanden gewesen, ihre Ausbildung sei geradezu ein Grundprinzip jeglicher Formenbildung. Seine Polemik richtete sich vor allem gegen v. Freyberg (1923), der das Plateau von Gossel am Nordostrande des Thüringer Waldes und das Gebiet zwischen Eisenberg und Naumburg als besonders sinnfällige Reste einer jungtertiären Einebnungsfläche aufgefaßt hatte und für dieses Stadium der Reliefentwicklung das Vorhandensein von Schichtstufen ausschloß. Der Verfasser ist nach langjährigen Untersuchungen am Ost- und Südostrande des Thüringer Beckens in diesem Zusammenhang zu folgenden Ergebnissen gekommen.

Die Stufe des Unteren Muschelkalkes ist vom Plateau von Gossel bis in die Gegend von Eisenberg in musterhafter Weise ausgeprägt, ebenso an der unteren Unstrut und als Westrand der Querfurter Platte. Sie fehlt vollständig zwischen Eisenberg und Naumburg. Über der Stufe sind im Unteren Muschelkalk weithin Reste von Flachformen erhalten geblieben, die den Eindruck einer ehemaligen zusammenhängenden Abtragungsfläche aufdrängen, die sich vom Rande des Thüringer Waldes von rund 500 m Meereshöhe nach Nordosten bis auf etwa 400 m Höhe bei Jena abdachte. Der Muschelkalk wird von dieser Altfläche in allen stratigraphischen Niveaus abgeschnitten. Sie ist eine Skulpturfläche. Auf ihr muß die erste Anlage der Täler von Ohra, Gera, Ilm und Saale erfolgt sein. Diese Vorstellung wird auch durch den Verlauf des Ilmtales im Bereich des Tannrodaer Sattels gefordert, der wie die Anlage der anderen genannten Flußtäler ohne die Annahme einer Verebnungsfläche nicht denkbar ist. Nach dem Innern des Thüringer Beckens wird diese Abtragungsfläche von Strukturformen abgelöst, die seit dem Pleistozän entstanden. Die sehr gute Erhaltung der Altfläche in Unteren Muschelkalk ist auf dessen außerordentlich starke Resistenz gegenüber der Abtragung im Pleistozän und insbesondere der kaltzeitlichen Gesteinszerstörung zurückzuführen. Gegenüber dem Keuperbecken und den Buntsandsteingebieten bildet deshalb der Untere Muschelkalk eine Hochzone.

Die Stufe des Unteren Muschelkalkes ist überall dort ausgebildet, wo Abtragung und insbesondere der fluviale Abtransport von Abtragungsmaterial stattfinden konnten. Wo das nicht der Fall war, wie im Wasserscheidenbereich zwischen Saale und Weißer Elster, fehlt die Stufe. Das ist auch an zahlreichen kleineren Stellen zwischen dem Plateau von Gossel und der Umgebung von Eisenberg der Fall. Dort ist die alte Abtragungsfläche nicht nur im Muschelkalk, sondern auch im anschließenden Buntsandstein erhalten geblieben. Muschelkalk und Buntsandstein konnten in gleicher Weise zu einer Fläche abgetragen werden, ohne daß eine Stufe entstand. Zwischen Jena und Eisenberg ist in eindrucksvoller Weise ersichtlich, daß auch der Untere Muschelkalk, der unter dem Niveau der Altfläche eine musterhafte Schichtstufe bildet, sehr wohl vollständig eingeebnet werden konnte. Während zwischen den beiden Orten die Schichtgrenze Buntsandstein/Muschelkalk ostwärts ansteigt, wird der Untere Muschelkalk darüber in immer tieferem stratigraphischen Niveau von der Fläche horizontal abgeschnitten, bis er bei Eisenberg, wo sich Grenzfläche und Horizontale schneiden, völlig auskeilt.

Die Verkarstung der Muschelkalkhochfläche setzte keine Hohlform in Gestalt eines Ausraumes vor einer gedachten Muschelkalkstufe voraus. Das Karstwasser bedurfte keines oberirdischen Abflusses. An zahlreichen Stellen Thüringens ist aus Bohrungen bekannt geworden, daß in großen Tiefen eine Auslaugung von Zechsteinsalzen stattgefunden hat, für die kein Vorfluter denkbar ist.

Die oft wiederholte Betonung des Zurückwanderns der Muschelkalkstufe erweckt den Eindruck, als wäre dieses Zurückwandern der Stufen die wichtigste wenn nicht einzig mögliche Verlaufweise der Abtragung von Muschelkalk. Altpleistozäne Ablagerungen in unmittelbarer Nähe der Muschelkalkstufe lassen aber darauf schließen, daß ein solches Zurückweichen der Stufen nicht überall stattgefunden hat. Je flacher die Schichtlagerung ist, umso mehr muß sich bei beliebigem Ablauf und Ausmaß von Abtragung der Ausstrich einer Schichtgrenze verschieben.

Die Differenzen in den Auffassungen von der geomorphologischen Entwicklung im Gebiet der Trias Thüringens hatten im Prinzip immer dieselbe Ursache. Es wurde übersehen, daß unter bestimmten klimatischen und tektonischen Voraussetzungen auch der Muschelkalk vollständig eingeebnet werden kann. Das war in Thüringen offensichtlich im Tertiär der Fall. Schon im ausgehenden Tertiär begann dann die Zerstörung der Altfläche. Damit wurde vor allem unter veränderten klimatischen Bedingungen die Entwicklung der Strukturformen eingeleitet, die heute insbesondere mit der Schichtstufe des Unteren Muschelkalkes das Formenbild der Triasgebiete Thüringens maßgeblich prägen. Diese Einsichten zum Einfluß des Klimas auf die geomorphologischen Prozesse vor allem der Gesteinsaufbereitung setzten sich erst zwei Jahrzehnte nach den thüringischen Arbeiten Schmitthenners in der Geomorphologie durch.

Literatur

v. Freyberg, B.: Die tertiären Landoberflächen in Thüringen. Fortschritte d. Geologie u. Paläontologie. Bd. III, H. 6. Berlin 1923.

Philippi, E.: Über die präoligocäne Landoberfläche in Thüringen. Zschr. d. dtsch. geol. Ges. Bd. 62, 1910. S. 305–404. Berlin 1911.

Rosenkranz, E.: Die Reliefgliederung am Ostrande des Thüringer Beckens. Ein Beitrag zur Theorie des Schichtstufenlandes. Petermanns Geogr. Mitt. 122. Jg. 1978. H. 1. S. 29–36.

Rosenkranz, E.: Geomorphologische Forschungen in Thüringen. Ein Abriß der regionalgeographischen Kenntnisentwicklung. Geograph. Berichte. H. 115. Jg. 1985. H. 2. S. 133–149.

Schmitthenner, H.: Die Muschelkalkstufe in Ostthüringen. Berichte üb. d. Verhandl. d. Sächs. Akademie d. Wiss. zu Leipzig. Math.-Phys. Kl. Bd. 91. Leipzig 1939, S. 85–118.

Schmitthenner, H.: Muschelkalkstufe und Talgeschichte im Gebiet der unteren Unstrut. Berichte üb. d. Verhandl. d. Sächs. Akademie d. Wiss. zu Leipzig. Math.-Phys. Kl. Bd. 91. Leipzig 1939. S. 313–332.

Soergel, W.: Diluviale Flußverlegungen und Krustenbewegungen. Fortschritte d. Geologie u. Paläontologie. H. 5. Berlin 1923.

Steinmüller, A.: Die präglazialen Schotterkörper der Ilm im Gebiet zwischen Ilmtalstörung und Finne – Zur Problematik von Terrassengliederungen und zur Frage pleistozäner Krustenbewegungen und Flußverlegungen im Thüringer Becken. Geologie. Jg. 16. Berlin 1967. H. 1. S. 41–63.

Steinmüller, A. und R. Ortmann: Sedimentologische und stratigraphische Untersuchungen im Tertiär Ostthüringens. Geologie. Jg. 19. Berlin 1970. H. 2. S. 178–205.

Weber, H.: Geomorphologische Probleme des Thüringer Landes. Zschr. f. Geomorphol. Bd. 7. Berlin 1932/33. S. 177–205.

Verfasser: Dr. rer. nat. habil. Erhard Rosenkranz, Sektion Geographie der Martin-Luther-Universität Halle-Wittenberg, DDR-4020 Halle (Saale), Heinrich-und-Thomas-Mann-Str. 26.

760969